中欧陆家嘴国际金融研究院由中欧国际工商学院与上海陆家嘴（集团）有限公司于 2007 年 10 月共同发起创办。研究院定位为开放、国际化的学术交流平台，依托上海作为金融市场中心的有利条件，积极探索金融法制环境的改善，致力于为金融企业、金融监管部门、立法机构提供一流的研究、咨询和培训服务，成为建设上海国际金融中心和推动中国金融体系现代化的思想库和智囊团。研究院院长为全国人大常委、财经委副主任委员吴晓灵。研究院联席院长为中国银行首席经济学家曹远征。研究院理事长为中欧国际工商学院院长朱晓明。

研究院微博：http://weibo.com/cliif
研究院网页：http://www.ljzfc.org/
研究院邮箱：lujiazui_center@ceibs.edu

CEIBS | 中欧陆家嘴国际金融研究院 CEIBS Lujiazui Institute of International Finance

本报告由东方证券资产管理有限公司资助

中国金融消费者保护报告 2014

主编：吴晓灵

中欧陆家嘴国际金融研究院课题组：刘胜军 朱小川 史广龙 王鑫

上海三联书店

序

在2008年的美国次贷危机中，眼花缭乱的金融衍生产品令很多金融消费者蒙受损失。作为危机反思的一部分，美国决定成立金融消费者保护局。

对我国现阶段而言，金融消费者保护刚刚起步，任重而道远。与发达国家相比，我国的金融立法还不够完善，司法质量更是亟待改善。由于长期存在金融抑制(financial repression)，游离于监管视野之外的金融活动一直非常活跃。在四万亿刺激过后，影子银行的异军突起成为中国金融版图的重要特征。由于影子银行透明度低、监管缺位，加之消费者/投资者不够成熟和理性，更易导致金融消费者的利益受损。

我们欣喜地看到，一行三会相继设立了金融消费(投资)保护机构，我国的金融消费者保护步入正轨。但金融消费者保护不能仅仅依靠监管部门的积极作为，还需要社会各界的广泛参与。作为一家服务于中国金融现代化与上海国际金融中心建设的智库机构，中欧陆家嘴国际金融研究院聚焦于法律与金融的交叉领域，并设立了金融法制研究室。在推动金融法制的过程中，我们发现金融消费者保护是一个值得深入、持续研究的领域。为此，研究院与东方证券资产管理有限公司共同发起设立了“中欧陆家嘴金融消费者保护基金”，这份《中国金融消费者保护报告2014》就是基金成立后的研究产品之一。

本报告分为四个部分。第一部分是主题报告“民间融资中的个人合法权益保护问题”，第二部分是关于金融消费者/投资者权益保护的各类法律法规、监管政策等的汇总和评论，第三部分是精选的金融消费者保护典型案例，第四部分则是专栏文章。民间融资的存在由来已久，但近年来变得益发活跃(例如互联网金融的兴起)，对金融消费者权益保护带来了冲击。我们选择了民间融资作为本报告的主题报告，是希望藉此推动民间融资法律制度的完善并促进其中的个人合法权益保护。民间融资是民事主体意思自治的市场行为，在我国受《民法通则》、《合同法》等法律法规的保护和规范，具有制度层面的合法性。在遵守相关法律法规前提下，自然人、法人及其他组织之间有自由借贷的权利，但必须遵守法律的底线。

本报告的第二部分梳理、汇总了最近十多年来的各类涉及金融消费者权益的法律法规和监管政策，有利于读者了解法律渊源和历史演变。我们对这些规则进行了简单的评述，也方便读者了解各类规则出台前后的背景及其实施效果。

本报告的第三部分是精选的金融消费者权益保护案例。这是研究院与人民银行金融消费权益保护局、上海金融业联合会合作开展“金融消费者保护案例评选”活动的结果。通过对现实生活中真实发生的案例剖析，可以更为直观地帮助读者了解如何维护自身的权利以及可以借鉴的维权经验，同时也可以更好地理解相关制度应该如何完善。

《中国金融消费者保护报告 2014》是我们推动金融消费者保护的初次尝试，计划以后每年都推出类似的报告并不断完善。其中有不少错误和疏漏之处，恳请读者谅解并及时向我们提出各类改进意见。我们衷心希望可以在广大读者们的关心和支持下，将中国的金融消费者保护事业做得更好。这是我们共同的事业。

是为序。

中欧陆家嘴金融消费者保护基金介绍

一、发起机构简介

（一）中欧陆家嘴国际金融研究院

中欧陆家嘴国际金融研究院是在上海市政府支持下，由中欧国际工商学院与陆家嘴集团于2007年10月共同发起创办的智库。研究院定位为开放、国际化的学术交流平台，依托上海作为金融市场中心的有利条件，积极探索金融法制环境的改善，致力于为金融企业、金融监管部门、立法机构提供一流的研究、咨询和培训服务，成为建设上海国际金融中心和推动中国金融体系现代化的思想库和智囊团，成为中国与欧盟学术机构的交流平台。

截至2013年底，研究院累计完成28项研究课题，举办了62期金融家沙龙，31次高端学术论坛，参与了历届陆家嘴论坛的承办工作，为上海公安、法院、检察院、纪委等司法系统开展了金融法律高级培训课程（为全国首创），并与英国皇家国际事务研究所（Chatham House）、美国彼得森国际经济研究所（Peterson Institute）等国际智库合作举办学术论坛，已经成为具有一定社会影响力的智库机构。

（二）东方证券资产管理有限公司

东方证券资产管理有限公司是国内首家获中国证监会批准设立的券商系资产管理公司，成立于2010年7月，注册资本3亿元人民币，公司前身为东方证券资产管理业务总部，投资管理团队已拥有15年丰富投资管理经验，管理资金规模超过400亿元。

公司主要从事证券公司资产管理业务，为个人客户和机构客户提供综合性的投融资服务及产品。其中，公司集合资产管理业务，已先后推出40余只"东方红"系列集合理财产品，涵盖权益、固定收益、量化、折价主题、现金管理等投资领域，在券商权益类集合资产管理规模排名中稳居第一；公司定向资产管理业务，为客户提供"一对一"的专业投资管理服务，并依托该平台开展股权质押融资和其他债权、收益权类资产融资业务；公司专项资产管理业务开展资产证券化业务，为客户提供投融资解决方案。

作为券商资产管理行业的领先品牌，东方证券资产管理公司一直专注于核心竞争力的培养，以追求绝对收益为根本理念，致力于"寻找满意客户"，以专业化投资为基石，"让客户满意"。

二、中欧陆家嘴金融消费者保护基金

中欧陆家嘴金融消费者保护基金的宗旨是：开展金融消费者保护相关理论研究，完善金融消费者保护法治环境，推动金融消费者保护体系的构建，实现金融体系的健康发展，服务于上海国际金融中心建设。基金运作自2013年7月1日正式开始。

基金仅用于以下指定事项：

（一）关于金融消费者保护的研究报告；

（二）关于金融消费者保护的学术论坛；

（三）关于金融消费者保护的最佳案例评选；

（四）其他关于金融消费者保护的事宜。

三、基金的治理

基金设立管理委员会，负责决定基金在使用过程中遇到的重大事项。

委员会由9名成员组成，其中由东方资管委派代表3人、研究院委派代表3人，消费者保护领域的知名专家代表3名组成。

管理委员会委员：

吴晓灵，全国人大常委、财经委副主任委员，中欧陆家嘴国际金融研究院院长

焦瑾璞，中国人民银行金融消费权益保护局局长

王国斌，东方证券资产管理有限公司董事长

吴弘，华东政法大学经济法学院院长

杨路，上海市高级人民法院金融庭庭长

任莉，东方证券资产管理有限公司副总经理

刘胜军，中欧陆家嘴国际金融研究院执行副院长

高义，东方证券资产管理有限公司首席策略分析师

朱小川，中欧陆家嘴国际金融研究院金融法制研究室主任

四、金融消费者保护最佳案例评选

为宣传和奖励积极保护金融消费者的行为，基金将每年评选“金融消费者保护最佳案例”。可参加提名的案例包括：

1. 与金融消费者保护相关的政策与法规创新；

2. 金融监管机构、金融自律机构、金融机构为保护消费者权益做出的创新与改进；

3. 律师的金融消费者维权案例；

4. 媒体、研究机构等在金融消费者保护方面的宣传、教育、研究成果；

5. 维权组织对金融消费者维权的支持行动；

6. 金融消费者自发的维权行动；

7. 其他促进金融消费者保护的行为。

目 录

第四部分 专栏文章

第一部分

主题报告：民间融资中的个人合法权益保护问题

导　言

民间融资是社会经济发展到一定阶段，企业和个人财富逐步积累、投资需求多样化，市场体系蓬勃发展导致企业融资需求多样化，正规金融发展滞后于社会需求等因素综合作用的结果，带有一定的必然性。在2009—2010年四万亿刺激之后，银行准备金率连续12次提高，加剧了中小企业从银行获得贷款的难度，刺激了影子银行的繁荣。以P2P贷款为代表的互联网创新则为民间融资的发展提供了巨大的技术力量。与正规金融机构融资相比，民间金融有其自身特点和优势，如手续便捷、方式灵活等。因此，民间融资在我国一直存在，且规模较大。2014年西南财经大学调查称，我国西部地区参与民间融资的家庭比例接近一半，明显高于中部和东部。2013年西部地区参与高息放贷的家庭大约有32万户，平均每户借出的金额约为29万元，总规模接近1,000亿元，放贷年利率高达36.7%。[1] 在我国民间融资最发达的东部城市温州，通过政府发布"温州指数"的方式，对民间各类融资的利率进行公示和监测。2014年3月份，温州地区民间融资综合利率指数为20.24%。其中小额贷款公司、民间资本管理公司、民间借贷服务中心、其他市场主体利率、农村资金互助会分别为18.55%、17.54%、16.39%、27.21%和11.25%；社会直接借

---

〔1〕http://finance.sina.com.cn/china/dfjj/20140121/145818030214.shtml

贷利率为17.81%。[1] 相比之下，银行一年期贷款基准利率只有6%。民间金融与正规金融形成了事实上的利率双轨制。

"温州指数"的构成

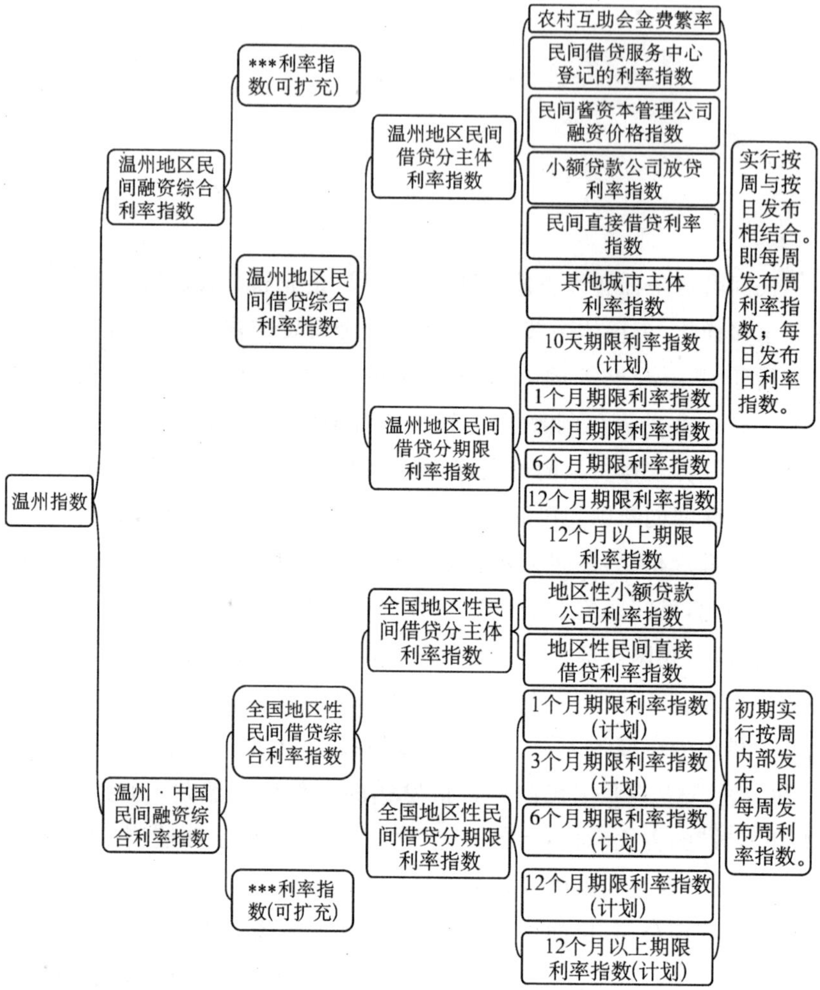

资料来源：温州市人民政府金融工作办公室

---

[1] http://www.wzjrb.gov.cn/art/2014/4/9/art_8728_142063.html

另据报道，我国半数以上的小企业依靠民间渠道获得融资；[1]但在区域上呈现不同特点，总体是西部、北部地区较东部、南部地区更依赖于民间融资的形式。[2]（见图1）

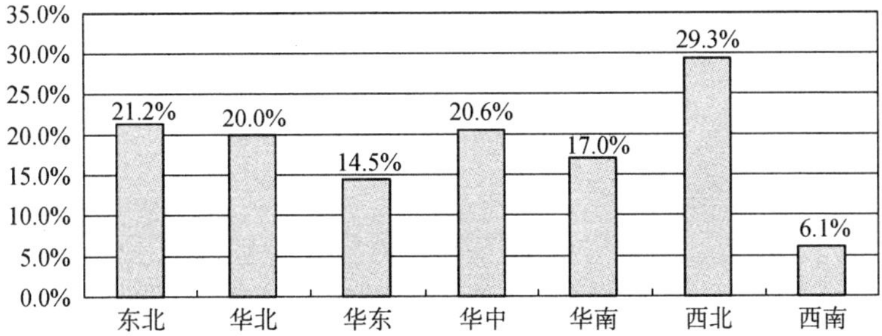

图1　民间融资渠道的区域分析

此图显示出认为民间融资是其最主要融资渠道的受访者比例。
资料来源：Bruce Humes (2013)

而在我国的城镇家庭的融资渠道中，大部分还是选择向亲戚朋友（"熟人"）进行融资，民间贷款机构和其他个人则是大部分家庭的第三大融资来源。[3]（见表1）

表1　我国城镇家庭借款方式占比　　单位：%

借款对象	家庭总财富层级						
	0—5万元	5—10万元	10—20万元	20—50万元	50—100万元	100—200万元	200万元以上
银行	21.88	18.57	25.82	22.03	33.89	40.68	33.97

〔1〕"半数小企业靠民间借贷融资仅15%获得银行贷款"，http://bank.cxorg.com/2011/0728/241531.shtml

〔2〕Bruce Humes："2013中小企业融资展望——意料之外的乐观"，世界经理人网站，2013年1月31日，http://www.ceconline.com/retailer_wholesaler/ma/8800066110/02/? sources=Financing

〔3〕廖理主编：《中国消费金融调研报告(2009)》，经济科学出版社，2010年6月第1版，第90—91页。

（续表）

借款对象	家庭总财富层级						
其他非银行正规金融机构	1.15	2.15	2.93	3.57	3.08	1.26	1.35
民间贷款机构或个人	6.65	11.45	9.68	10.20	9.36	5.36	9.31
亲戚朋友	70.09	65.64	61.16	62.56	51.33	49.16	54.01
信用卡	0.23	2.19	0.40	1.64	2.34	3.54	1.35

资料来源：中国消费金融调研报告(2009)

民间融资在我国的生命力及影响由此可见一斑。但是，由于民间融资游离于正规金融之外，存在着交易隐蔽、风险不易监控，以及容易滋生非法集资、洗钱犯罪等问题，需要通过制定与完善相关的法律法规加以引导和规范，趋利避害，充分发挥民间融资对经济发展的积极作用。本报告将就民间融资中个人的合法权益问题做一系统分析，以提醒投资者/金融消费者明白各类民间融资活动的法律性质、其中所涉及的合法权利和义务，并可以对某些典型的非法民间融资形式作出初步风险判断。

一、民间融资的定义和相关法律规定

(一) 民间融资的定义

1. 现有研究状况概述

作为正规金融体系的补充,民间融资是社会经济生活中长期存在的一种经济活动,其广泛存在于经济运行的过程之中。民间融资活动的发展和壮大,对于融资渠道的拓展、金融体系效率的提升、资源的合理配置乃至国家经济的快速发展都有着重要的推动作用。无论是在发达国家还是发展中国家和地区,民间金融组织及其活动都十分普遍,全球许多国家和地区非常重视民间融资的作用,以此来满足正规金融活动所无法覆盖的融资需求,活跃金融体系和金融市场,而其关于民间融资的立法规则与监管制度也相对比较完善。近些年来,随着社会经济的发展,我国的民间融资活动日趋活跃,已经成为民营企业、其他组织和个人取得资金的重要来源和渠道,我国的民间融资活动呈现出蓬勃发展的态势。对于民间融资的概念和发展,很多国际组织、研究机构和专家学者都从各自的角度出发予以阐释和说明。

就民间融资的概念来说:

一般而言,国外研究机构和专家学者一般使用较多的是“非正规金融”(informal finance)这个概念;[1]而大多数的国内研究则将其概括称之为“民间融资”或“民间金融”。

如亚洲开发银行在其1990年的一份研究报告中,指出非正规金融机构就是指那些不受到政府金融监管部门所设置的准入限制要求约束和那些如法定存款准备金率、存贷款利率以及信贷供给等相关监管政策限制的那些金融机构;[2]而世界银行在其1997年的一份研究报告中,则指出:所谓非正规金融活动就是那些游离于中央银行的监管范围之外的金融机构和金融活动,这类金融机构类型可以分为三种:一种是那些具有专业性质的金融机构和组织,第二种是那些金融市场上的各种中介服务机构,第三种则是那些不从事吸收存款和发放贷款业务的机构。[3]

在国内,对于民间融资的概念也有各种解读。如有的学者认为,所谓“民间融资”是相对于国家依法批准设立的金融机构的资金往来而言的,泛指非金融机构的自然人、企业以及其他经济主体(财政除外)之间以货币资金为标的的价值转移及本息支付。[4] 有的学者则认为,民间金融是指商业银行、证券发行与买卖、保险公司和农村信用社等正规融资渠道以外的自发性资金融通活动,其中既有法律所允许的,也有违法违规的。[5] 有的学者还认为,民间金融是指城乡居民、民营中小企业等经济主体之间,不通过官方金融体系而进行的金融交易活动,其组织形式主要包括民间自由借贷、民间集资、合会、私人钱庄等。[6] 同时,有的学者还把民间金融活动划分为灰色金融和黑色金融两种类型,前者是指虽不被法律法规所允许,但有利于经济社会的发展的金融组织和活动;而后者是威胁经

[1]“非正规金融”这个概念在经济学界广泛使用,但在严格意义上不是一个法律概念。

[2] ADB, “Information Finance in Asia ”, Asia Development Outlook, 1990.

[3] The World Bank. Agriculture Credit: Sector Policy Paper [M]. Washington D. C.: The World Bank, 1997.

[4] 李有星、张传业:《民间融资的含义、类型及其法律特征》,载于《山西青年干部管理学院学报》,2011年第9期。

[5] 黎友焕:《加强监控民间金融发展状况》,载于《中国金融》,2012年第3期。

[6] 张秋璐:《民间金融及其当代意义研究》,载于《财经视点》,2008年第4期。

济社会稳定的非法金融组织和活动。[1] 综上所述，虽然定义所关注的角度和分类有所不同，但大部分学者将民间融资的范围聚焦于不通过国家依法设立的正规金融机构或融资渠道所进行的资金融通活动。

而就民间融资活动的发展而言：

在国外，McKinnon & Shaw(1973)在对发展中国家金融市场结构进行分析的基础上提出了著名的“金融抑制”理论。其认为，在发展中国家的金融市场中，普遍存在着金融抑制的特征，并最终形成金融机构与非正规金融并存的二元结构形态。政府的市场干预手段使得大量的廉价信贷资金通过正规金融部门分配于政府希望发展的产业，导致居民和企业部门中很大一部分成员无法从正规金融系统获得融资，迫使其在正规金融体制外寻求融资渠道。民间融资行为因此产生并对正规金融产生了替代作用。因此，发展中国家民间金融的产生和发展正是出于弥补正规金融供给不足的需要，是一种由市场需求主导的诱致性制度变迁过程。这揭示了民间金融产生的体制性根源。[2]

2. 综合定义

在上述的这些研究介绍中，我们可以看出，尽管对民间融资的称谓有所不同，表现形式的描述也有所区别，但基本上，关于其内涵的认识却是大体一致的，即都是那些未经过金融监管当局批准设立，未被纳入金融监管体系的金融机构和融资活动。因此，我们认为，所谓民间融资是相对于正规金融而言，泛指在国家依法批准设立的金融机构以外的自然人、法人及其他组织等经济主体之间进行的资金融通活动。从融资途径的角度看，民间融资本身仅指明其资金不是借道于正规的金融中介，而是来自民间，本身是个中性概念，因此可以有合法的民间融资也可以有非法的民间

---

〔1〕朱德林、胡海鸥：《中国的灰黑色金融—市场风云与理论思考》，立信会计出版社 1997 年版，第 2 页。

〔2〕[美]罗纳德·麦金农：《经济发展中的货币与资本》，上海三联书店、上海人民出版社 1988 年版，第 135 页。

融资，需要仔细辨别。

与民间融资相近的概念还有民间借贷。民间借贷是指发生在公民与公民之间，公民与非金融机构的法人及其他经济组织之间的货币借贷，即出借人将一定数量的货币交付给借用人，借用人按照约定期限将同等数量的货币（也可附加利息）返还给出借人的行为。民间借贷是民间融资的主要形式，民间融资以民间借贷为主要形式但不限于民间借贷。[1] 民间融资除了民间借贷外，还有民间票据融资、民间有价证券融资和社会集资等暂时改变资金使用权的方式。所谓民间票据融资一般是指持票人将持有的未到期的商业票据以折现的方式出售给规模较大、实力较强的企业或个人，并能够快速地拿到现金的一种融资方式。我国现行的《票据法》中没有明确界定民间票据融资行为的法律性质，致使民间票据融资行为在当前仍处于法律盲区。而所谓民间有价证券融资，则是某些准金融机构[2]或非金融机构通过发行有价证券、如股票、债券、基金份额及其他类型的权利凭证所进行的集资活动。[3] 社会集资也可称为民间集资，则是指政府、团体或个人为兴办某种事业，通过财政、银行等金融机构和规范的资本市场以外的各种渠道，向社会有偿筹集资金的活动。20 世纪 80 年代，民间集资形式在我国相当盛行，它孕育了债券股票等金融资产的初始形态，也创造出合作制和股份制的萌芽，对我国居民金融意识的觉醒发挥过重要的作用。一般而言，集资按用途形式分为生产性集资、公益性集资、互助合作办福利集资等，另也包括以劳代资、入股投资、专项集资、联营集资和临时性集资等。实际生活中的集资现象主要表现在以民营企业为主要发起人，以还本付息为条件向社会不特定对象或者向企业内部员工进行有偿集资的方式。从我国目前的法律规定来看，在民间集资方面

---

〔1〕参见刘鑫：《论民间融资的刑法规制》，华东政法大学博士学位论文，2012 年 9 月 20 日，第 5 页。

〔2〕准金融机构指小额贷款公司、融资租赁公司等，详见下文介绍。

〔3〕田竞宸：《民间融资问题探析》，载于《财会通讯》，2011 年第 5 期。

一直缺乏详细定性制度，未对具体行为方式作出区分。唯一能够触及到法律层面的散见于各地政府对当地企业的支持性文件中的原则性话语，[1]并未上升至立法层面对其地位的正面确认，可以说民间集资行为在我国呈现出被列入禁止行为的发展倾向。[2]

同时，与民间融资这一概念联系较为密切的还有影子银行。“影子银行”这一概念出现于2007年，当时美国正处于次贷危机。影子银行比较权威的定义来自于美联储纽约分行(Federal Reserve Bank of New York, 2010)以及G20成立的金融稳定理事会(FSB，2011)，两者虽然有差异，但都认为不受监管机构监管的信用中介的实体或行为都可以归入影子银行的范畴。德勤(Deloitte Center for Financial Services, 2012)的报告列出了7种典型的定义，得出对影子银行比较达成共识的特征和没有达成共识的特征。在以下特征已经达成共识：一是信用中介机构，从市场筹得短期资金，以用于其他方面，包括到期日和(或)流动性转换。影子银行依赖于金融市场而非银行存款，作为源资金；二是筹集的资金的安全并无来自官方的保证；三是出现流动性/融资问题时不能获得来自中央银行的救助。但在以下两方面存在争议：首先是杠杆的使用；其次是资产负债表外业务。中国学者也对影子银行进行了梳理，由窄到宽存在四种口径：最窄口径只包括银行理财业务与信托公司两类；较窄口径包括最窄口径、财务公司、汽车金融公司、金融租赁公司、消费金融公司等非银行金融机构；较宽口径包括较窄口径、银行同业业务、委托贷款等出表业务、融资担保公

---

〔1〕如2012年，财政部的463号文即为《关于制止地方政府违法违规融资行为的通知》，其中指出最近有些地方政府违法违规融资有抬头之势，如违规采用集资、回购(BT)等方式举债建设公益性项目，违规向融资平台公司注资或提供担保，通过财务公司、信托公司、金融租赁公司等违规举借政府性债务等。并要求严禁直接或间接吸收公众资金违规集资，地方各级政府及所属机关事业单位、社会团体等要严格执行《国务院办公厅关于依法惩处非法集资有关问题的通知》(国办发明电〔2007〕34号)等有关规定，未经有关监管部门依法批准不得直接或间接吸收公众资金进行公益性项目建设，不得对机关事业单位职工及其他个人进行摊派集资或组织购买理财、信托产品，不得公开宣传、引导社会公众参与融资平台公司项目融资。

〔2〕参见肖琼：《我国民间金融法律制度研究》，中南大学博士论文，2012年5月，第16页。

司、小额贷款公司与典当行等非银行金融机构；最宽口径包括较宽口径与民间借贷。这样的分类虽然受到研究者重视，但不一定准确。[1]

2013 年 12 月，中国国务院办公厅颁布了《关于加强影子银行监管有关问题的通知》(国办发 2013 年 107 号文)。《通知》中将中国影子银行划分为三类：一是不持有金融牌照、完全无监管的信用中介机构，包括新型网络金融公司、第三方理财机构等；二是不持有金融牌照、存在监管不足的信用中介机构，包括融资性担保公司、小额贷款公司等。三是机构持有金融牌照、但存在监管不足或规避监管的业务，包括货币市场基金、资产证券化、部分理财业务等。107 号文与国际上达成共识的关于影子银行的特征是符合的，即不管是否持有金融牌照，处于监管之外或监管不足的信用中介业务都属于影子银行。

由上可见，中国的影子银行实际上可以分为两类：一类主要是指持有牌照的金融机构所进行的缺乏监管的信用中介业务，即信托和传统商业银行中属于信用中介的资产负表外业务；而另一类则是正规金融体系外的影子银行，主要指不持有金融牌照的金融机构从事的信用中介业务，包括网络金融公司、第三方理财机构、小额贷款公司、融资性担保公司等信用中介业务。而这一类影子银行中的很多经营业态和运作模式，多数也属于民间融资的范畴。

(二) 目前我国涉及民间融资的法律制度简介

一、在法律性质认定层面

首先，根据我国《宪法》第 13 条的规定："公民的合法私有财产不受侵犯，国家依照法律规定保护公民的私有财产和继承权。"民间融资的主要媒介是货币资金，属于公民的私有财产，公民通过对其合法的货币资金等财产的使用和处分来获取利益，受到国家根本大法的保护；而金融活动的

---

〔1〕吴晓灵主编：《中国金融政策报告(2014)》，中国金融出版社 2014 年 5 月版，第 10—11 页。

本质就是财产权的实现形式。[1] 其次,我国《物权法》第65条规定:"私人合法的储蓄、投资及其收益受法律保护。国家依照法律规定保护私人的继承权及其他合法权益。《物权法》第68条更是明确规定:"企业法人对其不动产和动产依照法律、行政法规以及章程享有占有、使用、收益和处分的权利。企业法人以外的法人,对其不动产和动产的权利,适用有关法律、行政法规以及章程的规定。"据此确认了市场主体具有运用自有资金进行融资获益的权利。

二、在民事和行政法律层面

首先,民间融资是民事主体意思自治的市场行为,在中国受到《民法通则》、《合同法》等法律法规的保护和规范,具有制度层面的合法性。《民法通则》第85条规定:"合同是当事人之间设立、变更、终止民事关系的协议;依法成立的合同,受法律保护。"其第90条又规定:"合法的借贷关系受到法律保护。"我国《合同法》第196条及第197条规定:"借款合同是借款人向贷款人借款,到期返还借款并支付利息的合同;借款合同采用书面形式,但自然人之间借款另有约定的除外。借款合同的内容包括借款种类、币种、用途、数额、利率、期限和还款方式等条款。"由于大部分的民间融资采取的是民间借贷的方式,因此,与其他类型的借贷关系一样,民间借贷合同只要不违反法律规定,符合意思表示真实等合同成立的基本条件,均应受到法律的保护。

其次,关于民间融资的资金来源应限于出借人自有的合法资金,且借用目的不能违法。如最高人民法院于1991年发布的《关于人民法院审理借贷案件的若干意见》中第11条规定:"出借人明知借款人是为了进行非法活动而借款的,其借贷关系不予保护。"还有就是最高人民法院于2011年12月下发的《关于依法妥善审理民间借贷纠纷案件促进经济发展维护

[1] 吴晓灵:"加强金融法律问题研究　促进金融业健康发展",2013年7月1日华东政法大学演讲。

社会稳定的通知》中规定："对于因赌博、吸毒等违法犯罪活动而形成的借贷关系或者出借人明知借款人是为了进行上述违法犯罪活动的借贷关系，依法不予保护。"

再次，关于民间融资中的利率问题，根据 1991 年最高人民法院《关于人民法院审理借贷案件的若干意见》的规定："民间借贷的利率可以适当高于银行的利率，各地人民法院可根据本地区的实际情况具体掌握，但最高不得超过银行同类贷款利率的 4 倍(包含利率本数)。超出此限度的，超出部分的利息不予保护。"也就是说，我国法律对高利贷的利率标准界定为同期银行贷款利率的四倍，对于高出法定标准的利息则不予保护。

再次，关于民间融资的主体和对象，就企业而言，1996 年中国人民银行颁布的《贷款通则》第 61 条规定："各级行政部门和企事业单位、供销合作社等合作经济组织、农村合作基金会和其他基金会，不得经营存贷款等金融业务。企业之间不得违反国家规定办理借贷或者变相借贷融资业务。"也就是说，目前国家对企业间借贷是持严格限制的态度。而对于个人单个主体及特定范围主体之间进行的民间融资活动，除了资金来源、借贷用途、利率不合法外，一般均合法有效；而对于融资对象属不特定社会公众，根据《商业银行法》、《公司法》、《证券法》、《证券投资基金法》等法律规定，向社会公众吸收资金的合法形式主要为金融机构吸收存款、公司企业发行股票、债券、基金管理公司公开发行基金份额等。除此之外，任何单位和个人不得擅自向社会公众融资。[1] 而国务院 1998 年发布的《非法金融机构和非法金融业务活动取缔办法》第 4 条则规定："本办法所称非法金融业务活动，是指未经中国人民银行批准，擅自从事的下列活动：(一)非法吸收公众存款或者变相吸收公众存款；(二)未经依法批准，以任何名义向社会不特定对象进行的非法集资；(三)非法发放贷款、办理结算、票据贴现、资金拆借、信托投资、金融租赁、融资担保、外汇买卖；(四)

[1] 刘鑫：《论民间融资的刑法规制》，华东政法大学博士学位论文，2012 年 9 月 20 日，第 33 页。

中国人民银行认定的其他非法金融业务活动。”同时，该办法第5条还规定：“未经中国人民银行依法批准，任何单位和个人不得擅自设立金融机构或者擅自从事金融业务活动。”

再次，关于民间融资的业务性质和范围方面，只要是涉及特定金融等业务的，法律都有严格的行政批准要求。如涉及银行业务的，《银行业监督管理法》第44条规定：擅自设立银行业金融机构或者非法从事银行业金融机构的业务活动的，由国务院银行业监督管理机构予以取缔；尚不构成犯罪的，由国务院银行业监督管理机构没收违法所得，违法所得50万元以上的，并处违法所得一倍以上五倍以下罚款；没有违法所得或者违法所得不足50万元的，处50万元以上200万元以下罚款。《商业银行法》第81规定：未经国务院银行业监督管理机构批准，擅自设立商业银行，或者非法吸收公众存款、变相吸收公众存款，由国务院银行业监督管理机构予以取缔。涉及证券业务的，《证券法》第197条规定：未经批准，擅自设立证券公司或者非法经营证券业务的，由证券监督管理机构予以取缔，没收违法所得，并处以违法所得一倍以上五倍以下的罚款；没有违法所得或者违法所得不足30万元的，处以30万元以上60万元以下的罚款。对直接负责的主管人员和其他直接责任人员给予警告，并处以3万元以上30万元以下的罚款。涉及基金业务的，《证券投资基金法》第120条规定：未经批准擅自设立基金管理公司或者未经核准从事公开募集基金管理业务的，由证券监督管理机构予以取缔或者责令改正，没收违法所得，并处违法所得一倍以上五倍以下罚款；没有违法所得或者违法所得不足一百万元的，并处十万元以上一百万元以下罚款。对直接负责的主管人员和其他直接责任人员给予警告，并处三万元以上三十万元以下罚款。第126条继续规定：未经核准，擅自从事基金托管业务的，责令停止，没收违法所得，并处违法所得一倍以上五倍以下罚款；没有违法所得或者违法所得不足一百万元的，并处十万元以上一百万元以下罚款；对直接负责的主管人员和其他直接责任人员给予警告，并处三万元以上三十万元以下罚款。

而对其他类型的金融业务，国务院《非法金融机构和非法金融业务活动取缔办法》第 22 条规定：设立非法金融机构或者从事非法金融业务活动，尚不构成犯罪的，由中国人民银行没收非法所得，并处非法所得 1 倍以上 5 倍以下的罚款；没有非法所得的，处 10 万元以上 50 万元以下的罚款。第 23 条规定：擅自批准设立非法金融机构或者擅自批准从事非法金融业务活动的，对直接负责的主管人员和其他直接责任人员依法给予行政处分。

最后，对于某些组织形式，行政法规也有一些特殊管制。如《禁止传销条例》第 24 条等对组织策划、介绍、诱骗、胁迫他人参加传销以及直接参加传销的行为，规定了由工商行政管理部门予以行政处罚。因此，如果以传销的方式进行民间融资，则也违反了相关行政规定。

三、在刑事法律层面

首先，我国刑法典中对于非法民间融资活动的规制，共设置了非法吸收公众存款罪、集资诈骗罪、擅自发行股票、公司、企业债券罪、高利转贷罪、非法经营罪、擅自设立金融机构罪、欺诈发行股票或债券罪等 7 个罪名。其次，在刑事司法解释方面，2010 年 5 月，最高人民检察院、公安部联合下发《关于公安机关管辖的刑事案件立案追诉标准的规定（二）》对非法集资的追诉标准作出明确规定。同年 12 月，最高人民法院下发《关于审理非法集资刑事案件具体应用法律若干问题的解释》对非法集资相关的各种犯罪的法律适用作出了具体规定。2014 年 3 月 31 日，在前面两项规定的基础上，最高人民法院、最高人民检察院、公安部联合下发《关于办理非法集资刑事案件适用法律若干问题的意见》，明确指出向社会公众非法吸收的资金属于违法所得。以吸收的资金向集资参与人支付的利息、分红等回报，以及向帮助吸收资金人员支付的代理费、好处费、返点费等费用，应当依法追缴；再次，在其他的相关法律规范中，也设计了关于民间融资犯罪的相关内容，如国务院 1998 年发布的《非法金融机构和非法金融业务活动取缔办法》的第四章罚则规定：对于设立非法金融机构或者从事非法吸收公众资金、非法集资、非法放贷等非法金融业务活动，构成犯罪的，要依法追究刑事责任。再如，2004 年 8 月修正的《证券法》第 175 条规定："未经法定的机关核准或者审批，擅自发行证券的，或者制作虚假的发行文件发行证券，构成犯罪的，依法追究刑事责任。"

综上所述，可以发现，我国法律对民间融资进行了较为严格的管制。对于民间融资活动的合法地位问题，在法律方面的明确规定十分有限。

二、民间融资的主要类型

民间融资存在多种分类体系和分类标准，为了准确归纳和总结民间融资的主要形式，下文从监管程度和地域分布角度出发，将民间融资分为民间自发融资、准金融机构融资和非金融机构融资三大类。从监管程度上来看，民间自发融资与非金融机构融资由于监管部门并不明确，目前主要由私法以及公法的禁止性规定构成，并没有完整的监管规章制度。相反，准金融机构往往经过监管部门的批准设立，具有相应的准入门槛以及明确的业务范围，受到的监管程度较高。从地域分布情况来看，涉及准金融机构或者非金融机构的民间集资往往以法人形式存在，可以开展全国性的活动，并不具有明显的地域限制，而民间自发融资的组织形式与活动方式往往根植于特殊的地域金融与商业文化，具有明显的区域色彩。系统性地梳理民间融资的主要形式，有助于准确区分不同类型民间融资的交易结构与运营风险，也有利于从法律层面进行深入的剖析。

(一) 民间自发融资

所谓民间自发融资是指，自然人或者法人之间不通过中介机构而直接缔结的借款合同或者股权以及有价证券融资。如上文所述，民间自发融资具有显著的地域性特征，资金的供给方与资金的需求方往往比较熟悉，资金的供给方能够相对充分的了解资金需求方的信用状况，因此在利率的设定上往往比较灵活，特别是在资金需求方无法从银行等金融机构获得贷款时，民间自发融资成为多数资金需求方主要的资金来源渠道。具体而言，民间自发融资主要包括民间借款、法人集资、民间合会、地下钱庄、民间有价证券融资等形式：

1. 民间借款。民间借款是指自然之间、自然人与法人之间，或者法人之间直接的借款行为。民间借款具有自发性、分散性、区域性等特点，主要采取一对一的形式，也有一对多的情况，资金的提供方与需求方往往具有比较紧密的血缘或者地缘关系。按照使用用途来说，民间借款可以简单地分为生活性借款与经营性借款两类，前者主要存在于熟人之间，为解决生活需要而进行借款，资金的提供方对资金的需求方比较了解，能够比较好地把握风险，利率不高；后者主要存在于自然人与法人之间，或者法人之间，出借人提供的资金主要用于从事经营性活动，具有较高的风险，这往往在利率水平上也有所反应。法人之间直接借款为法律所直接禁止，因此往往由银行作为中介机构，进行委托贷款。除了生活性借款与经营性借款之外，近年来也陆续出现了银行等金融机构的员工，利用工作便利或以工作名义进行借款。由于资金提供方并不是与银行等金融机构直接签订合同，因此本质上仍然属于民间借款。

2. 法人集资。法人集资往往是在企业法人由于从事生产性活动缺乏足够的资金支持，并且在银行融资存在困难或者不便的情况下，针对与法人有劳动关系的雇员，或者其他对象开展的集资行为，既包括债权融资也包括股权融资。参与法人债权集资具有很大的法律风险：企业以借贷名义向职工集资，企业以借贷名义向社会集资已经被最高人民法院认定为无效。实践中的法人集资多数为法人与雇员之间的债权融资。由于法人雇员一般对企业的经营状况比较了解，在企业发展遇到短期资金困难的情况下，雇员在平衡风险与收益的情况下，往往愿意在合适的利率水平的前提条件下，提供资金支持。当然，有时雇员为保全工作可能被迫接受这样的融资要求。企业通过内部融资，一方面可以以相对较低的资金成本解决经营问题，另一方面由于企业职工同时是债权人，为了能够实现债权，职工的生产积极性可能获得一定提升。由于此类民间融资行为大多发生于特定的法人组织内部，资金提供方在工作中形成了比较紧密的联系，在法人发生违约的情况下，企业雇员具有比较高的自觉性进行集体行动，追讨债务。非企业雇员与企业形成融资关系，由于对于企业的经营状况往往并不熟悉，商业与法律风险也将随之增大。

3. 民间合会。民间合会是在我国有着悠久历史的民间融资形式，最早可以追溯至唐宋之间。[1] 随着时间的推移，合会逐渐演变为不同形式，不同地域的称谓也有所不同，如轮会、摇会、标会、抬会、钱会、赊会、认会、摊会等，以目前在江浙、闽粤及台湾地区的标会最为活跃与典型。标会通常建立在亲情、友情、乡情等基础之上，由发起人邀请若干成员参加，约定时间按期举行，参与者每期缴纳一定数额的会款，资金轮流由每个成员使用。具体而言，发起者通常可以优先无息使用首期汇款，随后各期由成员竞标，利息最高者获得资金的使用权，每个成员只能中标一次，所有参加者轮完后，该次标会解散。民间合会以熟人关系为基础，资金的使用具有较大的灵活性，手续简便，无须抵押担保，往往能在会员因生活、生产需要急需资金时，提供融资便利。目前，我国民间合会缺乏明确的法律制度基础，合会成员如果不注意相关的法律限制，也可能产生法律风险。

4. 地下钱庄。根据中国人民银行的标准，地下钱庄是指游离于金融监管体系之外，利用或者部分利用金融机构的资金结算网络，从事非法买卖外汇、跨国（境）资金转移，资金存储及借贷等非法金融业务的非法组织。[2] 这在 1998 年国务院第 247 号令《非法金融机构和非法金融业务活动取缔办法》中已经有明确规定。但地下钱庄并非经营初期就被视为非法。1984—1985 年间，温州地区曾有 4 家私人钱庄经工商部门批准从

---

〔1〕徐畅：《“合会”论述》，载《近代史研究》，1998 年第 2 期。

〔2〕中国人民银行：《2005 年反洗钱报告》。

事营业活动，后因政策不允许而转入地下，成为真正意义上的“地下钱庄”。[1] 地下钱庄往往同时卷入非法外汇交易与跨境资金转移，甚至洗钱活动，随着外汇资本项目下可兑换，以及企业跨国资金流动的便利，地下钱庄上述业务的吸引力也可能随之降低。特别需要引起注意的是，由于地下钱庄从事的业务往往处于灰色地带，甚至直接构成违法犯罪行为，无论是设立地下钱庄，还是通过地下钱庄进行融资，都可能构成违法犯罪行为。

5. 民间有价证券与票据融资。有价证券主要包括股票与债券两类。有价证券的持有人如果急需资金，但是无法即刻将有价证券变现，则可能通过传统金融机构之外的渠道，采用将有价证券质押或者交易有价证券等方式，获得资金。民间票据融资发展的原因是由于银行等金融机构的票据贴现业务一般具有严格的合规管理流程，办理手续相对繁琐，对于急需资金但是又不满足银行要求的中小企业而言门槛过高。在这样的背景下，一些不具有经营资格，但是具有大额资金的企业和个人开始从事民间票据融资业务。民间票据融资多发生于中小企业与不具有经营资格的企业和个人之间，前者盈利能力有限，后者操作不规范，非常容易引起法律纠纷。同时，民间有价证券与票据融资往往与洗钱等非法金融活动紧密相连，容易成为犯罪行为的滋生地。

（二）准金融机构融资

与民间自发融资较少受到金融监管，融资形式具有灵活性比较，准金融机构在民间融资领域受到较多监管规则束缚，相应地，在法人组织形式、业务领域、行业规则方面也相对健全。然而，同专门从事融资活动的银行等金融机构相比较，从事民间融资的准金融机构，由于目的在于满足民间融资需求，准入门槛相对较低，也不存在严格的金融牌照管理要求。

---

〔1〕苑德军：《民间金融的外延、特征与优势》，载《经济与管理研究》，2007年(01)，第45页。

准金融机构的民间融资活动相对于不受监管或者较少受到监管的民间融资形式而言，管理上相对规范，业务活动专业性较强。具体而言，通过准金融机构进行民间融资的渠道主要有小额贷款公司、典当公司、融资租赁、保理公司与私募股权基金。

1. 小额贷款公司。小额贷款公司是指由自然人、企业法人与其他社会组织投资设立，不吸收公众存款，经营小额贷款业务，自主经营、自负盈亏、自我约束、自担风险的有限责任公司或股份有限公司。由于小额贷款公司从事的业务仅限于小额贷款，并且利率高于商业银行，低于民间贷款利率的平均水平，因此主要的客户群体在于需要融资但是无法从商业银行获得贷款的企业。小额贷款公司的业务采取小额、分散的原则，小额贷款公司对同一借款人的贷款余额不得超过公司资本净额的 5%，对单一集团企业客户的授信余额不得超过资本净额的 15%。根据现有金融监管机构的指导意见，小贷公司从银行业金融机构融入资金余额，不得超过其资本净额的 50%。小额贷款公司由于自身的融资渠道受到较大限制，特别是在合作银行因政策趋紧较少向小贷公司提供后续资金的时期，无法进行规模化的经营，具有非常鲜明的地域色彩，客户主要为当地的小微企业。小额贷款公司由省级政府主管部门(金融办或者相关机构)监管。

2. 典当行。典当是指当户将其动产、财产权利作为当物质押或者将其房地产作为当物抵押给典当行，交付一定比例费用，取得当金，并在约定期限内支付当金利息、偿还当金、赎回当物的行为。在我国，典当的雏形萌芽于两汉时期，具有悠久的历史与传统。典当以当户的动产、不动产或者财产权利作为当物进行抵押，即可以向当户提供融资，不过问当户的资金用途，融资方式比较灵活，对于急缺资金，但是又不能以较低成本获得融资的中小企业或者个人而言，具有很大的吸引力。典当行的经营范围受到严格的限制，包括动产质押典当业务、财产权利质押典当业务、房地产抵押典当业务、限额内绝当物品的变卖以及鉴定评估及咨询服务等，超出上述范围的非绝当物品的销售以及旧物收购、寄售、动产抵押业务、集资、吸收存款或者变相吸收存款、发放信用贷款，都属于典当行禁止从事的领域。

3. 融资租赁公司。融资租赁是指出租人根据承租人对出卖人、租赁物的选择，向出卖人购买租赁物，提供给承租人使用，承租人支付租金的法律行为。从上述定义可以看出，租赁物的所有权在从供货人转移到出租人后，在融资租赁期间，仍然属于出租人，但是承租人根据合同的约定，占有、使用租赁物，并向出租人支付租金。实际上，融资租赁也包含了售后回租的情况，即承租人将自有物件出卖给出租人，同时与出租人签定融资租赁合同，再将该物件从出租人处租回的融资租赁形式。究其本质，售后回租业务是承租人和供货人为同一人的融资租赁方式。融资租赁由专业的融资租赁公司操作，在促进装备制造业发展、中小企业融资、企业技术升级改造、设备进出口、商品流通等方面具有明显的优势，也是民间融资领域中小企业在需要设备更新时，普遍乐于接受的融资形式。当前，我国既存在由银监会批准的金融租赁公司，也存在由商务部批准的融资租赁公司，后者不属于严格意义上的金融机构，归入民间融资的范畴。[1]截止于 2013 年 9 月，获得商务部批准的融资租赁公司达到 123 家。

4. 保理公司。保理，是“保付代理”的简称，一般指卖方将其与买方（付款人）因货物销售（服务）合同而产生的应收账款转让给保理商，并由保理商为卖方提供贸易融资、销售分户账管理、应收账款催收、信用风险控制和坏账担保等服务中的特定两项或两项以上的综合性金融服务。传统意义上的融资渠道要么需要高额抵押，要么需要承担高额利息，对于企业而言融资成本较高，保理基于企业在货物销售或服务合同所产生的应收账款，能够在一定程度上环节企业资金周转的困难。由于保理业务具有一定的专业性，开展商业保理原则上应设立独立的公司，不混业经营，不得从事吸收存款、发放贷款等金融活动，禁止专门从事或受托开展催收

〔1〕刘鑫：《论民间融资的刑法规制》，华东政法大学博士学位论文，2012 年 9 月 20 日，第 11 页。

业务，禁止从事讨债业务。从总体上看，我国的商业保理公司尚处于发展的初期，截至 2013 年 8 月 20 日，全国经批准成立的商业保理公司共 137 家。[1] 商业保理公司原则上由试点地区商业主管部门管理。

5. 私募股权基金。私募股权投资基金，又称私募股权基金（Private Equity Fund，简称 PE），广义而言它以非公开发行的方式向特定投资者募集设立，主要通过股权交易投资于企业首次上市前各时期，由此也包括风险投资。私募股权基金在组织形式上比较灵活，可以采用合伙、公司、契约或信托等形式。一般而言，私募股权基金往往拥有一支专业化的管理队伍，具有比较丰富的管理与市场经验，能够在投资于目标企业之后，参与企业的运营，推动企业的发展，提高企业的竞争力，但并不以控股目标企业为根本目标。近年来，我国私募股权基金发展迅猛，成为支持创新型企业发展的重要资金来源，包括百度、新浪、搜狐、携程、京东等公司，在创始与发展阶段均不同程度地获得过可观的投资。然而，私募股权基金的发展也引发了如何有效地进行监管的问题。最终，根据 2013 年 7 月《中央编办关于私募股权基金管理职责分工的通知》的规定，证监会成为私募股权基金的监管机构。[2]

准金融机构中的融资租赁公司、保理公司与个人投资者的直接联系相对较少；而典当行、私募股权基金、小贷公司等则与个人投资者有较多的联系。

（三）非金融机构融资

在民间融资体系内部，非金融机构融资是介于民间自发融资与准金融机构融资的之间地带。相对于民间自发融资，非金融机构具有好的组织形式，能够充分发挥中介组织的功能，从事大范围、系统性的融资活动。

---

〔1〕人民网：《全国共批准成立的商业保理公司 137 家　重大事项需报告》，http://finance.people.com.cn/n/2013/0902/c1004-22775385.html

〔2〕http://cpc.people.com.cn/n/2013/0702/c164113-22040815.html

相对于准金融机构融资，非金融机构受到较少的监管束缚，能够比较好的利用短期的监管空隙，形成具有创新性的民间融资模式。然而，上述特点也可能成倍地放大金融风险，在缺乏金融监管的情况下，非金融机构的融资活动可能由于道德风险，风险管理失误，或者假借普惠金融之名，行欺诈之实，造成出资者财产损失。当前主要的非金融机构融资形式包括P2P、众筹与理财等几类：

1. P2P。P2P(Peer-to-Peer Lending)网络借贷，也称点对点信贷，或个人对个人的信贷(人人贷)。P2P 小额借贷由 2006 年诺贝尔和平奖得主尤努斯教授首创，是一种将非常小额的资金聚集起来借贷给有资金需求人群的一种商业模型，其作用主要体现在满足个人资金需求、发展个人信用体系和提高社会闲散资金利用率三个方面。目前，主要分为线上模式和线下模式。其中，所谓线上模式，即网站仅作为借贷双方的信息发布与交易撮合平台，网站不存在平台之外的审贷环节，也不对单笔贷款提供担保。国内典型的如“拍拍贷”。所谓线下模式，则超越了网络点对点贷款方式。在网络平台之外，一方面要有专门的信贷员审核借款人，控制贷款质量；同时又有销售人员向出资人销售以贷款为基础资产的理财产品。典型的如宜信公司。根据网贷之家数据统计，截至 2013 年，我国网络借贷平台成交量达 1058 亿元，同比增长 399%；网贷平台的贷款余额约为 268 亿元，是 2012 年同期的 4.8 倍。[1]

2. 众筹。众筹的起源，翻译自英语“Crowd Funding”一词，即大众筹资。一般而言，众筹是通过网络平台，汇聚个人资金，从而为个人或者组织提出的计划提供资金支持。[2] 众筹募集的资金具有非常宽泛的用途，即包括了科研项目、社会活动、免费软件、艺术作品、创办企业等。由于众

[1] http://www.wangdaizhijia.com/news-more-10838.html

[2] 一般认为，众筹有 4 种形式：股权类、债权类、回报(或奖励类)及捐赠类。其中债权众筹体现为 P2P 这种形态，业界已经专门把其划分为互联网金融一个门类，因此此处众筹不包括 P2P 形式。

筹用途具有广泛性，因此其法律关系主要由投资项目所决定，既可以是股权投资关系，也可以是存在预付款的买卖关系，甚至可以是捐赠等。不同于传统的民间融资形式，众筹并不以获取高额收益为募集和使用资金的出发点，只要是公众喜欢的项目都可能获得一定的资金支持。由此，通过众筹的方式，资金的使用者可以以非常低的门槛就获得大众的资金支持，能够更快地将产品或者服务提供给市场，从而缩短了项目完成的周期。同时，由于产品或者服务已经有了第一批的使用者，资金的筹集者能够比较早的获得市场对其项目的反馈意见，有利于提高项目评估的效率，因此对于特定群体具有较大的吸引力。我国的众筹业务已经开始发展，但是由于受到诸多的法律限制，具有较大的法律风险。已有案例表明，有 P2P 或众筹平台用高额回报吸引客户，做起"资金池"业务，或将债务份额化转让，非法从事需要金融牌照才能做的业务，触犯了变相吸收存款和变相发行证券的红线。[1]

3. 非金融机构理财产品融资。所谓理财产品融资是指非金融机构的自然人或者法人直接或者间接通过出售的具有投资性质的理财产品向个人进行集资的民间融资形式。实践中，非金融机构的自然人或者法人往往利用中介组织的客户资源或者营销途径，甚至冒用国内外金融机构的名义，向特定或者不特定对象出售理财产品。尽管金融机构的理财产品具有一定的投资风险，但是由于这些金融机构大多受到"一行三会"的严格监管，一般很少出现触犯法律，特别是构成刑事犯罪的情况。然而，非金融机构理财产品融资，由于本质上仍然是融资人直接或间接进行集资，相关法律法规对此有严格的约束，稍有不慎就容易触犯刑法。同时，非金融机构不受或者很少受到金融监管部门的监督，除了可能具有更大的投资风险之外，往往容易引发虚假宣传、挪用资金、甚至欺诈等侵害民间融资活动中个人合法权益的问题。

---

〔1〕吴晓灵：互联网的金融创新与监管规范，http://stock.sohu.com/20140324/n397108254.shtml，2014 年 3 月 22 日

三、民间融资中比较常见的个人合法权益受到侵犯的情形

（一）刑事责任方面

1. 非法或变相吸收公众存款罪

（1）犯罪构成要件分析

我国刑法第176条规定：非法吸收公众存款或者变相吸收公众存款，扰乱金融秩序的，处三年以下有期徒刑或者拘役，并处或者单处二万元以上二十万元以下罚金；数额巨大或者有其他严重情节的，处三年以上十年以下有期徒刑，并处五万元以上五十万元以下罚金。单位犯前款罪的，对单位判处罚金，并对其直接负责的主管人员和其他直接责任人员，依照前款的规定处罚。

在犯罪主体方面，本罪的犯罪主体为一般主体，也就是说具有刑事责任能力的个人和单位都符合要求。在犯罪客体方面，该罪侵犯的是国家的金融秩序。在犯罪的主观方面，要求犯罪主体的主观方面为故意，而不是过失。行为人的主观目的是违反国家法律规定向社会公众吸收资金进行生产经营。而在犯罪的客观方面，刑法条文中并未对非法或变相吸收公众存款罪的具体犯罪行为表现予以规定，但2011年实施的《最高人民法院关于审理非法集资刑事案件具体应用法律若干问题的解释》中的第一条规定，同时具备下列四个条件的，应被认定为“非法吸收公众存款或

者变相吸收公众存款”，即：(1)未经有关部门依法批准或者借用合法经营的形式吸收资金；(2)通过媒体、推介会、传单、手机短信等途径向社会公开宣传；(3)承诺在一定期限内以货币、实物、股权等方式还本付息或者给付回报；(4)向社会公众即社会不特定对象吸收资金。未向社会公开宣传，在亲友或者单位内部针对特定对象吸收资金的，不属于非法吸收或者变相吸收公众存款。

同时，该司法解释第二条以列举的方式，将下列行为归入“非法吸收公众存款罪”的规制范围中，即：(1)不具有房产销售的真实内容或者不以房产销售为主要目的，以返本销售、售后包租、约定回购、销售房产份额等方式非法吸收资金的；(2)以转让林权并代为管护等方式非法吸收资金的；(3)以代种植（养殖）、租种植（养殖）、联合种植（养殖）等方式非法吸收资金的；(4)不具有销售商品、提供服务的真实内容或者不以销售商品、提供服务为主要目的，以商品回购、寄存代售等方式非法吸收资金的；(5)不具有发行股票、债券的真实内容，以虚假转让股权、发售虚构债券等方式非法吸收资金的；(6)不具有募集基金的真实内容，以假借境外基金、发售虚构基金等方式非法吸收资金的；(7)不具有销售保险的真实内容，以假冒保险公司、伪造保险单据等方式非法吸收资金的；(8)以投资入股的方式非法吸收资金的；(9)以委托理财的方式非法吸收资金的；(10)利用民间“会”、“社”等组织非法吸收资金的；(11)其他非法吸收资金的行为。

另外，对于构成非法或变相吸收公众存款罪的募集金额要求和募集对象要求方面，该司法解释第三条规定：非法吸收或者变相吸收公众存款，具有下列情形之一的，应当依法追究刑事责任：(1)个人非法吸收或者变相吸收公众存款，数额在 20 万元以上的，单位非法吸收或者变相吸收公众存款，数额在 100 万元以上的；(2)个人非法吸收或者变相吸收公众存款对象 30 人以上的，单位非法吸收或者变相吸收公众存款对象 150 人以上的；(3)个人非法吸收或者变相吸收公众存款，给存款人造成直接经济损失数额在 10 万元以上的，单位非法吸收或者变相吸收公众存款，给存款人造成直接经济损失数额在 50 万元以上的;(4)造成恶劣社会影响或者其他严重后果的。

对于何为刑法第 176 条规定的“数额巨大或者有其他严重情节”,该司法解释规定:(1)个人非法吸收或者变相吸收公众存款,数额在 100 万元以上的,单位非法吸收或者变相吸收公众存款,数额在 500 万元以上的;(2)个人非法吸收或者变相吸收公众存款对象 100 人以上的,单位非法吸收或者变相吸收公众存款对象 500 人以上的;(3)个人非法吸收或者变相吸收公众存款,给存款人造成直接经济损失数额在 50 万元以上的,单位非法吸收或者变相吸收公众存款,给存款人造成直接经济损失数额在 250 万元以上的;(4)造成特别恶劣社会影响或者其他特别严重后果的。

最后,非法吸收或者变相吸收公众存款的数额,以行为人所吸收的资金全额计算。案发前后已归还的数额,可以作为量刑情节酌情考虑。非法吸收或者变相吸收公众存款,主要用于正常的生产经营活动,能够及时清退所吸收资金,可以免予刑事处罚;情节显著轻微的,不作为犯罪处理。

(2) 典型案例介绍

郭某某非法吸收公众存款案[1]

郭某某于 2008 年 9 月至 2009 年 11 月,受北京金某立信国际投资有限公司(以下简称金某公司)法定代表人赵某某(已判刑)的指派,在上海市广粤路某某号 302 室设立金某公司上海办事处并担任该办事处负责人,未经有关部门批准,以投资全国打假网“3.15 防伪”标识项目,每三个月可获得 3%的高额回报为名,先后从投资人赵某礼等 22 人处非法吸收存款共计人民币 365 万元,并造成上述存款人直接经济损失共计人民币 350 余万元。2013 年 4 月 2 日,郭某某在江西省萍乡市火车站被公安机关抓获。2013 年 4 月 28 日,上海市虹口区人民检察院将其批捕,2013 年

[1] 案例来源:上海市虹口区人民法院刑事判决书(2013)虹刑初字第 1217 号。

10月22日向法院提起公诉。

法院经审理认为，被告人郭某某非法吸收公众资金，扰乱金融秩序，数额巨大，其行为已构成非法吸收公众存款罪。2013年10月25日，郭某某被判非法吸收公众存款罪，判处有期徒刑五年六个月，并处罚金人民币六万元。

(3) 当事人应注意的事项

A. 对于集资方而言，在对非法或变相吸收公众存款罪的行为认识层面，有三个问题极为重要，即何为"非法"，何为"向社会公开宣传"，何为"不特定的社会公众"？

首先，何为"非法"？根据《最高人民法院关于审理非法集资刑事案件具体应用法律若干问题的解释》，所谓"非法"，一是未经有关部门依法批准吸收资金；二是借用合法经营的形式吸收资金。前者是指根据现行金融管理法律法规的相关规定，向社会不特定公众吸收资金的合法方式主要为商业银行的吸存、商业银行及其他金融机构发行各类理财产品、发售证券投资基金份额、公司企业发行股票、债券、短期融资券等。对于上述吸收资金的行为，现行法律都规定了严格的主体资格条件和审批程序，如果某一机构和个人不符合向社会公众吸收资金的主体资格条件要求，或者是符合主体资格条件但其向社会公众吸收资金的行为或手段未经批准或违法的话，那么就是实施了非法吸收资金的行为。而对于后者，所谓"借用合法经营的形式吸收资金"，是指集资者用合法经营的形式来掩盖其非法集资行为的实质，在这里，经营者的经营活动本身一般已获得工商机关核准，但是这种合法的经营活动根据法律规定并不具备向不特定的社会公众吸收资金的资格条件，如通过股权转让、林权转让并代为管护等合法的经营方式为掩护，实质上向不特定的社会公众募集资金的行为就违反了该条的规定。

其次，何为"向社会公开宣传"？根据最高院司法解释的界定，是指通过媒体、推介会、传单、手机短信等途径向社会公开宣传。该解释的参与起草者还撰文指出，解释中的规定是例示性的，并不限于上述四种宣传途径，实践中常见的还有标语、横幅、宣传册、宣传画、讲座、论坛、研讨会等形式。[1] 国务院办公厅2006年发布的《关于严厉打击非法发行股票和非法经营证券业务有关问题的通知》中也作了详细的列举，指出公开宣传包括公开和变相公开两种方式，具体手段有广告、公告、广播、电话、传真、信函、推介会、说明会、网络、短信、公开劝诱等。另外，对于采取“口口宣传”的方式在不特定的社会对象之间进行集资信息传播的，则要根据当时情况，看集资者对于该类传播行为是否采取了明确指使、鼓励和帮助的情况，需要按个案进行分析。在最新的2014年3月31日两高和公安部所发布的《关于办理非法集资刑事案件适用法律若干问题的意见》中的第二条的认定：《最高人民法院关于审理非法集资刑事案件具体应用法律若干问题的解释》第一条第一款第二项中的“向社会公开宣传”，包括以各种途径向社会公众传播吸收资金的信息，以及明知吸收资金的信息向社会公众扩散而予以放任等情形。

再次，对于何为“不特定的社会公众”？可从以下几方面来掌握：一是看集资人与出资人的关系是否有“既存性”。如果有证据表明，集资人与出资人在集资活动开始前原本就是亲友、同事，则可认定具有特定性二是看双方关系是否直接、形成是否自然。特定性所要求的是集资人与出资人之间具有直接的亲友或同事关系，如果是在集资活动开始后，集资人为了扩大资金来源而经亲友或同事介绍不断认识其他人员，或者是集资人亲友的朋友为图高利而主动结识集资人并投入资金，对此情形下亲友的朋友就不能认定为特定对象，这种集资行为属于以朋友为基础向社会递延、辐射的“以人传人”式的非法集资性质；三是看集资行为是否具有封闭性。如果以亲友、同事为集资对象，由于这种关系具有相对封闭性，集资活动就被限定在一定的圈子内。以不特定人员为

---

[1] 刘为波：《非法集资特征的理解与认定》，载《中国审判》，2011年第2期。

对象的集资活动则具有开放性和可变性，即凡是愿意提供资金的人，无论与集资者之间是否存在亲友等关系，均可加入集资活动；同时，这类集资活动的范围还会因宣传力度的大小、利率的高低而发生相应的变化。[1] 在最新的 2014 年 3 月 31 日两高和公安部所发布的《关于办理非法集资刑事案件适用法律若干问题的意见》中的第三点，明确规定了下列情形不属于《最高人民法院关于审理非法集资刑事案件具体应用法律若干问题的解释》第一条第二款规定的“针对特定对象吸收资金”的行为，应当认定为向社会公众吸收资金：(一)在向亲友或者单位内部人员吸收资金的过程中，明知亲友或者单位内部人员向不特定对象吸收资金而予以放任的；(二)以吸收资金为目的，将社会人员吸收为单位内部人员，并向其吸收资金的。

B. 对于出资方而言，则要区分清楚正常的融资行为与非法或变相吸收公众存款罪的差别，尤其是在私募基金方面，[2]由于当前许多私募基金的设立无须得到金融监管部门的批准，因此有一些私募基金以投资企业为名，以高额回报为诱饵，进行非法吸收公众资金的行为。实际上，正规的私募基金与非法集资行为是有很大区别的：首先，私募基金的集资对象是特定的，有限的，主要是以少数机构投资者、具有较高财力和风险承受能力的个人投资者为对象，而非法集资则不论对象的具体情况，只要对方能够提供资金就予以接受；其次，私募基金不得采取社会公开宣传的方式，而只能向特定的投资对象进行介绍，相反非法集资行为却往往采取各种方式向社会公众进行公开宣传；再次，私募基金对于投资回报一般只是做出投资收益的分析预测，而不给予任何保底承诺，但非法集资却往往承诺在一定期限内对出资人进行还本付息或给予其他形式的回报。

---

〔1〕参见刘鑫：《论民间融资的刑法规制》，华东政法大学博士学位论文，2012 年 9 月 20 日，第 89—90 页。

〔2〕私募基金可以分为私募股权投资基金、私募证券投资基金等。

2. 集资诈骗罪

(1) 犯罪构成要件分析

我国刑法第192条规定:以非法占有为目的,使用诈骗方法非法集资,数额较大的,处五年以下有期徒刑或者拘役,并处二万元以上二十万元以下罚金;数额巨大或者有其他严重情节的,处五年以上十年以下有期徒刑,并处五万元以上五十万元以下罚金;数额特别巨大或者有其他特别严重情节的,处十年以上有期徒刑或者无期徒刑,并处五万元以上五十万元以下罚金或者没收财产。同时,刑法第199条还规定:犯本节第一百九十二条规定之罪,数额特别巨大并且给国家和人民利益造成特别重大损失的,处无期徒刑或者死刑,并处没收财产。

在犯罪主体方面,本罪的犯罪主体为一般主体,也就是说具有刑事责任能力的个人和单位都符合要求。在犯罪客体方面,该罪侵犯的是双重客体,既包括国家的金融秩序,也包括他人的财产所有权。另外,在犯罪的客观行为表现方面,该罪的显著特征是具有欺诈性,是以非法占有为目的以欺诈的手段获取或处分他人的钱款。而在量刑方面,集资诈骗罪与非法或变相吸收公众存款罪相比,其最高刑罚为死刑。

2011年实施的《最高人民法院关于审理非法集资刑事案件具体应用法律若干问题的解释》中第4条规定:以非法占有为目的,使用诈骗方法实施本解释第二条规定所列行为的,应当依照刑法第192条的规定,以集资诈骗罪定罪处罚。使用诈骗方法非法集资,具有下列情形之一的,可以认定为"以非法占有为目的":(1)集资后不用于生产经营活动或者用于生产经营活动与筹集资金规模明显不成比例,致使集资款不能返还的;(2)肆意挥霍集资款,致使集资款不能返还的;(3)携带集资款逃匿的;(4)将集资款用于违法犯罪活动的;(5)抽逃、转移资金、隐匿财产,逃避返还资金的;(6)隐匿、销毁账目,或者搞假破产、假倒闭,逃避返还资金的;(7)拒不交代资金去向,逃避返还资金的;(8)其他可以认定非法占有目的的情形。

另外,在犯罪程度的认定方面,该司法解释第5条中规定:个人进行集资诈骗,数额在 10 万元以上的,应当认定为“数额较大”;数额在 30 万元以上的,应当认定为“数额巨大”;数额在 100 万元以上的,应当认定为“数额特别巨大”。单位进行集资诈骗,数额在 50 万元以上的,应当认定为“数额较大”;数额在 150 万元以上的,应当认定为“数额巨大”;数额在 500 万元以上的,应当认定为“数额特别巨大”。集资诈骗的数额以行为人实际骗取的数额计算,案发前已归还的数额应予扣除。行为人为实施集资诈骗活动而支付的广告费、中介费、手续费、回扣,或者用于行贿、赠与等费用,不予扣除。行为人为实施集资诈骗活动而支付的利息,除本金未归还可予折抵本金以外,应当计入诈骗数额。

(2) 典型案例介绍

吴英集资诈骗案〔1〕

吴英为前浙江本色控股集团有限公司法定代表人,2003 年至 2005 年,吴英先后开办了东阳吴宁贵族美容美体沙龙、东阳吴宁喜来登俱乐部、东阳千足堂理发休闲屋等,同时以合伙或投资名义,从俞某、唐某、夏某、竺某、赵某、徐某等人处高息集资,欠下巨额债务。为了还债,吴英继续非法集资。2005 年 5 月至 2007 年 1 月,吴英以给付高额利息(多为每万元每天 40—50 元)为诱饵,采取隐瞒先期资金来源真相、虚假宣传经营状况、虚构投资项目等手段,先后从林某、杨某及毛某、任某、叶某、龚某、周某、蒋某等人处非法集资人民币 77339.5 万元,用于偿付集资款本息、购买房产、汽车及个人挥霍等。至案发时,除已归还本息 38913 万元,实际诈骗金额为 38426.5 万元。2007 年 3 月 16 日,吴英被检察院批捕,2009 年 1 月 4 日向法院提起公诉。

法院经审理认为,吴英在早期高息集资已形成巨额外债的情况下,明知必然无法归还,却使用欺骗手段继续以高息不断地从林某等人处非法集资;吴英将集资款部分用于偿付欠款和利息、部分用于购买房

〔1〕案例资料来源:浙江省高级人民法院刑事判决书(2012)浙刑二重字第 1 号。

产、车辆和个人挥霍，还对部分集资款进行随意处置和捐赠，主观上具有非法占有的目的。同时，吴英集资过程中使用了诈骗手段。为了进行集资，吴英隐瞒其资金均来源于高息集资并负有巨额债务的真相，并通过短时间内注册成立多家公司和签订大量购房合同等进行虚假宣传，为其塑造“亿万富姐”的虚假形象。集资时其向被害人编造欲投资收购商铺、烂尾楼和做煤、石油生意等“高回报项目”，骗取被害人信任，具有欺诈性。另外，吴英非法集资对象为不特定公众。吴英委托杨某等人为其在社会上寻找“做资金生意”的人，事先并无特定对象，事实上，其非法集资的对象不仅包括林某等 11 名直接被害人，也包括向林某等人提供资金的 100 多名“下线”。因此，吴英以非法占有为目的，以高额利息为诱饵，采取隐瞒真相，虚假宣传和虚构项目等欺骗手段面向社会公众非法集资，其行为已构成集资诈骗罪。2012 年 5 月 12 日，吴英终审被犯集资诈骗罪，判处死刑，缓期二年执行，剥夺政治权利终身，并处没收其个人全部财产。

(3) 当事人应注意的事项

A. 对于集资方而言，在认识“集资诈骗罪”时，除了注意不要违反“非法或变相吸收公众存款罪”中的关于非法性、公开性和宣传性等要素之外，尤其要了解到“集资诈骗罪”的显著特征是具备“欺诈性”，即集资诈骗的行为人的目的是非法占有募集所得的资金，供自己挥霍、转移或携款逃匿，并且根本没有归还资金的意图。而非法吸收公众存款虽然得到了他人的资金，但在主观上还是准备偿还。另外，还要注意的是，集资诈骗罪最高刑为死刑，而非法吸收公众存款罪的最高刑仅为有期徒刑十年。

B. 对于出资方而言，在涉及各种类型的集资活动中一定要小心甄别，因为一旦该集资活动违反法律、构成犯罪，出资方的损失赔偿就会非常复杂。根据 2008 年国务院发布的处置《非法集资工作操作流程》中的第 49 条规定：在集资款的清退上，应根据清理后剩余的资金，按集资参与者集资额比例予以清退。参与非法集资活动受到损失的，由集资参与者自行承担。根据最高人民法院《关于刑事附带民事诉讼范围问题的规定》中第5条的规定：对于犯罪分子非法占有、处置被害人财产而使其遭受物质损失的，人民法院应当依法予以追缴或者责令退赔，经过追缴或者退赔仍不能弥补损失的，被害人可向法院民事审判庭另行提起民事诉讼。也就是说，根据现行的法律规则的规定，因参与非法集资遭受损失的，由参与者自行承担损失，集资参与者如果无法通过案发后追缴的财产中获得弥补的，其只能通过另行提起附带民事诉讼来要求赔偿。

3. 擅自发行股票、公司、企业债券罪

(1) 犯罪构成要件分析

我国刑法第179条规定：未经国家有关主管部门批准，擅自发行股票或者公司、企业债券，数额巨大、后果严重或者有其他严重情节的，处五年以下有期徒刑或者拘役，并处或者单处非法募集资金金额百分之一以上百分之五以下罚金。单位犯前款罪的，对单位判处罚金，并对其直接负责的主管人员和其他直接责任人员，处五年以下有期徒刑或者拘役。

本罪的主体要件为一般主体，凡达到刑事责任年龄并具备刑事责任能力的自然人以及单位均能构成本罪。本罪在主观方面表现为故意，过失不构成本罪。本罪的客体为复杂客体，即国家对证券市场的管理制度以及投资者和债权人的合法权益。而在客观方面，犯罪行为表现为未经国家批准而擅自发行股票、债券。我国的《证券法》、《公司法》、《企业债券管理条例》等法律、法规，对发行股票、公司、企业债券的条件、审批程序都作了严格规定，如不符合条件，或者虽符合条件但未经批准而擅自发行的，即可能构成本罪。

同时，《最高人民法院关于审理非法集资刑事案件具体应用法律若干问题的解释》第6条规定：未经国家有关主管部门批准，向社会不特定对象发行、以转让股权等方式变相发行股票或者公司、企业债券，或者向特定对象发行、变相发行股票或者公司、企业债券累计超过200人的，应当认定为刑法第179条规定的“擅自发行股票、公司、企业债券”。构成犯罪的，以擅自发行股票、公司、企业债券罪定罪处罚。

(2) 典型案例介绍

郑某擅自发行股票案[1]

被告单位上海某某有限公司（以下简称该公司）于1997年4月成立，注册资金为人民币3400万，股东包括2家单位和16名自然人。被告人郑某系该公司的法定代表人兼董事长，持股比例为44%。2001年12月，该公司为筹集研发资金，由郑某提议经股东会同意，委托中介公司及个人向社会不特定公众转让自然人股东的股权。此后直到2007年8月期间，由郑某负责联系并先后委托上海新世纪投资有限公司（以下简称新世纪公司）、上海天成投资实业公司（以下简称天成公司）、王某、周某、黄某等个人，转让郑某及其他自然人股东的股权。由郑某和中介人员具体商定每股转让价格为人民币2—4元间不等，该公司与受让人分别签订《股权转让协议书》和《回购承诺书》（承诺如果三年内公司不能上市就回购股权），并发放自然人股东缴款凭证卡和收款收据。经审计，该公司向社会公众260余人发行股票计322万股，筹集资金人民币1,109万余元，其中有157人在上海股权托管中心有限责任公司（以下简称托管中心）托管。募集的资金全部用于该公司的经营活动和支付中介代理费。

法院经审理认为，转让股权行为就是发行股票，而根据2008年1月，《最高人民法院、最高人民检察院、公安部、中国证监委关于整治非法证券活动有关问题的通知》（证监发[2008]1号）规定：公司、公司股东违反《证券法》及国办发99号文的规定，擅自向社会公众转让股票，应当追究擅自发行股票的责任；（2005年）修订后的《证券法》与修订前的《证券法》中针对擅自发行股票的规定是一致的，因此在修订后的《证券法》实施之前发生的擅自发行股票行为，也应予以追究。另根据最高人民检察院、公安部《关于经济犯罪案件追诉标准的规定》，擅自发行股票有下列情形之一的，

[1] 案例来源：上海市浦东新区人民法院刑事判决书(2009)浦刑初字第917号。

应予追诉:发行数额在 50 万以上,不能及时清偿或者清退、造成恶劣影响。本案中,被告单位及被告人委托中介公司及个人,以公开方式向不特定公众转让股权,获取资金 1,109 万余元,案发后不能退还钱款,具有较大社会影响,这些均符合擅自发行股票罪的构成要件。因此,被告单位公司未经证券监管部门批准,擅自发行股票,被告人郑某系该公司直接负责的主管人员,其行为均已构成擅自发行股票罪。其中,被告单位上海某某有限公司犯擅自发行股票罪,判处罚金人民币三十万元,而被告人郑某犯擅自发行股票罪,判处有期徒刑二年。

(3) 当事人应注意的事项

A. 对于集资方而言,要认识本罪,需要注意的有三点:一是擅自发行股票、公司、企业债券罪以发行的股票和债券等有价证券为集资载体,而非法或变相吸收公众存款罪或集资诈骗罪的集资载体一般为借条、借款合同等形式。股票、债券等标准化有价证券具有一般的普通借款合同所不具有的某些特征;二是本罪的犯罪行为人的主观目的不是非法占有,而集资诈骗罪是以非法占有为目的不再归还;三是根据最高检、公安部《关于公安机关管辖的刑事案件立案追诉标准的规定(二)》第 34 条的规定,擅自发行股票、公司、企业债券的入罪标准为发行数额在 50 万元以上或者致使 30 人以上的投资者购买等。

B. 对于出资方而言,则应注意的是,根据《最高人民法院关于审理非法集资刑事案件具体应用法律若干问题的解释》第 6 条规定,未经批准向特定对象发行股票或者公司、企业债券累计超过 200 人的行为也构成擅自发行股票、公司、企业债券罪。也就是说,即使集资方的募集对象是诸如亲友、同事等特定的人,但如果其募集行为采取的是发行股票或债券的方式,且募集对象超过 200 人的话,仍会构成擅自发行股票、公司、企业债券罪。

4. 欺诈发行股票或债券罪

(1) 犯罪构成要件分析

我国刑法第 160 条规定:在招股说明书、认股书、公司、企业债券募集办法中隐瞒重要事实或者编造重大虚假内容，发行股票或者公司、企业债券，数额巨大、后果严重或者有其他严重情节的，处五年以下有期徒刑或者拘役，并处或者单处非法募集资金金额百分之一以上百分之五以下罚金。单位犯前款罪的，对单位判处罚金，并对其直接负责的主管人员和其他直接责任人员，处五年以下有期徒刑或者拘役。

本罪的犯罪主体为特殊主体，即股份有限公司的发起人，股份有限公司、有限责任公司及企业。本罪侵犯的客体是复杂客体，即国家对证券市场的管理制度以及投资者（即股东、债权人和公众）的合法权益。本罪在主观上只能依故意构成，过失不构成本罪。同时，本罪在客观上必须具有在招股说明书、认股书、公司、企业债券募集办法中隐瞒重要事实或者编造重大虚假内容，发行股票或者公司、企业债券、数额巨大、后果严重或者有其他严重情节的行为。

（2）典型案例介绍

四川绿源集团欺诈发行股票案[1]

1998 年初，时任四川省江油市茶叶公司法定代表人的陈某为使公司顺利改制为股份公司募集更多资金，指使员工虚拟 211 名自然人出资 1828 万元为发起人，和四川江油市茶叶公司等 5 家法人共同发起成立四川绿源茶业股份有限公司，并伪造了发起人协议书、发起人认购股份表以及 211 名自然人股东的签名等。1998 年 4 月，经四川省体改委批复同意该股份公司成立，批复文件同时明确规定，自公司成立之日起三年内，所有股份不得转让。1998 年 5 月，绿源公司成立后，陈某带领龚某等人到以前江油茶叶公司集资户较多的干休所等处向集资户进行债转股和现金购买股票的宣传，吸引了大量集资户和社会公众来办理业务。此外，龚某等人还在绵阳科学城等地设点发售绿源公司股票。通过一系列宣传、发售活动，绿源公司迅速将所谓的自然人股东持有的 1828 万股股票全部发

〔1〕案例来源：中国证监会山西监管局网站，http://www.csrc.gov.cn/pub/shanxi/xxfw/djffzj/aljsjy/201101/t20110131_191428.htm

售完毕。

2000 年，绿源公司正式更名为绿源集团，其股票须变更名称重新托管。陈某等人趁机将江油茶叶公司持有的法人股票全部量化到若干个人名下，并安排员工联系对外发售了近 1000 万股并办理了过户手续。同年 6 月，绿源集团将股票陆续转至成都托管中心进行托管。因该中心要求股票构成须与发起设立时一致，陈某等人遂将前阶段出售的近 1000 万股股票暂时收回。后陈某利用一份虚构的江油市体改委文件于 2001 年 10 月和 2002 年 2 月分两次在成都托管中心将 2000 万股法人持有股量化到若干个人名下。其中 1000 余万股用于交还上述暂收回的股票外，其余均被用于偿还企业债务或出售。2006 年 2 月，经四川省绵阳市兴瑞司法鉴定所对绿源公司 1998 年及 1999 年对外发行股票的 12 本凭证进行查证，发现其以绿源公司名义发行股票共计 2200 多万股，获取现金 2200 多万元。

法院经审理认为，绿源集团股份有限公司在股票发行的过程中，隐瞒重要事实，编造重大虚假内容，发行股票数额巨大，且不能及时清退，后果严重，社会影响恶劣，其行为已触犯《刑法》第 179 条之规定，构成欺诈发行股票罪；被告人陈某、龚某作为该公司直接负责的主管人员和其他直接责任人员，其行为亦触犯《刑法》第 179 条之规定，构成欺诈发行股票罪，遂依法追究其刑事责任。被告单位四川绿源集团股份有限公司因欺诈发行股票罪被判处罚金 24 万元，被告人某因欺诈发行股票罪被判处有期徒刑 19 年，被告人龚某因欺诈发行股票罪被判处有期徒刑 2 年，缓刑 3 年。

(3) 当事人应注意的事项

A. 对于集资方而言，要认识本罪，需要注意的有三点：一是本罪主体为特殊主体，即公司发起人，股份有限公司、有限责任公司或企业。而擅自发行股票、债券罪的主体是一般主体；二是本罪行为人是以制作虚假的招股说明书、认股书、公司、企业债券发行办法并且一般是经过主管部门批准而发行股票、债券。而擅自发行股票、公司、企业债券罪是未经批准而发行股票、债券，即行为人发行股票、债券的行为在程序上不合法，本身不具有制作虚假募资文件的欺诈性、强调的是未经审批的擅自发行股票、债券行为；三是根据 2010 年 5 月 7 日发布的《最高人民检察院、公安部关于公安机关管辖的刑事案件立案追诉标准的规定(二)》中第 5 条的规定，关于该罪的立案标准为：首先，发行数额在五百万元以上的；其次，伪造、变造国家机关公文、有效证明文件或者相关凭证、单据的；再次，利用募集的资金进行违法活动的；第四、转移或者隐瞒所募集资金的；第五，他后果严重或者有其他严重情节的情形。

B. 对于出资方而言，则需要注意的是，本罪中的犯罪行为主要是通过制作虚假的招股说明书、认股书、公司、企业债券募集办法来欺诈他人，而发行股票和债券往往是要经过有关部门批准的。也就是说，犯罪行为人是在发布招股说明书、认股书、公司、企业债券募集办法等合法的行为中实施了隐瞒重要事实或者编造重大虚假内容的行为。另外，该罪的行为人募集资金是为了筹建公司、企业或为了公司、企业本身的业务发展，并不具有非法占有募集资金的目的，这是其与集资诈骗罪的区别。

5. 非法经营罪

(1) 犯罪构成要件分析

我国刑法第 225 条规定：违反国家规定，有下列非法经营行为之一，扰乱市场秩序，情节严重的，处五年以下有期徒刑或者拘役，并处或者单处违法所得一倍以上五倍以下罚金；情节特别严重的，处五年以上有期徒刑，并处违法所得一倍以上五倍以下罚金或者没收财产：(1)未经许可经营法律、行政法规规定的专营、专卖物品或者其他限制买卖的物品的；(2)买卖进出口许可证、进出口原产地证明以及其他法律、行政法规规定的经营许可证或者批准文件的；(3)未经国家有关主管部门批准非法经营证券、期货、保险业务的，或者非法从事资金支付结算业务的；(4)其他严重扰乱市场秩序的非法经营行为。

非法经营罪的主体是一般主体，即一切达到刑事责任年龄，具有刑事责任能力的自然人。依法成立、具有责任能力的单位也可以成为本罪的主体。而本罪侵犯的客体则是国家限制买卖物品和经营许可证的市场管理制度。本罪在主观方面由故意构成，并且具有谋取非法利润的目的。而在客观方面，则包括了各种严重扰乱市场秩序的非法经营行为。需要注意的是，根据 2008 年最高人民法院、最高人民检察院、公安部、中国证券监督管理委员会发布的《关于整治非法证券活动有关问题的通知》第 2 条第 3 款的规定：任何单位和个人经营证券业务，必须经证监会批准。未经批准的，属于非法经营证券业务，应予以取缔；涉嫌犯罪的，依照刑法第 225 条之规定，以非法经营罪追究刑事责任。对于中介机构非法代理买卖非上市公司股票，涉嫌犯罪的，应当依照刑法第 225 条之规定，以非法经营罪追究刑事责任；所代理的非上市公司涉嫌擅自发行股票，构成犯罪的，应当依照刑法 179 条之规定，以擅自发行股票罪追究刑事责任。非上市公司利用中介机构共谋擅自发行股票，构成犯罪的，以擅自发行股票罪的共犯论处。未构成犯罪的，依照证券法和有关法律的规定给予行政处罚。

(2) 典型案例介绍

张某某等非法经营案[1]

2011 年 5 月至 2012 年 7 月，张某某、钱某未经我国证券监督部门批准，成立上海某某投资管理有限公司(以下简称某某公司)，租赁上海市浦东新区某某路 560 号 1105 室、1106 室及某某路 620 号 1701 室、2002 室等处作为其经营场所，招聘业务员以某某公司名义、采用随机拨打电话的方式向客户推荐英国的摩曼特集团有限公司黄金现货延迟交收业务，实行保证金交易，并为客户提供投资建议。该交易采用标准化合约交易、保证金制度和当日无负债结算制度，约定客户可以在交易平台上买涨、买跌，客户存入保证金进行交易。期间，客户沈某某、路某等人分别向被告

[1] 案例来源：上海市浦东新区人民法院刑事判决书 (2013)浦刑初字第 1458 号。

人张某某指定的朱某的工商银行账户、唐某的建设银行账户和工商银行账户存入交易资金共计人民币1,811,000元，客户王某某、黄某某等人分别向被告人钱某指定的陈某某的农业银行账户存入交易资金共计人民币1,750,000元，用于某某公司以外的交易平台上进行黄金现货延迟交收业务。

法院经审理认为，被告人张某某、钱某未经国家有关主管部门批准，非法经营期货业务，扰乱市场秩序，情节严重，其行为均已构成非法经营罪。判处张某某有期徒刑二年三个月，缓刑二年三个月，罚金人民币一万元。判处钱某某有期徒刑二年三个月，缓刑二年三个月，罚金人民币一万元。

(3) 当事人应注意的事项

A. 对于集资方而言，要认识本罪，需要注意的是：首先，未经国家有关主管部门批准，非法经营证券、期货或者保险业务或者资金支付结算业务的，即符合本罪的犯罪构成；其次，构成犯罪的行为必须以故意谋取利润为目的，如果行为人没有谋取利润的目的，那么就不构成犯罪，而应由主管部门追究其行政责任；再次，非法经营行为必须“情节严重”才能构成犯罪。根据2010年5月7日发布的《最高人民检察院、公安部关于公安机关管辖的刑事案件立案追诉标准的规定(二)》第79条第3款的规定：未经国家有关主管部门批准，非法经营证券、期货、保险业务，或者非法从事资金支付结算业务，具有下列情形之一的：一是非法经营证券、期货、保险业务，数额在三十万元以上的；二是非法从事资金支付结算业务，数额在二百万元以上的；三是违反国家规定，使用销售点终端机具(POS机)等方法，以虚构交易、虚开价格、现金退货等方式向信用卡持卡人直接支付现金，数额在一百万元以上的，或者造成金融机构资金二十万元以上逾期未还的，或者造成金融机构经济损失十万元以上的；四是违法所得数额在五万元以上的。

B. 对于出资方而言，需要辨别的是，实践中，很多非法集资者以经营某种业务为平台吸收资金，如最高院《非法集资解释》中列举的以转让林权并代为管护的方式非法吸收资金，以代种植（养殖）、租种植（养殖）、联合种植（养殖）等方式非法吸收资金等。此外，还有些非法集资者是通过从事违反国家规定的非法经营活动来吸收资金，较为典型的是以传销手段非法吸收资金的。一般而言，如果其经营平台不属于国家管制许可的范围，如经营林权、代养殖等形式，则属于非法吸收公众存款罪的范畴。而如果其经营平台是未经国家批准而明令禁止的，如使用传销平台吸收资金等，则构成了了非法经营罪。

6. 擅自设立金融机构罪

(1) 犯罪构成要件分析

我国刑法第 174 条规定：未经国家有关主管部门批准，擅自设立商业银行、证券交易所、期货交易所、证券公司、期货经纪公司、保险公司或者其他金融机构的，处三年以下有期徒刑或者拘役，并处或者单处二万元以上二十万元以下罚金；情节严重的，处三年以上十年以下有期徒刑，并处五万元以上五十万元以下罚金。单位犯前两款罪的，对单位判处罚金，并对其直接负责的主管人员和其他直接责任人员，依照第一款的规定处罚。

本罪的主体是一般主体，包括个人和单位。侵犯的客体则是国家的金融管理制度。本罪在主观方面必须出于直接故意，间接故意或过失都不能构成犯罪。在客观方面表现为未经有关国家主管部门批准，擅自设立商业银行、证券交易所、期货交易所、证券公司、期货经纪公司、保险公司或者其他金融机构的行为。根据 2010 年 5 月 7 日发布的《最高人民检察院、公安部关于公安机关管辖的刑事案件立案追诉标准的规定（二）》中第 24 条的规定：未经国家有关主管部门批准，擅自设立金融机构，涉嫌下列情形之一的，应予立案追诉：一是擅自设立商业银行、证券交易所、期货交易所、证券公司、期货公司、保险公司或者其他金融机构的；二是擅自设立商业银行、证券交易所、期货交易所、证券公司、期货公司、保险公司或者其他金融机构筹备组织的。

（2）典型案例介绍

李某某擅自设立金融机构案[1]

李某某于1996年1月经他人介绍结识董某某后，萌生以筹建“中华商业银行”为名筹措资金还债的诈骗犯罪故意，对董某某故意隐瞒其已被中华民族团结发展促进会清退及从其处收回有关印章的事实，假冒该促进会和虚构的“中华商业银行筹备处”名义，私自打印“任命书”、“委托书”，任命董某某为中华民族团结发展促进会国际基金委员会常务副主任兼中华商业银行常务副行长，委托董某某在筹建中华商业银行中，全权办理涉外引资及一切有关事项。被告人李某某于1997年11月至1998年2月间，以中华民族团结发展促进会名义私自打印在上海设立国际基金委员会的申请，关于在上海设立办事处的申请，以及打印了“关于在上海设立国际基金委员会的办公地点的批复”，“任命驻上海办事处的人员情况”等无效文件提供给董某某，指使董某某在上海设立中华民族团结发展促进会驻上海办事处及国际基金委员会，筹建“中华商业银行”筹措资金。董某某持李某某提供的文件，于1998年2月28日在上海市中山南路1117号成立了中华民族团结发展促进会驻上海办事处和“中华民族团结发展促进会国际基金委员会”到处游说在筹建“中华商业银行”，寻找客户筹措资金。1998年4月4日，经熊某某介绍，董某某在与河南省银汇实业有限公司魏某某洽谈筹建“中华商业银行”筹措资金过程中，向魏某某出示了由李某某提供的有关文件，魏某某信以为真，与董某某订立为筹建中华商业银行出借资金同意书，董某某先后两次从魏某某处共筹借得人民币20万元。由此，李某某通过董某某以筹建“中华商业银行”为名，而骗得河南省银汇实业有限公司人民币20万元。

法院经审理认为，被告人李某某未经中国人民银行批准，擅自设立金融机构，其行为已构成擅自设立金融机构罪。李某某指使董某某为筹备

[1] 案例来源：上海市虹口区人民法院刑事判决书 （1999）虹刑初字第302号。

所谓的“中华商业银行”积极活动到处筹集资金，并提供伪造的公文、批复及任命书，其擅自设立金融机构主观故意明显，客观上又实施了行为。因此，认定被告人李某某犯擅自设立金融机构罪，判处有期徒刑一年六个月，并处罚金人民币二万元。

(3) 当事人应注意的事项

A. 对于集资方而言，要认识本罪，需要注意的是：只要未经有关主管部门批准，自行设立金融机构即构成犯罪，不以该机构是否已实际开展金融业务为要件。换句话说，擅自设立金融机构只是针对成立这一要件而言，至于是否已经开展相应揽储业务，是主体成立后的运营问题，不影响罪名成立。

B. 对于出资方而言，则需要注意的是：设立金融机构是必须经过国家相关主管部门批准，其他任何机构，包括商业银行和其他金融机构的总部或母公司本身都无权审批。如果商业银行或其他金融机构未获得主管部门批准，擅自设立金融机构，同样扰乱了正常的金融秩序，要承担刑事责任。[1]

7. 高利转贷罪

(1) 犯罪构成要件分析

我国刑法第 175 条规定：以转贷牟利为目的，套取金融机构信贷资金高利转贷他人，违法所得数额较大的，处三年以下有期徒刑或者拘役，并处违法所得一倍以上五倍以下罚金；数额巨大的，处三年以上七年以下有期徒刑，并处违法所得一倍以上五倍以下罚金。

本罪主体为特殊主体，即具有信贷资格、已获得信贷资金的个人或单位。本罪侵犯的直接客体是国家金融管理部门和金融机构对信贷资金的管理秩序以及金融机构信贷资金。本罪主观方面是故意，并以转贷牟利为目的。而本罪的外在表现特征为借款人在依正常程序贷得金融机构信

〔1〕肖飒：《现身说法——擅自设立金融机构罪》，载《证券时报》，2012 年 6 月 30 日。

贷资金后，以转贷为目的，将贷款高利转贷他人。

(2) 典型案例介绍

陈某某高利转贷案〔1〕

被告人陈某某为谋取高额利润，于2009年12月29日从沧水铺农村信用合作社贷款60万元，月息8.79‰，并于次日将这60万元贷款以月息120‰元借给林芳生态园老板刘某某。陈某某先后4次从刘某某处非法获取高额利息共计31.6万余元。除去陈某某应付沧水铺农村信用社利息2.1096万元外，陈运村获取违法所得29.5万余元。

法院经审理认为，被告人陈某某以转贷牟利为目的，套取金融机构信贷资金高利转贷给他人，违法所得数额较大，其行为已构成高利转贷罪。被告人陈某某犯高利转贷罪，判处有期徒刑一年六个月，缓刑二年，并处罚金三十万元。

(3) 当事人应注意的事项

对于高利贷的放贷人和贷款人而言，要认识本罪，需要注意的是：首先，刑法规定的高利转贷罪的规制范围是非常有限的，只有那些从正规金融机构套取资金后用于民间高利贷活动的才构成本罪。在实践中，对于大部分的高利贷行为是否构成犯罪在司法界和理论界仍有很大的争议，有些法律专家和法院认为高利贷行为扰乱了市场秩序应构成非法经营罪，而也有专家认为对于除了高利转贷行为之外的其他高利贷行为按犯罪处理并无法律依据，因此在司法实践中仍未达成一致；其次，行为人要构成本罪必须以转贷牟利为目的；再次，本罪为结果犯，有非法获利并数额较大才构成犯罪。根据《最高人民检察院　公安部关于公安机关管辖的刑事案件立案追诉标准的规定(二)》中的第26条的规定：以转贷牟利为目的，套取金融机构信贷资金高利转贷他人，涉嫌下列情形之一的，应予立案追诉：(1)高利转贷，违法所得数额在十万元以上的；(2)虽未达到

〔1〕案例来源：湖南益阳市赫山区人民法院刑事判决书　(2012)赫刑初字第612号。

上述数额标准，但两年内因高利转贷受过行政处罚二次以上，又高利转贷的。

综上所述，从我国刑法对于民间融资活动的规制角度来看，具备以下几个特点：一是规制的重点集中于非法集资活动，最高人民法院还专门针对非法集资活动刑事案件的审理出台了专门的司法解释；二是大多数罪名，如非法吸收公众存款、集资诈骗、擅自发行股票、公司、债券等，规制的重点均为犯罪行为，即只要实施了相关行为，并达到情节严重的程度即可构成犯罪，所谓“情节严重”主要是指达到了扰乱金融秩序或数额较大或巨大的程度，而非要求对个人权益造成实害性结果；三是刑罚较重，我国对金融犯罪一向实行重刑主义的刑事政策，非法经营罪的最高刑罚为有期徒刑十五年，非法吸收公众存款罪、擅自设立金融机构罪均为有期徒刑十年，而集资诈骗罪的最高刑罚为死刑，凸显了立法者采用重刑治理非法集资类犯罪的立法理念和刑事政策；四是在对案件的查处上，具备较浓的行政主导色彩，如根据 1998 年国务院《非法金融机构和非法金融业务活动取缔办法》第 6 条、第 9 条之规定，对非法金融业务活动的取缔工作由地方人民政府负责组织、协调和监督，对非法吸收公众存款以及非法集资行为，由人民银行调查、核实并作出初步认定后，再行提请公安机关立案侦查；2007 年 1 月，国务院又发文批准了《处置非法集资部际联席会议制度》、《处置非法集资部际联席会议工作机制》，规定对于非法集资案件的定性一般由省级人民政府组织当地银监、公安、行业主管或监管部门作出认定，对于重大、疑难、跨区域且规模达到一定程度的几类案件则报部际联席会议组织有关部门进行认定。从实践情况来看，很多地方在非法集资案发后，在法院终审判决前，就由行政部门如公安机关以尽快挽回集资者损失和维护社会稳定为由，对涉案资产进行预先处置。〔1〕

---

〔1〕参见刘鑫：《论民间融资的刑法规制》，华东政法大学博士学位论文，2012 年 9 月 20 日，第 48 页。

另外，非法集资犯罪活动涉及内容广，表现形式多样。从目前案发情况看，主要包括债权、股权、商品营销、生产经营等四大类，主要表现为以下几种形式：(1)借种植、养殖、项目开发、庄园开发、生态环保投资等名义非法集资；(2)以发行或变相发行股票、债券、彩票、投资基金等权利凭证或者以期货交易、典当为名进行非法集资；(3)通过认领股份、入股分红进行非法集资；(4)通过会员卡、会员证、席位证、优惠卡、消费卡等方式进行非法集资；(5)以商品销售与返租、回购与转让、发展会员、商家加盟与“快速积分法”等方式进行非法集资；(6)利用民间“会”、“社”等组织或者地下钱庄进行非法集资；(7)利用现代电子网络技术构造的“虚拟”产品，如“电子商铺”、“电子百货”投资委托经营、到期回购等方式进行非法集资；(8)对物业、地产等资产进行等份分割，通过出售其份额的处置权进行非法集资；(9)以签订商品经销合同等形式进行非法集资；(10)利用传销或秘密串联的形式非法集资；(11)利用互联网设立投资基金的形式进行非法集资；(12)利用“电子黄金投资”形式进行非法集资。[1]

(二) 民事和行政责任方面

1. 民间借贷的方式、内容不合法的，借贷关系不受法律保护

《人民法院关于审理借贷案件的若干意见》第10条规定：“一方以欺诈、胁迫等手段或者乘人之危，使对方在违背真实意思的情况下所形成的借贷关系，应认定为无效。借贷关系无效由债权人的行为引起的，只返还本金；借贷关系无效由债务人的行为引起的，除返还本金外，还应参照银行同类贷款利率给付利息。”

---

[1] “坚决防范和打击非法集资等违法犯罪活动——全国人大常委会法制工作委员会和国务院法制办公室负责人答新华社记者问”（2007年7月10日），http://www.cbrc.gov.cn/chinese/home/docView/20070711AE45A3C069200E31FF162FB9A6EF8500.html，访问时间2014年2月1日。

《人民法院关于审理借贷案件的若干意见》第 11 条规定“出借人明知借款人是为了进行非法活动而借款的，其借贷关系不予保护。对双方的违法借贷行为，可按照民法通则第 134 条第 3 款及《关于贯彻执行〈中华人民共和国民法通则〉若干问题的意见（试行）》第 163 条、164 条的规定予以制裁”。

2. 民间借贷的主体不符合规定，借贷关系不受法律保护

我国民间借贷的主体非常广泛，所有从正规金融系中不能够获得融资的社会主体都可能是民间借贷的行为人，但当前我国司法机关只认定自然人间的合法民间借贷，而不承认自然人与法人之间，以及法人等组织相互之间的借贷关系，因此非自然人之间的借贷是不受法律保护的。关于民间借贷主体的要求主要由行政法律法规和部门规章确定，而不是由民事法律确定。我国的《民法通则》则没有区分民间借贷的主体资格，也没有区分商业性信贷与非商业性信贷。但人民银行 1996 年的《贷款通则》第 61 条规定，企业之间不得违反国家规定办理借贷或者变相借贷融资业务。第 73 条规定，企业之间擅自办理借贷或者变相借贷的，由中国人民银行对出借方按违章收入处 1 倍以上至 5 倍以下罚款。

对于企业等组织而言，如果未经中国人民银行批准借钱（或称“发放贷款”）给他人，即涉嫌从事了非法金融业务活动。这是 1998 年国务院颁布《非法金融机构和非法金融业务活动取缔办法》第 4 条的规定。与行政法规的要求一致，最高人民法院《关于对企业借贷合同借款方逾期不归还借款的应如何处理的批复》（法复〔1996〕15 号）规定“企业之间的借贷合同违反有关金融法规，属无效合同”。《关于如何确认公民与企业之间借贷行为效力问题的批复》也规定了在以下四种情况下，企业与自然人间的借贷关系无效。(1)企业以借贷名义向职工非法集资；(2)企业以借贷名义非法向社会集资；(3)企业以借贷名义向社会公众发放贷款；(4)其他违反法律、行政法规的为。除此之外，只要双方当事人意思表示真实即可认

定有效。公民与企业之间借贷行为被裁决为无效的著名案例是孙大午案。[1]

对于未依法设立金融类型组织或者未依法从事特许的金融活动，我国法律采取严格禁止的态度。如《商业银行法》第81条规定“未经国务院银行业监督管理机构批准，擅自设立商业银行，或者非法吸收公众存款、变相吸收公众存款，构成犯罪的，依法追究刑事责任；并由国务院银行业监督管理机构予以取缔”。第83条规定“有本法第81条、第82条规定的行为，尚不构成犯罪的，由国务院银行业监督管理机构没收违法所得，违法所得五十万元以上的，并处违法所得一倍以上五倍以下罚款；没有违法所得或者违法所得不足五十万元的，处五十万元以上二百万元以下罚款”。《证券法》第175条规定：“未经法定的机关核准或者审批，擅自发行证券的，或者制作虚假的发行文件发行证券的，责令停止发行，退还所募资金和加算银行同期存款利息，并处以非法所募资金金额百分之一以上百分之五以下的罚款。对直接负责的主管人员和其他直接责任人员给予警告，并处以三万元以上三十万元以下的罚款。构成犯罪的，依法追究刑事责任。”《证券投资基金法》中也有类似规定。

行政法规方面，如《非法金融机构和非法金融业务活动取缔办法》第22条规定：“设立非法金融机构或者从事非法金融业务活动，构成犯罪的，依法追究刑事责任；尚不构成犯罪的，由中国人民银行没收非法所得，并处非法所得1倍以上5倍以下的罚款；没有非法所得的，处10万元以上50万元以下的罚款。”第29条继续规定：在该办法施行前设立的各类基金会、互助会、储金会、资金服务部、股金服务部、结算中心、投资公司等机构，超越国家政策范围，从事非法金融业务活动的，应当按照国务院的

〔1〕2004年10月30日，河北省徐水县人民法院作出一审判决如下：“因大午集团2000年1月至2003年5月间，以高于银行同期存款利率、承诺不交利息税等方式，出具名为借款凭证或借据实为存单的制式凭证，向社会公众变相吸收存款1627单，共计1308.161万元……判决孙大午犯非法吸收公众存款罪，判处有期徒刑3年，缓刑4年，处罚金10万元。”

规定，限期清理整顿。超过规定期限继续从事非法金融业务活动的，依照本办法予以取缔；情节严重，构成犯罪的，依法追究刑事责任。

个人间的正常借贷关系则受到法律保护。《民法通则》第 90 条规定，合法的借贷关系受法律保护。《合同法》第 210 条规定了自然人之间的借款合同的生效时间。《合同法》第 211 条规定了自然人之间借款合同的利息计算方法，即对支付利息没有约定或者约定不明的，视为不支付利息；约定支付利息的，借款的利率不得违反国家有关限制借款利率的规定。

3. 对名为联营、实为借贷的情形，不保护出借方预期的利息，对借款人还要实施罚款

1990 年最高人民法院《关于审理联营合同纠纷案件若干问题的解答》第 42 条规定："对名为联营、实为借贷的案件，除本金可以返还外，出资方已取得或约取得的利息应予收缴，对另一方则处以相当于银行利息的罚款。"

4. 利息在借款本金中预先扣除的做法，不受法律保护

我国《合同法》第 200 条规定，借款的利息不得预先在本金中扣除。利息预先在本金中扣除的，应当按照实际借款数额返还借款并计算利息。借款人按照借款合同的约定取得和使用全部借款（贷款）的权利，是普通民间借贷借款人的所应有的一项权利。对于出借人而言，不得提前扣除利息，因为这其实减少了借款人按照合同约定应取得的借款本金，变相地提高了利率。

许昌县某投资有限公司诉孙某案。[1]

孙某向许昌县某投资有限公司（下称投资公司）借款 20 万元，双方约定借款期限两个月，月利息 4 分。投资公司先扣除 2 个月的利息 1.6 万元后将 18.4 万元支付孙某。后因孙某未能按期归还该笔借款，投资公司便将孙某告上法庭。针对该案借款数额是按照本金 20 万元，还是按照实

〔1〕中国法院网 http://www.chinacourt.org/article/detail/2012/12/id/799664.shtml

际借款数额 18.4 万元计算的问题，法院认为，依照《合同法》第 200 条的规定，该案借款本金确定为 18.4 万元；利息从借款之日起按照中国人民银行公布的同期四倍贷款利率计算，到全部款项还完为止。原告与被告孙某约定利息为月息四分的约定，明显过高，超出部分，法院不予支持。

5. 超过规定上限的利率约定（高利贷），利息要求不受法律保护

利率问题是民间融资中比较突出的问题。最高人民法院法（民）发（1991）21 号《关于人民法院审理借贷案件的若干意见》规定，“民间借贷的利率可以适当高于银行的利率，各地人民法院可根据本地区的实际情况具体掌握，但最高不得超过银行同类贷款利率的四倍（包含利率本数）。超出此限度的，超出部分的利息不予保护”。“四倍标准”之所以这样严格管控，是因为国家担心高利贷所带来的社会冲击和动荡。高利率也不利于保护贷款人的合法权益，更容易滋生违法犯罪的行为。我国《合同法》第 211 条规定：“自然人之间的借款合同约定支付利息的，借款的利率不得违反国家有关限制借款利率的规定。”该条是规范民间借贷的专门法条，但遗憾的是该法条并没有从法律上解决高利贷的认定标准，而是让高利贷的认定标准依然作为一个金融政策问题。2001 年 4 月 26 日《中国人民银行办公厅关于以高利贷形式向社会不特定对象出借资金行为法律性质问题的批复》（银办函[2001]283 号）认定：民间个人借贷若利率超过最高人民法院《关于人民法院审理借贷案件的若干意见》中规定的银行同类贷款利率的 4 倍，超出部分的利息不予保护。2002 年 1 月 31 日，《中国人民银行关于取缔地下钱庄及打击高利贷行为的通知》（银发[2002]30 号）再次规定，民间个人借贷利率……不得超过中国人民银行公布的金融机构同期、同档次贷款利率（不含浮动）的 4 倍。超过上述标准的，应界定为高利借贷行为。这就是当前我司法实务界接受最广、使用最多的高利贷定义和认定标准。这在前述许昌县某投资有限公司诉孙某案中也有体现。

6. 约定过高的逾期利息或违约金不受法律保护

在民间借贷纠纷案件中，存在着借贷双方既约定利息，又约定违约

金，或者既约定逾期利息，又约定违约金，或者没有约定利息，也没有约定逾期利息而只约定违约金等多种情况。在既约定利息又约定违约金的情况中，人民法院可以支持对利息和违约金的双重请求，但两者之和最高不能超过银行同类贷款利率的四倍（包括利率本数）；对超出部分不予保护。[1] 同样当事人可以在法定的范围内约定利息、逾期利息或违约金等的计算方法和金额，但这些孳息和违约惩罚的最高总和不能超过银行同类贷款利率的四倍（包括利率本数），超出部分，都可能被认为违背了有关要求，而得不到法律的保护。对于逾期利息和违约金，则因为它们都具有类似的惩罚和补偿性质，不能同时主张。

吴庆莉诉徐清风民间借贷案。[2]

原告吴庆莉称，2010 年 1 月 21 日，被告徐清风向原告借款 15 万元用于偿还南宁市农村信用合作联社到期贷款本息，双方签署了《垫资解（抵）押协议书》、《抵押财产清单》、《财产处置协议》、《授权委托书（委托拍卖用）》。双方在上述协议中约定，借款期间每月利率（垫资占用费）为 3%，被告继续向广西北部湾银行申请贷款，原告协助被告办理房产的解押、再抵押手续，并按 15 万元的 2% 支付原告协办费。被告还同意，在协议书约定的 30 天期限内，如不能获得新贷款，也不能筹集资金还清原告借款本息、协办费，那么在协议约定的期限届满之后三天内，将其名下的房屋所有权证和国有土地使用证抵押给原告，并协助办理相关抵押登记手续。如逾期不予办理，自愿按照垫资金额 20% 的比例支付原告违约金。被告逾期偿还上述款项，应当按照银行同期贷款利率的 4 倍支付原告利率，直到还清款之日止。被告虽同意将其名下的房产抵押给原告，但因该房产已先抵押给信用社，需要办理解押后才能再抵押给原告。原告借款给被

[1] 国家法官学院案例开发中心编：《中国法院 2013 年度案例—民间借贷纠纷》，中国法制出版社，2013 年 4 月第 1 版，第 192—195 页。

[2] 国家法官学院案例开发中心编：《中国法院 2013 年度案例—民间借贷纠纷》，中国法制出版社，2013 年 4 月第 1 版，第 195—200 页。

告为其解押后,被告却一直以需要办理新的贷款为由,迟迟未将协议书中的抵押房产办理相关的抵押登记手续。

2010 年 3 月至 5 月 18 日,被告先后支付原告借款利息和协办费 3 万元。原告要求被告偿还借款,但被告一直以各种理由拒绝。原告遂向法院起诉,请求法院判令被告偿还原告借款本金 15 万元,支付资金占用费 4.5 万元、协办费 2.4 万元、违约金 3 万元,并按同期银行贷款利率的四倍支付至还清款之日止的利息。庭审中,原告还增加要求被告支付逾期还款的罚息,按 20%计算。

法院认为,公民间合法借贷关系受法律保护。原告要求被告归还 15 万元借款,提供了被告出具的借条,原告的该项请求本院予以支持。对于原告要求被告支付的资金占用费,该费用其实就是借款利息。《合同法》第 211 条规定,自然人之间的借款合同约定支付利息的,借款的利率不得违反国家有关限制借款利率的规定;最高人民法院《关于人民法院审理借贷案件的若干意见》第 6 条规定,民间借贷的利率可以适当高于银行的利率,各地人民法院可根据本地区的实际情况具体掌握,但最高不得超过银行同类贷款利率的四倍(包含利率本数)。超出此限度的,超出部分的利息不予保护。因原、被告约定的资金占用费明显高于银行同类贷款利率的四倍,因此,原告要求按照月 3%支付资金占用费的请求本院不予支持,由被告按照中国人民银行规定的同期同类贷款利率的四倍支付利息。

原告要求被告支付的协办费,被告向原告借款时约定原告负责协助被告办理银行贷款,由被告支付原告借款标的的 2%的费用作为协办费,双方约定的协办费,其实就是一种劳务费的约定,原告按照协议的约定协助被告相关工作,被告应当按照协议的约定向原告支付劳务费,该费用应该是一次性支付,而不是按月支付,因此,原告要求被告支付协办费 2.4 万元不符合双方的约定,但被告已自愿支付原告协办费 1.8 万元,这是被告处分自己的民事权利,法院予以准许。对原告要求被告再支付协办费的诉讼请求本院不予支持。

原告要求被告支付逾期付款的罚息，因双方在借款时并无约定，因此，原告的该项请求本院不予支持。原告要求被告支付的违约金 3 万元，因被告已按中国人民银行规定的同期同类贷款利率的四倍承担支付利息损失的责任，因此，不应再承担支付违约金责任，故对原告要求被告支付违约金 3 万元的诉讼请求不予支持。

7. 民间融资中利益受损方民事救济的程度相对较弱

最高人民法院《关于人民法院审理借贷案件的若干意见》和《关于如何确认公民与企业之间借贷行为效力问题的批复》等多个解释对我国民间借贷的主体、利率、责任承担、财产保全、执行都做出了相应的规定。但法律还是有诸多的空白部分，远远达不到精细化的标准，如《民法通则》、《合同法》等对各类民间融资活动（除规定了民间借贷的部分内容）主体的具体权利义务内容，资金的来源和使用、违约责任等都没有明确规定。

（1）我国民间融资民事责任体系中甚少涉及对民事责任的赔偿方式，对违约方处罚力度不大

由于目前我国民事赔偿责任主要采取的是违约方负补偿性责任，因此在确定赔偿数额的时候仅对受害人的实际损失进行赔偿。根据《人民法院关于审理借贷案件的若干意见》第 10 条中规定"……借贷关系无效由债权人的行为引起的，只返还本金；借贷关系无效由债务人的行为引起的，除返还本金外，还应参照银行同类贷款利率给付利息"，当发生民间借贷纠纷时，债权人即使诉诸法院最好的结果也只是还本付息。资金借贷方的违约成本较低。同时，为追究债务人的民事责任而发生的交通费、律师费、误工损失等问题，都没有明确的规定在赔偿范围之内，这种赔偿方式并不能真正补偿债权人的全部损失。《人民法院关于审理借贷案件的若干意见》第 11 条规定："……对双方的违法借贷行为，可按照民法通则第 134 条第 3 款及《关于贯彻执行（中华人民共和国民法通则）若干问题的意见（试行）》第 163 条、164 条的规定予以制裁。"《民法通则》第 134 条规定了十种民事责任的承担方式。但我国相关法律规范并未有详细的规

定来明确如何在民间融资纠纷中适用违约金、确定损害赔偿范围等《民法通则》规定可以采取的救济措施。这导致一旦民间融资中发生纠纷，利益受损方可以援引的法律救济手段有限，救济补偿不到位的结果。

(2) 对于“刑民交叉”案件，司法实践中一般采取“先刑后民”的做法，民事损失较难及时得到补偿

对于因涉嫌非法集资的刑事案件，其中受害的当事人是否可以在刑事案件审结前获得民事赔偿的问题，法院的司法实践多采取“先刑后民”的做法[1]。“先刑后民”指在民事诉讼活动中，发现涉嫌刑事犯罪时，应当在侦查机关对涉嫌刑事犯罪的事实查清后，由法院先对刑事犯罪进行审理，再就涉及的民事责任进行审理，或者由法院在审理刑事犯罪的同时，附带审理民事责任部分；在刑事犯罪审结之前不单独就其中的民事责任进行审理判决。由于刑事案件的侦查、审判等时间较长，对证据的要求也较高，“先刑后民”的结果往往导致民间融资的刑事案件中受害者长期得不到及时和全额的民事赔偿。也有法院采取“刑民并行”的做法，认为民间借贷涉嫌或构成非法集资类罪行的，并不当然影响借贷合同及其担保合同的效力，[2]非法集资案件中的受害人可以通过民事诉讼得到赔偿。

但最新的司法意见则重申了“先刑后民”的规定。2014 年 3 月最高人民法院、最高人民检察院和公安部联合发文的《关于办理非法集资刑事案件适用法律若干问题的意见》指出，对于公安机关、人民检察院、人民法院正在侦查、起诉、审理的非法集资刑事案件，有关单位或者个人就同一事实向人民法院提起民事诉讼或者申请执行涉案财物的，人民法院应当不予受理，并将有关材料移送公安机关或者检察机关。人民法院在审理民事案件或者执行过程中，发现有非法集资犯罪嫌疑的，应当裁定驳回起诉或者中止执行，并及时将有关材料移送公安机关或者检察机关。公安

---

[1] 见田静诉陈燕民间借贷纠纷，(2010)徐民终字第 140 号，http://lawyer.legaldaily.com.cn/judgment/default/detail/uuid/95008673490929807

[2] 见《最高人民法院公报》(2011 年 11 期)，吴国军诉陈晓富案

机关、人民检察院、人民法院在侦查、起诉、审理非法集资刑事案件中，发现与人民法院正在审理的民事案件属同一事实，或者被申请执行的财物属于涉案财物的，应当及时通报相关人民法院。人民法院经审查认为确属涉嫌犯罪的，依照前款规定处理。

(3) 对于涉及犯罪的民间融资，利益受损方在刑事案件结案后一般也较难挽回经济损失

当涉及犯罪的民间融资活动被成功立案定罪后，犯罪分子一般会受到严厉的刑事制裁，但多数情况是其已经无经济能力全额返回受害人的钱财。在这种情况下，即使受害人提起了刑事附带民事诉讼，或者单独提起民事诉讼，都很可能是"赢了官司，输了钱财"，即由于缺乏可执行财产，依然需要遭受因犯罪活动所造成的经济损失。

8. 我国民间融资的行政监督和执法体系对防范非法融资行为存在监管交叉等问题，难以直接保护到受损方的利益

政府一般通过发布行政命令等文件实现对民间融资的监管，但行政命令往往较为笼统、随意，无法为民间融资提供一个稳定的政策预期。在这种情况下，我国民间融资的发展就随着政府管制的严厉程度而变化，一旦政府进行严厉打击，民间融资规模和数量就相应减少，而在政策宽松时则迅速发展壮大。

首先，政府监管存在监管主体多样、职责交叉的问题。非法民间融资问题的社会危害性决定了行政执法部门有责任采取积极有效的措施来预防和惩处非法的民间融资活动。根据国务院《非法金融机构和非法金融业务活动取缔办法》的规定，非法金融机构和非法金融业务活动由中国人民银行予以取缔，非法金融机构设立地或者非法金融业务活动发生地的地方人民政府，负责组织、协调、监督与取缔有关的工作，非法证券机构和非法证券业务活动由中国证券监督管理委员会负责取缔，非法商业保险机构和非法商业保险业务由国务院商业保险监督管理部门负责等。2007 年国务院批准了《处置非法集资部际联席会议制度》、《处置非法集资部际联席会议

工作机制》，规定对于非法集资案件的定性一般由省级人民政府组织当地银监、公安、行业主管或监管部门作出认定，对于重大、疑难、跨区域且规模达到一定程度的几类案件则报部际联席会议组织有关部门进行认定。《银行业监督管理法》规定，擅自设立银行业金融机构或者非法从事银行业金融机构的业务活动的，由国务院银行业监督管理机构予以取缔；《商业银行法》也要求银监会取缔“擅自设立商业银行，或者非法吸收公众存款、变相吸收公众存款”活动，并予以罚款；《证券法》和《证券投资基金法》要求证监会对擅自从事证券类和证券投资基金类业务的活动予以监管和行政处罚。可见，我国各类金融法律、行政法规等对非法民间融资活动的管制虽有不少规定，但既存在中央和地方政府部门之间的，也存在金融监管机构之间、金融监管机构与其他执法机构之间的交叉管辖，彼此之间虽有“处置非法集资部际联席会议制度”的协调，但在处理具体监管事务上仍显得“捉襟见肘”，监管职责、监管资源安排上都不顺畅，行政监管的有效性不高。这凸显了我国对于非法民间融资活动的行政执法尚存在体系不周全的问题，因而难以有效监管新型或监管界限模糊的非法民间融资活动。

其次，在实际操作中，由于非法民间融资的刑事入罪门槛较低，行政处罚较少被严格执行，而是直接适用非法集资类的刑事罪名，行政执法的功能有待体现。行政监管的预防功能，就是当行为人违反行政法律规范时，通过使其承担行政责任，从而使行政相对人认识到行为的违法性，从而预防或阻止犯罪行为的发生。行政法律责任与刑事法律责任的区分点在于行政法律关系主体的行为是否超过了法律规定的界限，如果超过了这个界限，达到刑法的量刑标准，就构成犯罪，需要承担刑事责任；而如果没有超过这个界限，就只构成违法，承担的是相应的行政责任。但我国的法律和司法解释对非法集资活动的定罪标准较低，非法民间融资活动很容易触及刑事法律的红线，作为“先刑事责任”的行政责任的预防功能有限。按照 2011 年实施的《最高人民法院关于审理非法集资刑事案件具体应用法律若干问题的解释》对非法集资犯罪的门槛设置，以个人非法吸收存款为例，只要个人非法吸收或者变相吸收公众存款，数额在 20 万元以上，或向 30 人以上吸收存款，或给存款人造成直接经济损失数额在 10 万元以上的，就可以入罪。这在实际生活中(特别是经济发达地区)，非常容易达到，因而也在客观上造成行政执法的预防功能难以有效发挥。

最后，行政处罚是针对违法者的强制措施，但与受损方的利益无直接关系。行政处罚一般包括没收违法所得、罚款、责令停业整顿、取缔机构等，虽有其中有经济性处罚手段，但这些处罚措施不能直接补偿受损方的利益；且根据《非法金融机构和非法金融业务活动取缔办法》第 18 条的规定，因参与非法金融业务活动受到的损失，由参与者自行承担。行政法规所体现出的态度很鲜明：除向有关债权人退回非法融资款外，行政执法部门并不支持参与非法民间融资活动的债权人(出资人)获得其他经济补偿的要求。

从以上分析来看，行政处罚体系起到的更多是威慑违法人的作用，但对不幸陷入非法民间融资活动的参与人而言，其保护作用并不直接。

表 2　非法集资行为引起的法律责任一览

<table>
<tr><td rowspan="3">非法集资行为引起的法律责任</td><td>刑事责任：
《刑法》第 160 条、174—176 条、第 179 条、第 192 条、第 225 条等；
2004 年 8 月修正的《证券法》第 175 条等；
2010 年 5 月最高人民检察院、公安部联合发布的《关于公安机关管辖的刑事案件立案追诉标准的规定(二)》；
2014 年 3 月 31 日最高人民法院、最高人民检察院、公安部联合发布的《关于办理非法集资刑事案件适用法律若干问题的意见》等。</td></tr>
<tr><td>行政责任：
《银行业监督管理法》第 44 条；
《商业银行法》第 81 条、83 条；
《证券法》第 197 条；
《证券投资基金法》第 120、126 条
1998 年国务院《非法金融机构和非法金融业务活动取缔办法》第 22 条等。</td></tr>
<tr><td>民事责任：
《合同法》第 58 条；
《民法通则》第 106 条；
《人民法院关于审理借贷案件的若干意见》第 11 条等。</td></tr>
</table>

(三) 部分新型民间融资中的个人合法权益保护内容

1. 互联网民间融资的法律风险

我国传统的金融监管机制建立在分业经营的基础之上,银监会、证监会、保监会与人民银行风别负责不同的行业领域。在这一分工协作的体制基础之上,不同金融监管部门集中对由其监管的金融机构制定监管规则,控制金融风险。然而,近年来,互联网金融发展迅速,引发了民间融资的热潮,在一定程度上打破了既有格局。首先,互联网民间融资往往由普通的商业企业而非金融机构运营,往往处于金融监管部门重点监督的金融机构之外;其次,互联网民间融资往往通过各种方式,渗透到传统金融机构从事的领域,成为影子银行的重要组成部分;最后,互联网金融受到的直接监管较少,能够通过比较复杂的交易结构,规避现有的监管规则,监管难度较大。基于以上原因,互联网民间融资在民事法律、行政法律与刑事法律领域,均面临着需要特别加以明确界定的问题。

(1) 互联网民间融资的民事法律问题

无论是P2P还是众筹,都主要是由平台运营商提供撮合资金提供方与资金需求方达成交易的商业机会,并收取相应的报酬,由此形成典型的居间合同关系,即居间人向委托人报告订立合同的机会或者提供订立合同的媒介服务,作为资金的提供方或者资金的需求方的委托人向居间人支付报酬的合同。由于平台运营商具有自身的商业利益,为了尽快扩大业务规模,或者为了收取高额的报酬,并不必然会诚信地履行其合同义务,为此,合同法专门设立居间合同章节,调整居间关系中当事人的权利义务关系。

一是居间人应将有关订立合同的事项向委托人如实告知。在居间合同关系中,委托人实际上是依靠居间人提供的信息,寻找订立合同的商业机会,并因此而向居间人支付报酬。如果居间人故意隐瞒与订立合同有关的重要事实,或者提供虚假情况,损害委托人利益,则已经严重背离了居间合同的目的。例如,有的 P2P 平台为了招揽投资人,发布虚假信息,或者在没有具体融资项目的情况下,以各种方式归集客户资金,都属违反了如实告知义务。为此,合同法规定,因为违反如实告知义务,损害委托人利益,居间人不得要求支付报酬并应当承担损害赔偿责任。由此,互联网民间融资的委托人可以拒绝支付平台的报酬,并要求其承担损害赔偿责任。

二是委托人有按照合同约定应当按照约定支付报酬义务。居间人提供的服务是订立合同的商业机会,委托人在居间人履行其合同义务的情况下,应按照合同的约定支付相应的报酬。在 P2P 与众筹平台上,互联网民间融资的投资者主要依赖平台提供的项目机会,与资金的需求方订立合同进行投资。资金的需求方主要依赖平台方提供的投资者资金完成项目,并向投资者支付资金的使用成本。由于资金的提供方与资金的需求方并不直接接触,互联网民间融资平台承担了超出单纯提供商业机会服务的范畴,其报酬也直接由资金提供方与平台运营商,资金需求方与平台运营商分别约定。

三是居间人未获得委托人允许不得动用其项目投资款项。在典型的居间合同关系中,居间人仅仅向委托人提供订立商业合同的机会,以此促成合同的当事人达成交易。在 P2P 与众筹平台上,互联网民间融资的投资者将资金提供给资金的需求方使用。由于项目资金的募集具有一定的周期性,在资金的提供方与资金的需求方尚未达成交易的时段,投资者依然是其提供的项目投资款项的所有权人。部分 P2P 与众筹平台,为了其自身的商业利益,往往挪用客户资金,或者擅自改变资金用途,实际上侵害了投资者作为所有权人的利益,投资者有权要求平台停止侵权行为,返还剩余款项,并承担损害赔偿责任。

尽管合同法确定了居间合同关系双方当事人的权利义务关系,由于合同法主要为任意性规范,合同双方当事人可以通过特别的合同约定,排除某些条款的适应,或者确立新型的权利义务关系。考虑到 P2P 与众筹平台经营模式的多样性,无论是从商业模式架构还是从具体的权利义务关系上,互联网民间融资的投资者都必须审慎对待合同关系,特别是面对陌生的平台时,应该完成阅读平台提供的格式合同条款,充分了解自己的权利义务。

(2) 互联网民间融资的行政法律问题

互联网民间融资尽管采用了新的技术形式或者交易模型,但是本质上仍然属于民间融资的基本范畴,调整民间融资的基本行政法律、法规与政府规章,仍然对互联网民间融资行为具有普遍的约束力。

一是互联网民间融资与违法金融活动的界限。《非法金融机构和非法金融业务取缔办法》第 3 条和第 4 条规定,未获得批准,从事吸收存款、结算等传统商业银行业务的机构为非法金融机构,未获得批准,从事传统银行业务,以任何名义向社会不特定对象进行的集资均为非法金融活动。由于我国现有法律法规并未针对互联网民间融资有专门的具体规定,包括 P2P 和众筹在内的互联网金融业务模式多样,针对的群体具有不确定性,平台运营商一旦超出了居间服务的范畴进行集资,容易将被认定为从事非法金融活动。同时,互联网民间融资机构从事吸收存款或者结算等活动,将被认定为非法金融机构。

二是互联网民间融资对四倍银行利率的突破。由此,互联网民间融资的利率超过银行同类贷款利率的四倍,则难以获得法律的保护。然而,需要特别加以考虑的是,在以 P2P 行业,即便资金需求方向资金提供方支付的利率在同类贷款利率四倍范围之内,由于资金需求方往往需要向平台支付管理费等报酬,资金需求方的融资成本很可能最终会超出了四倍的范围。但是,无论如何,互联网民间融资的投资者从资金需求方获得的利率收益,一旦超出了银行同类贷款利率四倍的范围,超出部分将不再受到法律保护。

三是互联网民间融资投资者对象数量的限制。互联网民间融资活动区别于普通民间融资最显著的特点是采用了互联网这样一个公开的媒介平台，能够以比较低的成本迅速吸引投资者聚集。然而，典型的互联网民间融资形式，特别是众筹，由于具有公开发行证券的性质，往往容易触及法律的红线。我国《证券法》第 10 条规定，公开发行证券，必须符合法律、行政法规规定的条件，并依法报经国务院证券监督管理机构或者国务院授权的部门核准；未经依法核准，任何单位和个人不得公开发行证券。在实践操作过程中，执法机构主要把握“发行对象是否不特定，以及特定对象发行是否超过两百人”这两条基本标准来判断证券募集是否构成公开发行。同时，非公开发行证券，也不得采用广告、公开劝诱和变相公开方式。例如，通过在网上售卖原始股权而沸沸扬扬的美微传媒，以被证监会叫停的方式结束了出售会员卡募集资金的行为，并退还了通过淘宝等公开渠道募集的款项。[1]

针对 P2P 行业的乱象，重庆等地方政府开始进行整顿。金融监管部门也不断发声，央行明确指出，应当在鼓励 P2P 网贷平台创新发展的同时，合理设定其业务边界，划出红线，明确平台的中介性质，明确平台本身不得提供担保，不得归集资金搞资金池，不得非法吸收公众存款，更不能实施集资诈骗。央行还对行业发展提出意见：其一，应当建立 P2P 网贷平台的第三方资金托管机制，平台不直接经手归集客户资金，也无权擅自动用在第三方托管的资金，让 P2P 网络借贷平台回归撮合的中介本质；其二，P2P 网络借贷平台应该加强信息披露和风险提示，而出借人也应对利率畸高的“借款标”提高警惕。[2] 此外，银监会表示将承担 P2P 监管研究工作。[3]

(3) 互联网民间融资的刑事法律问题

由于民间融资可能涉及的主要罪名均为不特定主体，互联网民间融

---

〔1〕参见相关新闻，http://news.xinhuanet.com/tech/2013-05/28/c_124772042_3.htm

〔2〕http://finance.21cn.com/stock/wmkzg/a/2013/1128/15/25243582.shtml

〔3〕http://www.cbrc.gov.cn/chinese/home/docView/2011A7D8392C472393F988F6D2BF5C7F.html

资并不会因为以互联网为媒介，而有别于普通的民间融资适用这些刑事法律规范。然而，需要特别注意的是，如果互联网民间融资平台脱离了居间服务的角色，超越法律的藩篱，则可能异化为违法犯罪活动，有必要引起互联网民间融资各方的高度关注。

某些互联网民间融资平台超越居间人角色，直接以融资人的身份出现，向社会不特定对象公开募集资金，有可能因为满足非法吸收公众存款罪而引发刑事法律风险。例如，有的企业或个人为了募集资金，自建 P2P 融资平台，承诺给予高额回报，向不特定多数对象公开募集资金，供自己使用，就有可能触及法律底线，构成非法吸收公众存款罪。如果互联网 P2P 融资平台同时也是资金托管方，利用其管理客户资金的便利，挪用资金，可能构成挪用资金罪。如果卷款潜逃，则可能构成职务侵占罪。据不完全统计，仅 2013 年就发生了超过 50 起 P2P 平台的风险事件（见附表一），其中不乏大量违法犯罪行为。

就众筹而言，最容易出现的问题是企业在未经过国家有关主管部门批准的情况下，通过众筹平台，向社会不特定对象发行、以转让股权等方式变相发行股票或者公司、企业债券，或者向特定对象发行、变相发行股票或者公司、企业债券累计超过 200 人的，则可能构成擅自发行股票，公司、企业债券罪。还有些不法分子，假借互联网融资之名融资，在获得资金后，就卷款潜逃，可能构成诈骗罪。

2. 担保公司参与民间融资法律问题

在民间融资领域，债权人与债务人往往并不熟悉，或者难以确定债务人是否具有偿还能力。担保公司的主要功能在于与债权人约定，在当被担保人不履行对债权人负有的融资性债务时，由担保人依法承担合同约定的担保责任。由于担保公司的介入，债权人能够将贷款风险转嫁给担保人，从而提高了提供资金给被担保人的意愿。有鉴于此，担保公司虽然无法构成独立的民间融资形式，但是却可以成为促进民间融资发展，有效控制债权人风险的有效法律手段。同时，担保公司在从事业务过程中，通过向被担保人收取费用的方式，也可以实现自身的商业目的。

(1) 担保公司业务模式与法律基础

根据业务范围进行划分，担保公司主要包括两类：一类是非融资性担保公司，一类是融资性担保公司。所谓非融资担保公司是指按照《公司法》设立，从事普通担保业务的公司，经营范围主要包括诉讼保全担保，投标担保，预付款担保、工程履约担保、尾付款如约偿付担保等履约担保业务，与担保业务有关的融资咨询、财务顾问等中介服务，以自有资金进行投资，以及监管部门规定的其他业务。非融资性担保公司的设立无须经过监管部门的特别批准。所谓融资性担保公司是按照《融资性担保公司管理暂行办法》与《公司法》的规定设立，为金融机构向银行业金融机构的债务人提供担保的专业性担保公司。融资性担保公司的设立需要经过监管部门的批准，从业范围包括贷款担保、票据承兑担保、贸易融资担保、项目融资担保、信用证担保，以及其他融资性担保业务。除此之外，还可以从事非融资性担保公司从事的业务。

(2) 担保公司超越经营范围的法律风险

非融资性担保公司的运营要按照《担保法》、《合同法》、《公司法》的规定进行，融资性担保公司还必须遵守《融资性担保公司管理暂行办法》。除此之外，相关法律法规明确规定，只有特定金融机构才能从事的业务活动也不属于担保公司的业务范围，担保公司从事上述活动属于违法金融活动的范畴，将受到相应地处罚。由此，无论是融资性担保公司还是非融资性担保公司都不得从事吸收存款、发放贷款、受托发放贷款、受托投资、以及监管部门规定不得从事的其他活动。然而，近年来，无论是融资性担保公司还是非融资性担保公司，都大量出现了超越经营范围，进行金融机构专属经营领域的行为。一些地区非融资性担保公司问题日益突出，大量非融资性担保公司不经营担保业务，甚至从事非法吸收存款、非法集资、非法理财、高利放贷等违法违规活动，风险事件和群体性事件频发，对有关地区经济社会发展造成严重影响。2014 年初，中国银监会、国家发展改革委、工业和信息化部、财政部、商务部、人民银行、工商总局、法制办八部委近日联合发布《关于清理规范非融资性担保公司的通知》,要求各地清理规范非融资性担保公司,以规范市场秩序,维护金融与社会稳定。除此之外,司法机关也采取了积极的态度,处置类似事件。

某担保公司诉陈某案〔1〕。

陈某在家乡舒城县千人桥镇经营一家服装厂,2010年7月,因生产急需资金,向某担保公司借款10万元,约定了期限和利率,并由陈某的舅舅孔某某为该项借款提供保证担保,保证担保期限为两年。后陈某的企业因经营不善而亏损,到期后无力偿还该笔借款,该担保公司遂诉至法院,要求陈某立即偿还借款本金10万元并支付利息18939.7元,担保人孔某某承担连带清偿责任。

法院审理认为,依据《中华人民共和国商业银行法》第十一条第二款规定:"未经国务院银行业监督管理机构批准,任何单位和个人不得从事吸收公众存款等商业银行业务。"而本案原告担保公司属依法成立的企业法人,其核准经营范围是为中小企业、自然人贷款提供担保(非融资性),故原告作为贷款人向被告陈某发放贷款,违反了法律的禁止性规定,该借款合同依法应属无效合同。被告陈某从原告处取得的借款本金应予返还;由于借款合同无效,原告主张的利息依法不予支持。同时,其担保合同亦属无效,原告要求被告孔某某承担连带保证责任的主张也无法律依据,依法不应支持。最终,法院依法判决原告与被告陈某之间的借款合同无效,被告陈某返还原告借款本金10万元;驳回原告诉请支付利息的请求。

3. 典当行等准金融机构参与民间融资法律问题

准金融机构具有一定的准入门槛,且一般都受到一定程度的金融监

〔1〕见《人民法院报》,http://rmfyb.chinacourt.org/paper/html/2012-06/12/content_46272.htm,2012年6月12日

管，但其在营业范围外从事的融资活动依然存在着风险，个人投资者需要注意。据报载，[1]某典当行向二三十名投资者分批出售“理财产品”，并承诺7%—14%的年化收益。但当部分投资者在“理财产品”到期日前去兑付时发现，典当行已人去楼空，约1000万元的钱款追回无门。该“理财产品”实为以房屋作为抵押的借贷关系。根据《债权转让与担保合同》显示，该典当行向个人投资者转让房屋抵押债权，时间为1个月，年化收益为7%。由于典当行负责该“理财产品”的当事人已经失踪，因此个人投资者只能等待司法机关的调查结果，其投资的本金及其利息能否兑付以及是否有保障都存在很大的不确定性。

4. 非金融机构理财产品法律风险

与其他民间融资形式相比，非金融机构理财产品除了具有较大的投资风险外，也有较大的法律风险，成为滋生各种犯罪的温床。总体而言，非金融机构理财产品法律风险主要暴露在三个领域：一是金融机构工作人员冒用机构名义销售理财产品；二是虚构投资标的理财产品销售；三是非法从事特定行业的经营。

(1) 冒用金融机构名义的“飞单”行为

自2012年起，我国银行业屡爆“飞单”事件，即有部分银行等金融机构的工作人员借职务之便介绍或销售非本单位代理或者自营的理财产品。由于这种销售不是银行等金融机构销售的正规产品，因此一旦出现纠纷，涉事银行一般都以“员工个人行为，与银行无关”为由，不愿为客户提供任何赔偿；也有部分银行出于维护自己商誉和稳定业务的角度考虑，会适当地给与客户一些“自愿性”的补偿。

某银行员工私售早已停办的“理财产品”案。[2]

2013年底，温州乐清市人民法院对某行员工私售“理财产品”一案作出一审判决，认为该行为虽不属职务犯罪，但银行在管理上存在过错，应

---

[1] 案例请见 http://finance.caijing.com.cn/2014-01-26/113864536.html

[2] 案例来源 http://news.cnool.net/0-1-24/84429.html

对投资者的损失承担补充赔偿责任。对员工退赔不足的部分,由银行承担35%的补充赔偿,投资人自身承担65%的损失。

2007年7月1日,刘某被聘为某银行某市支行零售业务部经理,并有权办理个人贷款(包括个人委托贷款)、理财产品等业务。2011年6月29日,银行出台新的贷款规定,刘某被取消了办理个人委托贷款业务的权力。当年11月,原告投资人张某由刘某接待,多次在该银行办公室、张某家中,签订了十余份《"某某投资宝"报告书》,共计金额3450万元。报告书中约定:由张某在某银行开立本人名下的个人结算账户,理财本金200万元,期限一年,资金用于委托贷款,预计综合年化收益7%。经法院查证,某银行确实自2004开展过"某某投资宝"的业务,然而在2008年4月已经停止办理该业务。该案中张某的个人结算账户也并非该银行所认可的结算账户,而是其个人账户。

张某将其网银设备及密码交给刘某保管。但刘某其实并未将资金存入其所任职银行委托贷款指定结算账户,而是私下借给自然人A 2950万元和自然人B 500万元。之后自然人B将500万元全部归还了刘某,但自然人A仅归还550万元,还有2400万元无法收回,即造成投资人损失2400万元。事发后,刘某主动向公安机关自首,并于2013年4月被判犯"吸收客户资金不入账罪",判处有期徒刑七年六个月,并被责令退赔2400万元。

一审法院作出判决,认为刘某的犯罪行为不属于执行工作任务的行为。否则,若单位对员工的所有犯罪行为均承担民事赔偿责任,会存在归责过度的情形。至于投资者和银行的过错及归责问题,法院认为银行在管理上存在过错,应对投资者的损失承担一定的责任。银行方面的过错,表现在业务管理上和经营场所上的混乱。法院同时认为投资者自身亦存在重大过错:没有保管好网银设备和的账户密码,丧失了基本的注意义务。这种关系,超越了一般意义上的银行业务员与客户之间的关系,直接导致刘某有犯罪的可能。

基于以上论断，法院判决投资者自身应承担损失 65%的主要责任，银行承担 35%的次要责任。鉴于刘某已被判刑，已被确定为赔偿的责任主体，因此银行应承担的是一种补充赔偿责任，应为刘某退赔不足部分的 35%。对投资者主张的利息损失，法院不予支持。

除前面案例外，目前涉及银行理财产品销售的违法行为主要还涉及非法集资等犯罪。如媒体曾披露，从 2011 年起，中信银行郑州黄河路支行支行前副行长郭文雅等人以超过银行同期利率数十倍的高额回报，向多位中信银行客户销售“理财产品”数千万元，再将吸纳到的资金通过“发放高利贷”牟利。最终因资金链断裂，造成共有 110 多名银行客户的4000 万元无法追回。从公开的案情来看，这是银行内部人员利用职务之便，虚构“理财产品”对部分银行客户实施的诈骗行为，涉嫌非法吸收公共存款罪。[1]

根据《最高人民法院关于审理非法集资刑事案件具体应用法律若干问题的解释》，非法集资是违反国家金融管理法律规定，向社会公众（包括单位和个人）吸收资金的行为，非法集资行为需同时具备非法性、公开性、利诱性、社会性四个特征要件，具体为：一是未经有关部门依法批准或者借用合法经营的形式吸收资金；二是通过媒体、推介会、传单、手机短信等途径向社会公开宣传；三是承诺在一定期限内以货币、实物、股权等方式还本付息或者给付回报；四是向社会公众即社会不特定对象吸收资金。非法集资表现方式多样，而以委托理财的方式非法吸收资金就是其中的一种典型形式。不同的“飞单”行为涉及不同的当事人及法律关系，需要法院根据具体案情衡量其性质。

（2）虚构投资标的销售理财产品

就民事层面的法律关系而言，客户购买了虚构投资标的的理财产品可以《合同法》第 54 条主张权利。即，一方以欺诈、胁迫的手段或者乘人

---

〔1〕http://www.ccn.com.cn/news/shichangguanzhu/2013/0909/508754.html

之危，使对方在违背真实意思的情况下订立的合同，受欺诈方有权请求人民法院或仲裁机构变更或者撤销。这就是说，虚构投资标的销售理财产品的合同，受害人如认为合同继续有效对其有利，可要求变更合同，双方的法律关系将按照变更后的合同关系继续履行；如果认为合同继续有效对其不利，可请求法院和仲裁机关撤销该合同，由此受害人可以要求对方返还为虚构投资标的理财产品合同支付的价款。受害者是否可以主张上述权利主要以对方是否构成欺诈为判断要点。最高人民法院《关于贯彻执行〈中华人民共和国民法通则〉若干问题的意见（试行）》（以下简称《意见》）第 68 条规定："一方当事人故意告知对方虚假情况，或者故意隐瞒真实情况，诱使对方当事人作出错误意思表示的，可以认定为欺诈行为。"就行政层面而言，人民银行可以根据《非法金融机构和非法金融活动取缔办法》对于属于未经中国人民银行批准，擅自设立从事或者主要从事吸收存款、发放贷款、办理结算、票据贴现、资金拆借、信托投资、金融租赁、融资担保、外汇买卖等金融业务活动的机构，依法予以取缔。尚不构成犯罪的，由中国人民银行没收非法所得，并处非法所得 1 倍以上 5 倍以下的罚款；没有非法所得的，处 10 万元以上 50 万元以下的罚款。擅自批准设立非法金融机构或者擅自批准从事非法金融业务活动的，对直接负责的主管人员和其他直接责任人员依法给予行政处分。就刑事层面而言，虚构投资标的销售理财产品在表现形式多种多样，在实践中，法院往往视具体案件中的主客观情况，以诈骗罪、金融诈骗罪、非法吸收公众存款罪等追究犯罪分子的刑事责任。类似的案例有很多。[1]

（3）贵金属投资交易劝诱

目前还有不少贵金属公司向客户推荐预付款方式买卖黄金、白银等贵重金属。其交易形式一般都采取预付款的交易模式，而交易的内容其实并不是黄金、白银或其他重金属本身，而是关于黄金、白银或其他重金

---

〔1〕如以外资企业为名，通过传销方式推销虚构的理财产品，案例见 http://www.chinacourt.org/article/detail/2013/08/id/1048180.shtml

属的标准化合约。当客户对黄金、白银或其他重金属的走势判断错误的时候，贵金属公司就会根据客户帐户中订单账面亏损的情况，按照预先设定好的条件强制结算客户的订单，客户将承担亏损的交易后果。贵金属公司一般会提供给客户一个软件，能够显示实时的黄金、白银或其他重金属的价格波动情况，并宣称是国际市场的实时报价，同时告知客户交易的国际时间。但实际情况是，当前国际上并不存在对黄金、白银等贵金属的实时报价系统。

这种通过预付款买卖贵金属标准合约的交易方式是一种变相的期货交易，需要经国家授权的部门批准。2011 年国务院发布了《关于清理整顿各类交易场所切实防范金融风险的决定》，要求从事保险、信贷、黄金等金融产品交易的交易场所必须经国务院相关金融管理部门批准设立。随后，银监会会同证监会、公安部、工商总局、人民银行联合发布了《关于加强黄金交易所或从事黄金交易平台管理的通知》(银发[2011]301 号)，专门清理整顿各类违法的黄金交易平台。我国合法的黄金、白银等重金属的期货交易只能通过经过国务院批准的期货交易所进行，任何自设的重金属交易所或模仿的交易平台都是非法的。相关案例可参见某投资者诉北京恒泰大通黄金投资公司案[1]以及许某非法经营案等。[2]

---

〔1〕该案一审和二审法院均认定，恒泰大通的集中交易、保证金制度行为为变相期货交易，而该公司又无经营期货交易业务的资质，据此判决恒泰大通与投资者之间签订的合同无效，判令其返还投资者 30 余万元。http://ipr.court.gov.cn/bj/qt/201312/t20131211_179372.html

〔2〕见 2014 年 4 月 2 日，上海市高级人民法院向社会通报的 2013 年上海金融商事、刑事审判的总体情况和典型案例。

四、正确引导和规范民间融资的健康发展

(一) 金融深化是降低民间融资法律风险的根本路径

与发达国家相比,中国的民间融资很大程度上是金融抑制的产物。突出表现是,正规金融体系连很多企业或个人最基本的金融需求都难以有效满足。很多民间融资带有走投无路的悲凉色彩,这进一步放大了民间融资的金融风险。金融业应该服务于实体经济的需求,而中国的金融业显著滞后于实体经济的需求。一旦正规金融体系的效率得到改进,民间融资的发展空间将自然萎缩。

金融深化有赖于金融改革的推动。中共十八届三中全会《关于全面深化改革若干重大问题的决定》明确了金融改革的具体任务:(1)在加强监管前提下,允许具备条件的民间资本依法发起设立中小型银行等金融机构。(2)健全多层次资本市场体系,推进股票发行注册制改革,多渠道推动股权融资,发展并规范债券市场,提高直接融资比重。(3)发展普惠金融。鼓励金融创新,丰富金融市场层次和产品。(4)完善人民币汇率市场化形成机制,加快推进利率市场化,健全反映市场供求关系的国债收益率曲线。推动资本市场双向开放,有序提高跨境资本和金融交易可兑换程度,建立健全宏观审慎管理框架下的外债和资本流动管理体系,加快实现人民币资本项目可兑换。(5)落实金融监管改革措施和稳健标准,完善监管协调机制,界定中央和地方金融监管职责和风险处置责任。(6)建立

存款保险制度,完善金融机构市场化退出机制。加强金融基础设施建设,保障金融市场安全高效运行和整体稳定。

可见,《决定》一方面要求加快金融体系的市场化改革步伐,提升金融体系配置资源的效率,另一方面也提出“发展普惠金融”。而民间融资正是普惠金融的重要内容。

(二)对个人的建议

目前我国法律对民间融资中个人之间非集资性质的借贷行为,不仅没有禁止,而且还提供相应的法律保护;但对大众集资性质以及非个人间的民间融资行为,法律(主要是刑法和行政法)在总体上都采取的是禁止态度。这些法律法规主要打击的是高利贷、违法向社会不特定对象集资以及诈骗的行为和活动。对于企业和个人间的合理融资行为,法律和有关政府部门的态度是:总体不鼓励,但如果不具有社会危害性,也不轻易确定为非法或者犯罪。而民间融资参与者(无论是出资者,还是融资者)对高利贷、大众集资和欺诈类民间融资活动的法律风险认识不足,是当前民间融资活动屡现问题的原因之一。其中,个人融资者和投资者都必须要明白法律对非法集资、非法经营等禁止性规定,并且提防欺诈活动;个人投资者还必须明白法律对高利贷的规定,确保民间融资活动在法律保护的范围内进行,否则自身权益难以得到有效的法律保障。

具体而言,判断民间融资是否涉嫌非法集资?个人需要对非法集资犯罪活动以下四个方面的基本特征有所认知。一是向社会不特定对象即社会公众筹集资金。许多非法集资活动会采取各种变相方式如邀请明星或专家学者做广告等形式在媒体等公开渠道宣传其自身的形象和实力,夸大甚至虚构其盈利前景;二是以高利回报为诱饵,承诺在一定期限内给出资人货币、实物、股权等其他形式的还本付息。某些集资者在集资活动初期会按照其承诺向出资者还本付息,以此来获得出资人的信任,并吸引更多人的加入;三是以合法形式掩盖其非法集资的目的。许多集资者为了掩盖其非法占有出资者资金的目的，还会通过拉拢政府官员或利用地方政府急于发展经济、招商引资等方式来与政府建立联系，以此来骗取社会公众的信任，使社会公众误以为集资活动有政府背景，合法有效，从而纷纷投入资金。我国"处置非法集资部际联席会议"在2014年4月21日的新闻发布会上透露：[1]2013年我国非法集资的发案数量、涉案金额、参与集资人数均超过以往常规年份的平均水平，发案区域已涉及全国31个省(区、市)、87%的市(地、州、盟)和港、澳、台地区；新发案件多集中在中东部省份，并不断向新的行业、领域蔓延。非法集资活动在具体类型上也有"翻新"：很多非融资性担保公司、投资咨询等中介机构公开"代人理财"大肆非法集资；许多小额贷款公司、私募股权投资等融资性机构超范围经营涉嫌非法集资；一些农业专业合作社以入股分红为诱饵吸收农民资金投资异地或放高利贷；一些网络平台则打着"民间借贷"、"金融普惠"等旗号从事非法集资。

部分新型民间融资更是形式多样，更不为普通个人所熟悉。个人在进入新型民间融资领域前，应该对于其中的法律风险有一定的了解。例如，在P2P和众筹领域，应该避免个人资金被平台所控制，了解平台公司的真实身份，防止资金被盗用；P2P和众筹本身都不是金融机构，只是一个信息平台，搭建的是筹资人和投资人的通道，每笔业务在金额上或者在出资人数上都不应违反2011年《最高人民法院关于审理非法集资刑事案件具体应用法律若干问题的解释》中对各类非法集资案件的定性和定量的要求；[2]在担保公司领域，应该了解普通担保公司不能从事融资担保公司业务；在购买典当公司以及其他非金融机构理财产品或投资交易时，要注意了解理财机构的资质与金融产品是否真实存在及其相关风险。如

[1] 见"处置非法集资部际联席会议发布打击非法集资最新法律政策　全面启动2014年宣传教育工作"，载中国银监会网站，http://www.cbrc.gov.cn/chinese/home/docView/53B1BD4C45C044968C5E5B60CA6230F3.html

[2] 吴晓灵："互联网金融的监管挑战"，在2013中国金融创新论坛上的发言。

可能，尽量避免购买这些非正规金融机构提供的理财产品或参与其投资活动，而选择银行、保险、证券、基金公司等正规金融机构提供的理财产品和投资服务。

对于非集资类其他民间融资活动，个人也需要了解法律的相关规定，在法律保护的范围内维护好自身权益。比如，法律不保护不合法的民间借贷方式和内容；有些民间借贷的主体不符合规定，借贷关系也不受法律保护；对名为联营、实为借贷案件，法律也不保护出借方预期的利息，对借款人还要实施罚款；利息在借款本金中预先扣除的做法以及超过规定上限的利率、违约金约定等，也不受法律保护。

总之，对于个人而言，面对形形色色的民间融资活动，首先需要根据有关法律规定分辨其是否有非法集资、高利贷、诈骗等违法犯罪的嫌疑，分析该类融资活动的具体特征。个人作为集资者，首先不要违法进行大众集资；作为投资者则要忍住高利的诱惑和所谓“熟人”的劝导，认清高额回报的陷阱，在对集资者的资质、借款目的和还款能力等重要事项进行认真考察之前，不要盲目投入大量的资金；其次，在发现民间融资主体违约或者假借他人名义时，要及时提出质疑、主张权利；最后，在发现民间融资活动存在违法犯罪嫌疑时，要及时向媒体、金融监管机构、司法机关等职权部门举报/诉讼。个人平时可以多从有关执法部门（如一行三会、公检法等）和主流媒体的宣传中学习相关的法律法规和自我防范知识。

（三）对金融监管等政府执法机构的建议

近年来民间融资形式发展迅速，也发生了大量的风险事件。由于行政法对非法民间融资活动的威慑作用不够明显，对于民间融资的行政监管职权也分散在不同的执法部门之中，因此有必要整合多个政府的执法部门力量，形成合力来防范和遏制非法的民间融资活动。比如，对于新型民间融资活动而言，其大多不在传统金融监管框架之内，或仅由地方金融监管部门履行监督权力，容易形成监管“真空地带”；也有些民间融资形式横跨多个省份，甚至在全国范围内开展营业活动，无形之中增大了地方金融监管部门及时发现问题的难度。有鉴于此，中央层面的金融监管机构应该及时根据法律和民间融资的特点，明确彼此的监管界限，[1]推动各级金融监管部门之间以及和地方政府执法部门间的工作协调机制，加强无缝监管，打击非法融资活动。

在现有法制框架下，金融监管机构应积极探索对民间融资活动合适的监管方法。比如，金融监管机构可以积极探索建立地方民间借贷活动的监测分析制度，及时预警和处置风险，防范发生群体性事件和区域性风险；可以探索建立大额民间借贷备案登记制度，对借贷次数和金额超过一定标准的民间借贷进行备案登记，加强资金流向及运用的监测、引导，区别对待、分类管理；可以将涉及民间融资的投诉和举报纳入到有效的接待、监督和管理轨道，与其他各级政府执法部门、媒体及民间组织联动，共同维护好投资者/金融消费者的合法权益等。

从长远来看，在风险可控的前提下，金融监管机构应及时放开金融市场准入，贯彻落实 2010 年《国务院关于鼓励和引导民间投资健康发展的若干意见》(国发〔2010〕13 号)等文件的要求，吸引高质量民间资本投入金融领域，大力发展基层金融机构，深化基层金融服务，缓解民间融资困境，从源头上大幅降低非法民间融资活动对个人等的吸引力。

(四)厘清法律关系、尊重契约精神

一般而言，金融消费者属于弱势群体，应该予以大力保护。但是保护不等于溺爱，更不能破坏市场经济基本的契约精神。例如，一旦出现金融产品违约，地方政府就大力“金融维稳”、刚性兑付。其实，风险与收益对称是金融的基本原理。在充分揭示风险的前提下，对正常的风险事件，应

〔1〕对于监管界限的规范，属于立法机构的职责，但金融监管机构经常具有准立法权，因此兼具执法和立法的双重身份。对于互联网金融的监管界限讨论，可参见吴晓灵：“互联网金融市场与监管原则”，2014 年 3 月 8 日。

该理直气壮地拒绝刚性兑付。一味兜底，不仅不能保护投资者，反而会让投资者的责任意识和自我保护意识更加淡薄，并扭曲金融市场的风险定价。尊重法律、尊重契约、风险自担、责任自负，这才是金融消费者保护的正路。否则，对所有的金融产品都实行刚性兑付，隐含担保，中国永远不可能有健康的金融，提高金融配置资源的效率就更是无从谈起。2014 年 4 月，央行提出，“刚性兑付有悖于‘卖者尽责，买者自负’的市场原则，不仅助长道德风险，也抬高了市场无风险资金定价，在风险可控的前提下，应有序打破刚性兑付，顺应基础资产风险的释放，让一些违约事件在市场作用下自然发生”。

（五）对立法机构的建议

从现行刑法、行政法规的有关规定来看，对民间融资合法性的界定主要设置了两个标准：一是融资行为是否经国家有关部门批准；二是融资对象是否不特定的社会公众。凡是未经国家批准，以不特定公众为融资对象的均属非法集资。从实践情况来看，非法吸收公众存款、集资诈骗、擅自发行股票、债券等犯罪行为确实都存在上述两个特征，但在具备这两个特征的融资行为中，还存在一些出于正常经营需要，但由于无法从正规金融渠道获得融资而不得已实施的“非法集资”，孙大午案即为此典型示例。这种形式的民间融资除了在形式上符合非法集资的特征外，并无实质上的社会危害性，其被界定为犯罪行为说明有关法律“一刀切”式的规定与现实的合理需求存在较大差距。为此，有必要在立法上合理圈定对民间融资的刑法规制范围，重点打击集资诈骗、以放贷为目的进行的吸收公众存款、擅自发行股票、债券等严重扰乱金融秩序行为，将出于正常经营需要且未采用欺诈手段进行的吸收公众资金行为予以非犯罪化。事实上，司法机关就此已经作了有益的尝试，如浙江高院、浙江省检察院、浙江省公安厅于 2008 年联合发布的《关于当前办理集资类刑事案件适用法律若干问题的会议纪要》第 4 条规定：“为生产经营所需，以承诺还本分红或者付息的方法，向社会不特定对象筹集资金，主要用于合法的生产经营活动，因经营亏损或者资金周转困难而未能兑付本息引发纠纷的，一般可不作为非法吸收公众存款犯罪案件处理。”2010 年最高院《关于审理非法集资刑事案件具体应用法律若干问题的解释》也规定：“未向社会公开宣传，在亲友或者单位内部针对特定对象吸收资金的，不属于非法吸收或者变相吸收公众存款”；“非法吸收或者变相吸收公众存款，主要用于正常的生产经营活动，能够及时清退所吸收资金，可以免予刑事处罚；情节显著轻微的，不作为犯罪处理。”[1]因此，对于合理的民间融资需求，相关的立法应及时灵活回应，而不宜过于呆板，对于现实生活中千差万别的民间融资情况采取过于僵硬的规制。否则，就有可能会造成“合法不合理”的执法困境。

为破冰合理民间融资法律规定缺失的问题，2013 年 11 月 22 日浙江省人大常委会正式表决通过了《温州民间融资管理条例》。这是中国第一部民间借贷的地方性法规，是民间借贷规范化、阳光化、法制化的重大突破。温州成功的地方立法经验可以逐步推广。

部分新型民间融资活动往往是在现有法律秩序的空隙中产生出来，在发展之初天然地具有规避现有监管框架的倾向。然而，随着业务的发展，新型民间融资的业务领域也不断拓宽，由于没有明确的法律制度基础，诸多业务模式处于监管的灰色地带，法律风险逐步放大。以互联网金融为代表的新型民间融资群体，也呼吁通过国家立法，尽快确定行业准入机制、监管体系和监管标准，从而保证该行业的快速发展。为此，立法机构（无论是全国性的，还是地方性的）应该积极顺应新兴行业的发展趋势，及早出台相应的法律规则，用金融的基本规则来监管各类互联网融资活动，[2]比如尽快制订《P2P 网络借贷业务管理办法》等。

---

〔1〕参见刘鑫：《论民间融资的刑法规制》，华东政法大学博士学位论文，2012 年 9 月 20 日，第 75—76 页。

〔2〕吴晓灵：互联网的金融创新与监管规范，http://stock.sohu.com/20140324/n397108254.shtml，2014 年 3 月 22 日

综上所述，立法机构应努力制定和完善相关民间融资的法律和法规，通过合理引导，将民间融资朝着规范化和阳光化方向发展，根据民间融资活动中各类主体的行为分别作出规范。比如，研究完善非吸收存款类专业放贷人相关法律法规，促进多层次信贷市场的发展；明确资金中介服务的法律地位、业务范围，引导资金中介机构规范发展；明确需要得到法律特别保护的金融消费者的范围和相关权利，逐步形成我国的金融消费者法律保护体系等等。

（六）对行业组织的建议

在民间融资领域，行业协会等行业组织的作用亟待发挥。由于在这一领域缺乏全国性的监管部门，也没有非常明确的系统性监管规则，行业组织可以通过制定自我约束的规章制度等方式，提高民间融资领域的透明度和规范性，及时发现和化解可能存在的金融风险。同时，行业组织还可以起到汇总各类型民间融资活动的数据，及时了解行业发展动向与存在问题的作用，能够为立法机关的立法活动提供行业实际经营情况的参考资料，并代表本行业呼吁、促进立法成果在行业内的实施，也可以为金融监管等行政部门提供意见。

需要指出的是，行业组织不应充当维护行业不当利益的“急先锋”。“行业规则”应当符合公平正义原则，任何企业、行业不得以不平等格式条款的形式损害他人的合法权益，维护企业不当利益。

（七）对司法机构的建议

司法机关对以诈骗敛财为目的非法集资、转贷谋利以及相关的洗钱和暴力催收导致的人身伤害等违法犯罪行为，应该及时介入，严厉打击。然而，单纯的追究刑事责任仅能起到打击犯罪的作用，还无法直接维护到民间融资中个人的合法权益。为此，司法机构还应该充分发挥个案示范作用，通过发布典型案例、司法解释等方式进行普法教育，提高公众对犯罪行为的认知和辨别能力。

(八) 对媒体的建议

由于非法集资等融资犯罪活动往往具有一定的公开性，且与社会成员的利益休戚相关，因此，社会监督力量对于防治此类犯罪具有重要作用。从媒体监督的角度出发，首先，媒体应该注重对那些企图通过媒体广告等形式对其融资活动予以宣传的集资者进行详细的调查，不应为了盈利而疏于防范，乃至与其合作宣传非法集资犯罪活动，进而对出资者产生误导，成为其犯罪活动的帮凶；其次，新闻媒体要在更大程度上发挥舆论监督的作用，力争揭露出更多的非法集资活动，发现和识别可能涉嫌非法融资活动的信息和线索；再次，新闻媒体要充分发挥宣传和教育引导的作用，关注司法和金融监管机构的最新要求和政策，结合典型案例的宣传对社会公众进行教育，以提高社会民众对非法集资活动的防范能力；最后，媒体应引导各类投资人树立"合同意思自治"、"独立责任"、"诚信原则"等市场意识和法律观念，使民间融资参与者提高市场风险判断能力和自身风险承受能力，明确政府没有承担民间融资损失的直接责任，避免其追求高额回报的盲目冲动行为及对政府的不合理依赖和要求。

媒体的宣传教育对于普通民众认知新型民间融资形式也具有非常重要的意义。由于新型民间融资一般不为普通民众所熟悉，新闻媒体应加强这方面的宣传教育使得普通民众可以对相关民间投融资风险与法律风险有一个基本的了解。此外，新闻媒体可以通过个案追踪的方式，及时向社会公布新型民间融资领域暴露出来的问题，有利于立法、司法机关注意到新型民间融资领域的法律问题，更有利于个人在遇到类似情况时，及时发现风险。

(九) 发展关注民间融资活动的其他社会组织的建议

民间融资中的个人合法权益，除了立法、司法和执法机构需要从法治的角度来保护外，也需要前述行业组织、媒体等社会成员的积极参与。此外，在现代社会中，一些非政府组织作用也日益显现。这些其他类组织是搭建在政府、行业协会和公民社会之间的一座桥梁。特别是全球化浪潮中，政府机构在实践其社会管理的职能时，会存在自身的缺陷。而多样性的社会组织以其非盈利、非官方、非行业代表等特点能更好地代表其他利益相关群体，把政府、行业组织等照顾不到的一些方面覆盖到。这样的社会组织可以是各类研究机构，也可以是各类民间的维权组织，它们可以对民间融资活动的各个方面提出合理建议、聚焦典型案例，支持包括公益诉讼在内的各类维权活动。

参考文献：

[1] The World Bank. Agriculture Credit: Sector Policy Paper [M]. Washington D.C.: The World Bank, 1997.

[2] 廖理主编:《中国消费金融调研报告(2009)》,经济科学出版社,2010。

[3] 朱德林、胡海鸥:《中国的灰黑色金融——市场风云与理论思考》,立信会计出版社,1997。

[4] 刘鑫:《论民间融资的刑法规制》,华东政法大学博士学位论文,2012。

[5] [美]罗纳德·麦金农:《经济发展中的货币与资本》,上海三联书店、上海人民出版社,1988。

[6] 肖琼:《我国民间金融法律制度研究》,中南大学博士论文,2012。

[7] 吴晓灵主编:《中国金融政策报告(2014)》,中国金融出版社,2014。

[8] 国家法官学院案例开发中心编:《中国法院 2013 年度案例——民间借贷纠纷》,中国法制出版社,2013。

[9] 刘为波:《非法集资特征的理解与认定》,载《中国审判》,2011 年第 2 期。

[10] 黎友焕:《加强监控民间金融发展状况》,载《中国金融》,2012 年第 3 期。

附录一:2013 年发生的 P2P 网络贷款风险事件

平台	问题时间	地区	成立时间
众贷网	2013 年 4 月	海南海口	2013 年 3 月
城乡贷	2013 年 4 月	天津	2013 年 3 月
酷跑金融	2013 年 5 月	浙江杭州	2013 年 5 月
非诚勿贷	2013 年 6 月	浙江绍兴	2013 年 6 月
铂利亚	2013 年 6 月	四川成都	2013 年 5 月
徽州贷	2013 年 6 月	安徽合肥	2013 年 2 月
中财在线	2013 年 7 月	湖北武汉	2012 年 10 月
民联贷	2013 年 7 月	湖北武汉	2013 年 3 月
网赢天下	2013 年 8 月	广东深圳	2013 年 4 月
黄山资本	2013 年 9 月	安徽黄山	2013 年 5 月
天力贷	2013 年 9 月	湖北孝感	2013 年 5 月
现贷网	2013 年 9 月	广东深圳	2013 年 7 月
互帮贷	2013 年 9 月	江苏无锡	2013 年 6 月
立贷网	2013 年 10 月	浙江杭州	2013 年 4 月
银实贷	2013 年 10 月	内蒙古包头	2013 年 8 月
东方创投	2013 年 10 月	广东深圳	2013 年 6 月

（续表）

平台	问题时间	地区	成立时间
钰泰财富	2013 年 10 月	湖北荆门	2013 年 8 月
汇宝信贷	2013 年 10 月	江苏常州	2013 年 7 月
浙商贷	2013 年 10 月	浙江杭州	2013 年 6 月
保险贷	2013 年 10 月	江苏淮安	2013 年 5 月
银鑫贷	2013 年 10 月	湖北石首	2013 年 9 月
信网贷	2013 年 10 月	山东莱州	2013 年 6 月
万利创投	2013 年 10 月	广东深圳	2013 年 7 月
宜商贷	2013 年 10 月	湖北宜昌	2013 年 7 月
川信贷	2013 年 10 月	四川内江	2013 年 1 月
福翔创投	2013 年 10 月	福建厦门	2013 年 1 月
力合创投	2013 年 10 月	浙江绍兴	2013 年 7 月
华强财富	2013 年 10 月	安徽铜陵	2013 年 9 月
盈通投资	2013 年 10 月	湖北宜昌	2013 年 1 月
乐网贷	2013 年 10 月	山东莱芜	2013 年 5 月
家家贷	2013 年 10 月	浙江安吉	2013 年 6 月
通联贷	2013 年 10 月	广东深圳	2013 年 7 月
平海金融	2013 年 10 月	安徽明光	2013 年 6 月
铜都贷	2013 年 11 月	安徽铜陵	2013 年 5 月
乾坤贷	2013 年 11 月	江苏淮安	2013 年 6 月
辉煌财富	2013 年 11 月	安徽铜陵	2013 年 9 月
宝丰创投	2013 年 11 月	广东深圳	2013 年 8 月
鹏城贷	2013 年 11 月	广东深圳	2012 年 12 月
汇银投资	2013 年 11 月	浙江安吉	2013 年 10 月
都梁创投	2013 年 11 月	江苏南京	2013 年 10 月

（续表）

平台	问题时间	地区	成立时间
中联乐银	2013年11月	浙江杭州	2013年2月
益得创投	2013年11月	浙江杭州	2013年8月
3a借贷	2013年11月	山东济南	2013年7月
光大信投	2013年11月	江苏南京	2013年8月
宝仕金融	2013年11月	江苏南京	2013年9月
德塞财富	2013年11月	浙江温州	2013年8月
好想贷	2013年11月	浙江安吉	2013年1月
信邦创投	2013年11月	浙江安吉	2013年10月
莲花财富	2013年11月	浙江瑞安	2013年3月
今鑫财富	2013年11月	上海	2013年8月
宝都财富	2013年11月	浙江富阳	2013年7月
江城贷	2013年11月	安徽芜湖	2013年9月

资料来源:网贷之家

附录二：民间融资个人权益保护现行重要法规索引

序号	名称	层级	颁布日期
基础性法律法规与司法解释			
1	最高人民法院关于企业相互借贷的合同出借方尚未取得约定利息人民法院应当如何裁决问题的解答	司法解释	1996.03.25
2	贷款通则	部门规章	1996.06.28
3	中国人民银行关于对企业间借款问题的答复	规范性文件	1998.03.16
4	最高人民法院关于如何确认公民与企业之间借贷行为效力问题的批复	司法解释	1999.02.09
5	中华人民共和国合同法	法律	1999.03.15
6	最高人民法院关于适用《中华人民共和国合同法》若干问题的解释(一)	司法解释	1999.12.19
7	中国人民银行办公厅关于高利贷认定标准问题的函	规范性文件	2001.04.04
8	贷款通则	部门规章	1996.06.28
9	中国人民银行关于人民币贷款利率有关问题的通知	规范性文件	2003.12.10

(续表)

10	中华人民共和国物权法	法律	2007.03.16
11	最高人民法院关于适用《中华人民共和国合同法》若干问题的解释(二)	司法解释	2009.04.24
12	国务院关于鼓励和引导民间投资健康发展的若干意见	指导意见	2010.05.07
13	最高人民法院《关于依法妥善审理民间借贷纠纷案件促进经济发展维护社会稳定的通知》	执法意见	2011.12.02
14	中华人民共和国消费者权益保护法(2013年最后修订)	法律	1993.10.31
15	国务院办公厅关于影子银行监管有关问题的通知	规范性文件	2013.12.10
刑事法律与司法解释			
16	中华人民共和国刑法(2011年最后修订)	法律	1979.07.06
17	最高人民法院关于刑事附带民事诉讼范围问题的规定	司法解释	2000.12.13
18	最高人民法院关于审理非法集资刑事案件具体应用法律若干问题的解释	司法解释	2004.12.13
19	最高人民法院关于依法严厉打击集资诈骗和非法吸收公众存款犯罪活动的通知	执法意见	2004.11.15
20	最高人民检察院、公安部关于印发《最高人民检察院、公安部关于公安机关管辖的刑事案件立案追诉标准的规定(二)》的通知	执法意见	2010.05.07
21	最高人民法院关于在经济犯罪审判中参照适用《最高人民检察院、公安部关于公安机关管辖的刑事案件立案追诉标准的规定(二)》的通知	执法意见	2010.06.21
22	高人民法院、最高人民检察院关于办理诈骗刑事案件具体应用法律若干问题的解释	司法解释	2011.03.01

（续表）

23	最高人民法院关于非法集资刑事案件性质认定问题的通知	执法意见	2011.08.18
24	最高人民法院、最高人民检察院、公安部关于办理非法集资刑事案件适用法律若干问题的意见	执法意见	2014.03.25
非法金融活动			
25	非法金融机构和非法金融业务活动取缔办法	行政法规	1998.07.13
26	国务院关于《非法金融机构和非法金融业务活动取缔办法》第二十九条有关问题的紧急通知	行政法规	1998.07.26
27	中国人民银行关于贯彻国务院《非法金融机构和非法金融业务活动取缔办法》有关问题的通知	部门规章	1998.08.14
28	中国人民银行关于取缔非法金融机构和非法金融业务活动中有关问题的通知	规范性文件	1999.01.27
29	中国人民银行关于取缔非法金融机构和非法金融活动有关问题的答复	规范性文件	1999.03.12
30	中国人民银行办公厅关于以高利贷形式向社会不特定对象出借资金行为法律性质问题的批复	规范性文件	2001.04.26
31	中国人民银行关于取缔地下钱庄及打击高利贷行为的通知	规范性文件	2002.01.31
32	中国银行业监督管理委员会关于非法金融业务活动认定和取缔有关事宜的批复	规范性文件	2006.04.05
33	国务院办公厅关于依法惩处非法集资有关问题的通知	规范性文件	2007.07.25
34	中国银监会办公厅关于做好当前处置非法集资工作有关问题的紧急通知	规范性文件	2008.10.10

(续表)

35	财政部关于坚决制止财政违规担保向社会公众集资行为的通知	规范性文件	2009.11.06
小额贷款公司			
36	中国银行业监督管理委员会、中国人民银行关于小额贷款公司试点的指导意见	规范性文件	2008.05.04
37	中国银监会关于印发《小额贷款公司改制设立村镇银行暂行规定》的通知	规范性文件	2009.06.09
38	中国人民银行办公厅关于小额贷款公司接入人民银行征信系统及相关管理工作的通知	规范性文件	2011.01.07
39	财政部关于开展小额贷款公司涉农贷款增量奖励试点的通知	规范性文件	2012.06.28
典当行			
40	典当管理办法	部门规章	2005.02.09
41	商务部、公安部关于贯彻实施《典当管理办法》有关问题的通知	规范性文件	2005.05.17
42	中华人民共和国物权法	法律	2007.03.16
43	商务部关于印发《典当行业监管规定》的通知	规范性文件	2012.12.05
融资租赁			
44	商务部、国家税务总局关于从事融资租赁业务有关问题的通知	法律	2004.10.22
45	商务部、国家税务总局关于加强内资融资租赁试点监管工作的通知	规范性文件	2006.04.12
46	商务部关于“十二五”期间促进融资租赁业发展的指导意见	规范性文件	2011.12.15
47	商务部关于印发《融资租赁企业监督管理办法》的通知	规范性文件	2013.09.18
48	最高人民法院关于审理融资租赁合同纠纷案件适用法律问题的解释	司法解释	2014.02.24

（续表）

私募股权基金			
49	创业投资企业管理暂行办法	部门规章	2005.11.15
50	中华人民共和国合伙企业法(2006 年修订)	法律	1997.02.23
51	信托公司集合资金信托计划管理办法	部门规章	2009.02.04
52	基金管理公司特定客户资产管理业务试点办法	部门规章	2012.09.26
53	中华人民共和国证券投资基金法(2012 年修订)	法律	2003.10.28
54	中华人民共和国证券法(2013 年修订)	法律	1998.12.29
55	中华人民共和国公司法(2013 年修订)	法律	1993.12.29
保理公司			
56	商务部关于商业保理试点有关工作的通知	规范性文件	2012.06.27
57	商务部关于商业保理试点实施方案的复函	规范性文件	2012.10.09
58	商务部办公厅关于做好商业保理行业管理工作的通知	规范性文件	2013.08.15
票据融资			
59	中华人民共和国票据法	法律	2004.08.28
60	票据管理实施办法	部门规章	2011.01.08

资料来源:课题组整理

附录三：我国 P2P 网络借贷平台的发展与监管问题研究

中欧陆家嘴国际金融研究院课题组[1]

【核心观点】

P2P 网络借贷平台的兴起，既是互联网技术和电子商务发展的结果，也与中国长期存在的“金融压抑”密切相关。作为一种金融创新，P2P 将传统的非正式人际借贷标准化、电子化、匿名化，既突破了传统民间借贷“熟人交易”的局限性，又提高了透明度和规范性；既缓解了小微企业与个人的贷款难，又满足了大量投资者实现资产保值增值的强烈需求，是对现有金融体系的有益补充。

目前 P2P 网络借贷平台的迅速发展，也积累了一定金融风险：“拼规模”目标驱使下的盲目扩张风险、资金挪用风险、恶意欺诈风险、非法集资风险、征信识别风险、管理不善风险、透明度风险、信息共享机制缺失、债权转让带来的期限错配等。对涉及人数众多的小客户的金融业务应进行严格监管，这是金融监管的重要理念。P2P 平台业务正符合这一特征。

---

[1] 课题承担单位：中欧陆家嘴国际金融研究院。课题组成员：吴晓灵、朱晓明、刘胜军、李雪静。课题完成时间：2013 年 6 月 20 日。

对 P2P 进行监管，既必要，也可行，且符合该行业大多数公司的愿望。

目前对 P2P 进行监管的时机已经成熟。监管介入太早可能遏制创新，介入太晚，则可能放纵风险。现阶段，不少 P2P 网络借贷平台热衷于“拼规模”，忽视风险控制。要警惕一些平台利用地方政府维稳的心理形成中国特色的“大而不倒”，尽快结束“无门槛、零监管”的局面。

借鉴第三方电子支付、小额贷款公司的监管经验，结合 P2P 业务的本质属性，P2P 行业应由央行、银监会实施联合监管，尽快制定《P2P 网络借贷平台管理办法》，并允许接入央行征信系统。在办法出台前，可以鼓励地方金融办、行业协会进行监管实践和探索。

P2P 网络借贷业务的监管，应该适度，既鼓励创新又防范风险。为此，应坚持明确法律关系、避免非法集资、风险收益对称、风险准备、透明度等基本原则，鼓励立足于“信息中介”本质的合理创新，发挥信息发布、交易撮合的核心功能，建立风险准备金制度、最低注册资本要求，对向单一借款人提供资金的投资者人数设定上限，并通过强制使用独立第三方支付机构实现资金流动来避免出现恶性欺诈事件。

【正文】

一、P2P 网络借贷的理论分析

（一）P2P 网络借贷的产生与发展

在信息不对称的情况下，正规金融机构常基于一次性博弈等假设，要求中小企业提供抵押品或担保，而拥有“软信息”但缺乏抵押品的中小企业常常遭遇金融排斥。近年来，随着网络的普及和网络支付的成熟[1]，网络借贷作为一种金融创新悄然出现。尤其是在美国 2008 年金融危机

---

[1] 从 2000 年到 2011 年，全球互联网用户数量以每年 528%的速度增长，从 3.6 亿上升到 23 亿，其中 45%的用户位于亚洲。北美互联网普及率最高，为 78.6%，而亚洲仅为 26.2%，互联网在亚洲仍有巨大增长潜力。（资料来源：沈联涛，迎接互联网金融崛起[J]，财经，2012 年 10 月。）

之后,主导信贷市场的正规金融机构不断提升资本金充足率,放贷能力收缩,进而刺激了网络借贷的迅速发展。

P2P(Peer-to-Peer Lending)网络借贷,也称点对点信贷,或个人对个人的信贷(人人贷)。P2P 小额借贷由 2006 年诺贝尔和平奖得主尤努斯教授首创,是一种将非常小额的资金聚集起来借贷给有资金需求人群的一种商业模型,其作用主要体现在满足个人资金需求、发展个人信用体系和提高社会闲散资金利用率三个方面。随着互联网技术的快速发展和普及,P2P 小额借贷逐渐由单一的线下模式转变为线下线上并行,随之产生了 P2P 网络借贷平台,该平台主要是出借人通过第三方平台向借款人提供小额借贷的金融模式。全球第一家 P2P 网络借贷平台是成立于 2005 年 3 月的英国 Zopa。

P2P 网络借贷期限短、金额小,本质上属于民间小额借贷(谢平,2012)。目前,主要分为线上模式和线下模式。其中,所谓线上模式〔1〕,即网站仅作为借贷双方的信息发布与交易撮合平台,网站不存在平台之外的审贷环节,也不对单笔贷款提供担保。国内典型的如"拍拍贷",当前其月成交额约 1000 万元,拍拍贷的收入主要包括向客户收取的账户管理费和充值手续费,以及成交服务费(即佣金,对 6 个月或以下收取 2%,6—12 个月的收取 4%)。所谓线下模式〔2〕,则超越了网络点对点贷款方式。在网络平台之外,一方面要有专门的信贷员审核借款人,控制贷款质量;同时又有销售人员向出资人销售以贷款为基础资产的理财产品。典型的如宜信公司。阿里金融虽然也是通过网络技术完成借贷,但它与其他 P2P 公司不同:阿里金融直接向借款人提供贷款,其原理更类似网络版的小额贷款公司。为获得资金来源,阿里金融也与金融机构合作销售理财产品。

〔1〕封延会、贾晓燕,"人人贷"的法律监管分析——兼谈中国的影子银行问题[J],华东经济管理,2012 年第 09 期。

〔2〕封延会、贾晓燕,"人人贷"的法律监管分析——兼谈中国的影子银行问题[J],华东经济管理,2012 年第 09 期。

(二) P2P 网络借贷的本质

互联网金融的本质,不是仅仅作为工具提升交易效率和降低成本,而是通过网络征信的方式,拓展金融业服务的目标人群(由曦、宋玮、刘琦林、袁满,2012)。P2P 网络借贷作为互联网金融的一种模式,可以看作是现代信息科技与民间金融组织形式结合的产物(谢平,2012)。P2P 网络借贷从本质而言是金融脱媒:原本通过金融中介来实现的借贷模式逐渐被边缘化,取而代之的则是出借人自行将资金借给 P2P 平台上的任何人。而 P2P 平台的核心作用应该是作为中介,通过一定的交易制度设计为借贷双方提供相应的信息发布、资质判定、撮合等中介服务,不应成为借贷关系的主体之一。

简言之,P2P 网络借贷平台本质是网络化、公开化的民间借贷。相比于传统的银行贷款形式,P2P 网贷表现出了如下特点:

第一,借贷双方极其分散和广泛。P2P 网贷的借贷双方往往表现为一对多、多对多的散点网络状形式,且主体是非特定的,这使得参与者极其分散和广泛。同时,参与者的广泛性主要是源于准入门槛较低,参与方式灵活。借入者只要信用良好,即使缺乏担保抵押,也能够获得贷款;借出者即使拥有较小的资金量、对借贷期限有严格要求,同样也能找到相匹配的借款人。每一笔贷款中都可以有多个投资者,每个投资者又可以投资多笔贷款,这样既实现借出者的投资风险分散化,又可以灵活满足借入者的资金需求数量。

第二,交易方式相对灵活且高效。与金融机构相比,P2P 平台对借入者和借出者的门槛都大大降低。在审批模式上与银行相比大大简化,借贷手续相对简单直接,从而高效地满足了金融机构无法服务的需求。

第三,高风险和高收益并存。P2P 网贷平台上的借款者往往缺乏有效担保和抵押,且对贷款产品的需求特性也十分个性化。这些借款者往往不被传统金融机构所接纳作为放款对象。因此,这些借款者愿意承受更高的利率从 P2P 平台上获得贷款。P2P 网贷平台和投资者仅依靠网络信息的汇总分析对借款者信息真实性和还款能力进行审核,可能成为风险来源。在中国这样一个征信体系和法治都不健全的国家,更是如此。因此,投资者虽然可获得高于传统金融机构的利息,但风险相对来说也更高。

二、国外 P2P 网络借贷的发展与监管

(一) 美国 P2P 网络借贷平台的发展与监管

1. 美国主要 P2P 网络借贷平台的发展及运作情况

1.1 非营利性平台——Kiva 公司

Kiva(基瓦)成立于 2005 年,是一家联结资金出借方和发展中国家微型金融机构(Microfinance Institution, MFI)的非营利组织,是美国最大的 P2P 借贷服务机构。通过 Kiva 平台,出借人根据地域、商业类型、风险水平等选择企业或企业家。每个贷款请求都要求提供贷款企业家的简历、贷款理由和用途、从其他出借人处借贷的总金额、贷款时限(一般为 6—12 个月)、贷款的潜在风险。Kiva 则采取"批量出借人+小额借贷"模式,一般每位出借人只需支付 25 美元。一旦一笔贷款总金额募集完成,Kiva 使用 PayPal 将贷款转账给 Kiva 的当地合伙人(MFI)。一般来说,Kiva 网络平台主要负责吸引出借方,而对借款者的搜罗和筛选则由其合作者 MFI 负责。MFI 遍布全球各发展中国家,在当地寻找、跟踪和管理适合的贫困创业者并进行信用分级,同时负责支付和收集小额贷款,最后将到期的贷款收齐后返还给 Kiva,由 Kiva 通过 PayPal 系统返还给出借人。可见,Kiva 借贷平台是一种"扶贫"模式。据 Kiva 发布的信息,目前该平台上拖欠超过一个月的延迟偿还率为 2.35%,坏账率为 0.15%。Kiva 模式的优势在于:Kiva 运营资金基本依靠捐助,其提供的贷款免息或利息很低;MFI 作为专门监督贷款执行和偿还的机构,在一定程度上确保了按期还款。截至 2011 年 3 月,Kiva 已发放 273,000 笔,总额约 2 亿美元[1]

---

[1] 数据来源:美国政府责任办公室(GAO)的《人人贷——行业发展与新的监管调整》报告,http://blog.sina.com.cn/s/blog_5981938f0101jka6.html.

贷款给其合作的微金融机构。这些微金融机构又将大部分贷款发放给位于发展中国家的个人企业。

1.2　营利性 P2P 借贷平台

(1) 美国 Prosper 公司

Prosper 是最早进行人人贷业务的商业机构之一，成立于 2006 年。Prosper 不承担贷款的信用风险，主要工作是确认借款者的身份和个人信息、提供全生命周期的贷款服务。对借款者，Prosper 按借款金额收取一定比例的费用，在 0.4%—4.5%之间。借款者的 Prosper 评级越低，费率越高。对放贷人，Prosper 按交易规模收取 1%的年费。

Prosper 的借贷平台类似于双盲的拍卖，借款人和贷款人双方都在网站上注册，获得 Prosper 上的身份。在该平台上，双方均不能披露各自的真实身份。贷款人可以申请获得 1000 美元到 2.5 万美元、三年以下、固定利率、无担保的贷款。贷款人将该信息在网站上“挂牌”，标明数额和愿意支付的最高利息。Prosper 基于从第三方机构 Experian[1] 获取的商业信贷评分为贷款人评定信用级别（分为 AA、A、B、C、D、E、HR 七个档次），信用等级较高者通常对应较低的利率。但 Prosper 并不核实个人信息，例如就业和收入状况等。借出人可以以一个特定的利率，以全部或部分贷款金额投标（通常这个利率都高于金融机构存款利率），通常每个贷款都有多人投标。当拍卖结束且贷款被全额满足时，贷款人获得他所要求的贷款，而利率则由 Prosper 根据满足投标的所有中标利率中最低的一个来确定。简言之，Prosper 借贷平台采用的是“竞标”模式。但借出人并不是真正的直接借钱给贷款人，贷款人收到的是与 Prosper 签约银行的贷款。每个出借人会收到一份个人无追索权的借款票据，贷款收益将由 Prosper 分派给出借人。

截至 2011 年 2 月，Prosper 平台有 1 亿会员，提供了 21.9 亿美元的

---

〔1〕Experian 是世界上最大的 3 家消费者个人信用机构之一，主要服务于北美和欧洲。

个人借贷[1]。Prosper 从每个贷款人处获得 1—3%的收益,并且每年根据未偿还贷款本金余额的 1%向贷款人收取服务费。Prosper 负责管理贷款人的还款并把它分派到每个借出人。Prosper 还负责初步收集到期贷款,向相关机构转让违约贷款。

(2) 美国 Lending Club:最成功的人人贷公司

2007 年 5 月上线的加州贷款俱乐部 Lending Club,主要利用网民联络平台的高传播特性及朋友间的互相信任,通过 Facebook 应用平台和其他社区网络将出借人和借款人聚合。Lending Club 是目前最成功的人人贷公司,其特色主要是划分信息等级、规定固定利率、利用网民交际平台为自己服务三个方面。具体来说:

Lending Club 具有固定的贷款利率及平均三年的贷款年限。借款人可以通过 Lending Club Facebook 应用平台发出借款请求,在进行贷款交易前需经过严格的信用认证和 A—G 分级;出借人则可以浏览借款人的资料,并根据自己能够承受的风险等级或是否是自己的朋友来选择借款交易。Lending Club 不采取竞标方式,而是根据不同的借款人信用等级有不同的固定利率。Lending Club 的平均贷款额为 5500 美元,最低 1000 美元,最高 2.5 万美元。

表　美国主要 P2P 网络借贷平台的情况

模式	性质	放贷地区	面向群体	操作模式	防范风险机制
Prosper	中介型	美国	—	Prosper 寻找借贷双方,贷款利率通过竞价获得	美国完善的社会信用体制
Lending Club	复合型	—	—	非竞标模式,根据信用等级确定借款利率	严格的信用认证和分级

[1] 资料来源:莫易娴,P2P 网络借贷国内外理论与实践研究文献综述[J],金融理论与实践,2011 年第 12 期。

（续表）

模式	性质	放贷地区	面向群体	操作模式	防范风险机制
Kiva	非盈利公益型	发展中国家	收入非常低的企业	批量出借人＋小额借贷	MFI 找寻、追踪、管理企业

资料来源：杨新求，我国 P2P 网络借贷运营模式简析[J]，知识经济，2012 年第 5 期。

2. 美国对 P2P 网络借贷平台的监管

目前，美国营利性 P2P 网络借贷平台面临的风险主要包括信用风险、操作风险、流动性风险、市场风险和法律风险。

风险	定义	例子
信用风险	由于借款人没有履行义务而导致潜在的财务损失	放款人在 P2P 平台上购买的收益权凭证没有任何第三方的抵押、担保或者保险。 如果对应的借款人贷款违约，由于追偿费用和其他成本，放款人很难拿回本金和得到预期利息，他们很可能无法收回最初的所有投资。 如果放款人决定将其的投资全部集中在单一收益权凭证上，整个回报就会完全依赖于单个贷款的表现。
操作风险	由于内部程序、人员、系统的不完善或者失误或者外部事件造成的潜在财务损失	P2P 平台通常不会核实借款人提供的信息，而这些信息可能不准确或者没有正确反映借款人的信用可信度。 由于 P2P 平台掌握的贷款历史数据有限，它们的信用评级系统可能无法正确预测贷款的实际情况，因为实际的贷款违约情况和违约率可能跟预期并不相符。 一旦借款人违约，放款人只能依靠 P2P 平台与其委托的第三方收款机构来取回款项，而无法亲自追偿。 由于手握收益权凭证的放款人在对应的贷款上没有直接的票据利息，所以放款人拥有的权利就变得不确定了。一旦 P2P 平台破产，收益权凭证的支付可能会被限制、暂停或者终止。

(续表)

风险	定义	例子
流动性风险	由于无法及时变现资产可能造成的财务损失	凭证无法流通,仅限于本平台上的放款人之间流转。 每个 P2P 平台都为其成员提供了交易收益权凭证的平台,但是并不保证每个放款人都可以找到收益权凭证的买家。
市场风险	价格变动造成的资产或者债务价值变化,从而可能导致财务损失	主流市场的利息降低会引发借款人提前还款,影响放款人的收益。 主流市场的利息提高会导致放款人所持的收益权凭证价值缩水。
法律风险	由于对税法的错误理解可能造成财务损失	P2P 借贷是一种新型的借款和投资方式。如果监管机构或者法院对收益权凭证税收有不同的解释的话,放款人可能会面临不同的税务负担。

资料来源:美国政府责任办公室(GAO)的《人人贷——行业发展与新的监管调整》报告, http://blog.sina.com.cn/s/blog_5981938f0101jka6.html.

美国监管当局对 P2P 公司的监管给予了较明确的结论。美国证券交易委员会 2008 年 11 月向 Prosper 发布禁令(No. 8984/November 24, 2008, No. 3 - 13296),认为:Prosper 运营在线的借贷平台,基于平台发行的借款票据构成证券法所规定的证券。根据 1933 年证券法 Sections 5 (a) and (c)的规定,禁止任何人在没有有效注册或获得豁免的情况下要约(提供)或出售证券。可见,美国监管机关对于网络贷款的法律性质给予了明确界定:借出人和借款人自由交易,是一种直接融资方式。Prosper 搭建并运作这一平台,向借出人发行票据构成了证券法规定的证券发行行为,应当纳入证券监管的范畴,应按照证券法规定注册。Lending Club 也受到了同样的处罚,而 Zopa 则关闭了它在美国分支的业务。禁令发出的 9 个月后,Prosper 完成了注册并获准重新开业。由此,在美国 P2P 网络贷款有了清晰的定位,并获得了合法经营的基础,并将其纳入监管轨道，防范金融风险，保护投资者。

法律上：

法律	相关的条款或例子
Truth Lending Act	要求贷方就贷款的条件和信贷交易提供统一、可理解的披露；监管贷款宣传，给予借款人及时获知信息披露和信贷处理方式等权利。
Equal Credit Opportunity Act	禁止贷方基于种族、肤色、宗教信仰、国籍、性别、婚姻状态、年龄等因素歧视信贷申请人。
Service members Civil Relief Act	给予在军队服务的借款人一个利率上限，允许现役军人和有任务的后备军人暂停或推迟某些民事义务。
Fair Credit Reporting Act	必须是处于经许可的用途才能获得消费者的信用报告，要求个人向信用部门提供正确的信息；贷方拒绝信贷申请人的话，必须根据信贷报告中的公开披露；贷方也被要求发展和落实一套防盗窃程序。
Section 5 of the Federal Trade Commission Act	禁止不公平或者欺诈性的条款和做法。
Gram-Leach-Bliley Financial Modernization Act	限制金融机构将消费者“非公开个人信息”透露给非关联的第三方，要求金融机构知会客户其信息共享机制，并且告知客户如果客户不希望他们的信息被无关联的第三方机构获知，他们有权选择“退出”。
Electric Fund Transfer Act	给予消费者某些使用电子转账从银行账户中汇入或者汇出资金的权利。
Electronic Signature in Global and National Commerce Act	允许使用电子记录或者电子签名创设有法律约束力或者执行力的协议；要求在消费者交易中使用电子记录或者电子签名的商业行为必须预先征得消费者同意。

(续表)

法律	相关的条款或例子
Bank Secrecy Act	要求金融机构执行反洗钱程序,使用消费者身份确认程序,筛选个人财产被冻结,或者其公司被禁止进行交易的个人名单。
Fair Debt Collection Practice Act	对涉及消费者债务的第三方债务收款机构提供了指引和做出了限制,禁止在催收过程中使用威胁,骚扰和侮辱性行为。

资料来源:美国政府责任办公室(GAO)的《人人贷——行业发展与新的监管调整》报告,http://blog.sina.com.cn/s/blog_5981938f0101jka6.html.

(二) 英国 P2P 网络借贷平台的发展与监管

1. 英国主要 P2P 网络借贷平台的发展及运作情况

近年来,英国 P2P 网络借贷平台发展也十分迅速。目前市场上主要有 P2P 公司三家,分别是 Zopa,RateSetter 和 Funding Circle。其中,Zopa 是全球第一家人人贷公司。

Zopa 成立于 2005 年 3 月,全称 Zone of Possible Agreement,即“协议空间”。在借贷过程中,Zopa 充当信息中介:在 Zopa 网页上,贷款者可列出金额、利率和想要出借款项的时间;借款者则在无中介的情况下寻找适合的贷款产品;Zopa 则向借贷双方收取手续费(约 0.5%),而非赚取利息。换句话说,Zopa 借贷平台主要采用了“供给”、“需求”标准化模式。具体来说就是:借款人在注册完成后由与 Zopa 合作的 Equifax 信用评级机构评定个人信用等级,然后核定贷款利率并提出借款请求。贷款人则可选择特定信用评级的贷款对象(分为 A*、A、B 和 C 级),结合借款期限(12 个月、24 个月、36 个月),在可供选择的贷款市场中进行交易。Zopa 平台在考察核准后为借贷双方进行匹配撮合,并按照预设条款将资金转账。为了更好地分散资金风险,系统会将借出者出借金额分为若干份并借给不同的借入者。同时,Zopa 提供的也是比较小的贷款,一般在 1000 美元到 25000 美元之间。按照贷款的总量来看,Zopa 在市场上处于绝对领先的地方。据统计,截止 2013 年 3 月 31 日,Zopa 一共发放贷款是 288,446,740 英镑,约合4.39亿美元。而 RateSetter 和 Funding Circle[1] 仅分别发放贷款 63,567,086 英镑和 90,064,160 英镑,折合约 1 亿美元左右。

2. 英国对 P2P 网络借贷平台的监管

2011 年 8 月 15 日,英国 P2P 金融协会(Peer-to-peer finance association)成立,其初始成员是 Zopa、RateSetter 和 Funding Circle 三家。该协会成立的目的主要是对借款人的保护设立最低标准要求,并促进 P2P 市场的有效监管。由于英国其他 P2P 公司规模都比较小,而 P2P 金融协会对会员的经营有一定的约束条件,因此,目前仍仅有三家会员[2]。

英国对 P2P 市场的监管分两个时间点:

(1) 2010 年卡梅伦上任前:与美国不同,英国的 P2P 市场并没有专门的监管机构或专门适用的法律。比如,在英国,Zopa 拥有公平贸易局的信贷许可证,是英国反欺诈协会的成员,向信息专员办公室注册。但 Zopa 不受英国金融服务监管局(Financial Service Authority, FSA)的监管,因为"Zopa 作为借贷交易市场的业务很新,不符合现有任何监管类目",但由于 Zopa 也在销售保险产品,因此,受到了 FSA 的密切关注。

(2) 2010 年卡梅伦上任后:卡梅伦政府对英国金融监管体制进行了彻底改革,取消了原来的"三方"(即:英格兰银行、财政部、金融服务管理局(FSA))管理体制,赋予了英格兰银行维护金融稳定和对其他银行及金融机构进行审慎监管的权利,并取消了 FSA。具体来说,英格兰银行下新设了金融政策委员会(Financial Policy Committee, FPC),作为宏观审慎监管机构,负责监控和应对系统风险;新设了审慎监管局(Prudential

---

[1] Funding Circle 虽然市场份额没有 Zopa 大,但其在企业贷款方面的专业性更强。2013 年 3 月,其与 BIS 签订了 BFP 协议。作为政府 BFP 计划的一部分,政府将通过 Funding Circle 向英国境内的小企业发放 20,000,000 英国贷款。凡是满足 BFP 计划的小企业都可以向 Funding Circle 借款。(转引自美国政府责任办公室(GAO)的《人人贷——行业发展与新的监管调整》报告)。

[2] 2011 年 11 月,英国的一家 P2P 创业公司 Quakle 倒闭,P2P 金融协会发表声明称 Quakle 并非协会成员,协会的三家 P2P 公司都有严格经营规定,希望能消除公众疑虑。

Regulation Authority, PRA)，负责对各类金融机构进行审慎监管；新设了金融行为监管局(Financial Conduct Authority, FCA)，负责监管各类金融机构的业务行为，促进金融市场竞争，并保护消费者。换句话说，FSA 审慎监管职能和行为监管职能分别由新设立的 PRA 和 FCA 负责，且 PRA 和 FCA 在宏观审慎监管方面都接受 FPC 的指导。银行、保险和某些投资公司等具有审慎重要性的金融机构由 PRA 和 FCA 进行双重监管，其他所有金融机构则由 FCA 单独监管。而 P2P 公司由于其市场规模并没有达到审慎重要性的地步，因此，在改革之后，FCA 便成为 P2P 行业的主要监管者。目前英国在试图从立法上对 P2P 进行监管的同时，FCA 的上级机构(即：英国财政部)也通过与欧盟协商，建立多边协商框架，以符合欧盟对于网络服务，包括保险、支付等的相关制度。

此外，在英国 P2P 借贷行业关系最密切的政府部门还包括 BIS (department for business & skills, BIS)，其宗旨是通过投资于技能和交易培训推动创新和中小企业的发展。BIS 也承担保护消费者的责任。BIS 的职责涉及范围很广，包含商业发展、消费者权利保护、经济增长、贸易投资和监管改革等诸多领域。在对 P2P 问题上，BIS 将 P2P 和资产支持融资及夹层基金一起并列为新的金融产品，并将 P2P 列入 BFP[1](企业金融伙伴计划，Business Finance Partnership Scheme, BFP)，是解决中小企业融资问题的途径，“英国金融市场上有很多金融创新，可以避开传统资金渠道，撮合企业和投资者”，“金融创新能够摧毁旧有的模式，以新颖且有效的方式为企业提供更多的信贷，P2P 就是其中一个例子”[2]。

---

〔1〕BFP 是财政部下的项目，旨在增加费银行渠道的信贷供给，并使企业融资渠道更加多样化。

〔2〕资料来源：2012 年 3 月，由 BIS 秘书长 vince cable 委托保险公司 L&G 的 CEO，英国保险业协会主席 Tim Breedon 带领的行业研究小组做的《增加企业融资来源》(Boosting Finance Options for Business)报告。该报告的核心问题是“为了找到更多资金来源以满足英国企业未来的资金需求，英国可持续的非银行贷款渠道的发展面临哪些障碍”，转引自：美国政府责任办公室(GAO)的《人人贷——行业发展与新的监管调整》报告，http://blog.sina.com.cn/s/blog_5981938f0101jka6.html.

表 国外主要 P2P 网络借贷平台的情况

模式	性质	放贷地区	面向群体	操作模式	防范风险机制
Prosper	中介型	美国	—	Prosper 寻找借贷双方,贷款利率通过竞价获得	美国完善的社会信用体制
Zopa	复合型	英国	—	对借款人进行信用等级划分并据以贷款	分散贷款、划分信用等级、强制按月还款
Kiva	非盈利公益型	发展中国家	收入非常低的企业	批量出借人＋小额借贷	MFI 找寻、追踪、管理企业
Lending Club	复合型	—	—	非竞标模式,根据信用等级确定借款利率	严格的信用认证和分级

资料来源:杨新求,我国 P2P 网络借贷运营模式简析[J],知识经济,2012 年第 5 期。

三、我国 P2P 网络借贷的发展及现状

(一) 我国 P2P 网络借贷的发展背景

1. 互联网、电子商务及电子支付的迅速普及

近年来,我国互联网发展规模和发展速度均呈现超常规发展态势。1995 年,全国仅有 8000 户的上网规模;CNNIC(中国互联网络信息中心)2013 年 1 月 15 日公布的《第 31 次中国互联网络发展状况统计报告》显示,截至 2012 年 12 月,中国网民数量为 5.64 亿,互联网普及率为 42.1%。其中,北京、上海互联网普及率约 70%,已达到北美、西欧、日本和韩国的水平;广东、福建、浙江、天津、辽宁、江苏等省市互联网普及率已到 50%～70%,超过一半的常住居民已转化为网民。

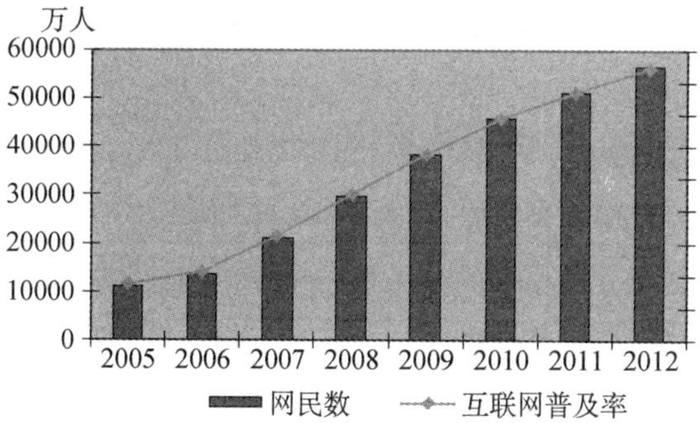

年份	网民增量
2006	2600 万
2007	7300 万
2008	8800 万
2009	8600 万
2010	7330 万
2011	5580 万
2012	5090 万

图　中国网民规模和互联网普及率

与此同时，中国网民互联网应用主要集中在信息获取、交流沟通、电子商务和网络娱乐四个方面。其中，包括购物、支付、网银和团购在内的电子商务应用用户规模整体大幅度上涨。据统计[1]，2012 年网络购物用户规模增长率为 24.8%；网上银行用户规模增长率为 33.2%；网上支付用户规模增长率为 32.3%；旅行预订用户规模增长率为 165.4%；团购用户规模增长率为 28.8%。

表　2012 年中国网民电子商务的网民使用率及规模增长率情况

	网络购物	网上银行	网上支付	旅行预订	团购
网民使用率(%)	42.9	39.3	39.1	19.8	14.8
用户规模增长率(%)	24.8	33.2	32.3	165.4	28.8

资料来源：CNNIC(中国互联网络信息中心)2013 年 1 月 15 日公布的《第 31 次中国互联网络发展状况统计报告》。

互联网的快速发展、电子商务和电子支付的快速普及，使得移动电商和购物社交化呈现爆发式增长，各种近程和远程手机支付手段的普及[2]

[1] 资料来源：CNNIC(中国互联网络信息中心)2013 年 1 月 15 日公布的《第 31 次中国互联网络发展状况统计报告》。

[2] 据 CNNIC(中国互联网络信息中心)2013 年 1 月 15 日公布的《第 31 次中国互联网络发展状况统计报告》，我国 2012 年手机网民规模达到 4.2 亿，占比为 74.5%。

和 3A(Anybody、Anywhere、Anything)模式的交易,不仅改变了人们的消费习惯和支付习惯,而且也对传统金融领域造成了巨大冲击,“自媒体”成为趋势带动“自金融”成为可能(巴曙松、谌鹏,2012)。

表　2011—2012 年中国手机网民电子商务应用使用率情况　单位:%

	手机网上购物	手机在线支付	手机网上银行	手机旅行预订	手机团购
2011 年	6.6	8.6	8.2	4.0	2.9
2012 年	13.2	13.2	12.9	5.9	4.6

资料来源:CNNIC(中国互联网络信息中心)2013 年 1 月 15 日公布的《第 31 次中国互联网络发展状况统计报告》。

2. 我国的“金融压抑”现象

互联网、电子商务和电子支付的快速普及为 P2P 网络借贷平台的发展奠定了技术条件,而我国长期的“金融压抑”(financial repression)现象则赋予了 P2P 网络借贷平台的发展空间。

“金融压抑”与“金融深化”是金融改革过程中互相均衡的两级。20 世纪 70 年代初期,Ronald Mckinnon 和 Edward Shaw 提出了在金融领域内更多地发挥市场机制作用以提高资源配置效率的金融自由化政策,并创立了“金融深化”理论。此后,John Williamson 和 Molly Mahar(1999)在考证金融深化理论的过程中,详细界定并描述了金融自由化的 6 个要素,即:废除银行信贷控制、利率市场化、放宽进入银行业或金融服务业的市场准入条件、银行享有充分自主权且摆脱政府部门干扰、允许商业银行私有化、开放资本项目。纵观我国金融现状,完成上述六个要素的道路仍然是任重而道远。尤其表现在:一是,利率市场化虽然一直在稳步推进,但制度性障碍始终未得到解决。商业银行的存贷款利率仍受人行管制且缺乏足够弹性,使其很难灵活地根据企业风险水平自主确定适宜的贷款利率,也使得商业银行在平衡风险和收益时更容易偏离中小企业的贷款需求。二是,金融业对民营资本基本不开放,且监管层的过度管制使得许多金融创新无法真正“见光”,地下金融大肆泛滥。目前,我国地下金融主要以地下钱庄、借贷经纪人、标会、抬会等民间以及非正规私募基金、理财机构等形式存在,其需求主要来自中小企业融资以及人们日益增长的理财需求。据统计,目前我国个人手中可投资的资产总值已近 70 万亿元,个人资产 1000 万元以上的人群持有的可投资资产高达 20 万亿元[1]。这些巨额资产的管理模式和增值渠道单一使其有强烈动机转入地下金融。2011 年的温州金融危机,揭示了地下金融活动之繁荣。根据《浙江法院民间借贷审判报告》,2012 上半年浙江发生此类案件 5.8 万件,涉 283 亿元。

在“金融压抑”下,我国正规金融机构一直未能有效解决中小企业融资问题,而 P2P 融资模式在一定程度上可以实现民间金融阳光化,且大幅降低信息不对称程度和交易成本,是对现有银行体系的有益补充。

3. P2P 网络借贷平台自身的优势

国内的 P2P 网络借贷平台诞生于 2007 年,目前尚处于初步发展阶段。由于其拥有相对透明的借贷机制,对抵制高利贷、扶持民间创业有积极作用。目前,国内 P2P 网络借贷平台已超过 1000 家。网络借贷之所以能在短时间内发展迅速,是因为:一是,操作简单,门槛低。网络借贷平台主要为借贷双方提供信息发布、资料审核、转账借款、利率计算、按期还款等服务。而用户只需注册成为会员,并提供一系列身份验证后即可在网站上发帖借钱。信用评级的依据也大多只是身份证、户口本、工作证明、照片、劳动合同、固定电话账单、手机详单、工资卡最近几个月的银行流水、营业执照、房屋租赁合同等,与银行复杂的贷款手续相比,更自由、更方便。二是,收益相对较高。一般来说,网络借贷平台的无抵押、无担保的贷款条件以及平均年收益率达 10%～20%,甚至 30%,对投资者而言具有很大的诱惑力。在房地产调控长期僵持、股市持续低迷的背景下,网络借贷成为不少投资者的青睐。

---

〔1〕资料来源:金立新,利用信托引导地下金融阳光化——中国信托业协会专家理事李宪明访谈录[N],金融时报,2012 年 2 月 17 日。

(二) 我国主要 P2P 借贷企业的发展模式及现状

1. 纯线上模式

目前,我国 P2P 网络借贷企业的纯线上模式以拍拍贷、红岭创投、人人贷等为代表。即:企业或平台仅按照"居间合同"对借款人和贷款人提供在线借贷服务,收取手续费和管理费的一种纯中介型 P2P 借贷平台。

(1) "拍拍贷"公司

上海拍拍贷金融信息服务公司原名上海厦众信息技术有限公司,成立于 2007 年,注册于张江高科技园区,是国内较早、上海首家从事 P2P 网络借贷服务的企业,主要为小微企业提供融资信息服务。

"拍拍贷"主要借鉴 Prosper 模式,采用竞标方式来实现在线借贷过程,利率由借款人和竞标人的供需市场决定,且"拍拍贷"对借款人只有信用要求而无抵押要求,对出借人也不承担担保责任,仅按照"居间合同"原则,收取手续费和管理费,是一种纯粹的中介型 P2P 网络借贷平台。

"拍拍贷"公司("拍拍贷"网站 www. ppdai. com)自创立以来,经过一系列摸索,逐步形成了资信评估机构接入、信用风险审核、借贷流程监控、分散借贷以降低风险等运作规范;借贷方式包括一对一、多对一和多对多;贷款利率最高不超过央行基准利率 4 倍;资金通过第三方支付渠道实现划拨和管理,平台方不占用借贷双方资金,以保障资金流动的合法和安全;借贷文化上坚持"网络纯信用无抵押"模式,不靠线下拉业务,不靠抵冲交易量。具体来说:

一是,信用等级的核定。拍拍贷会根据"线下得分"和"线上得分"核定借款人的信用等级,其中,线下得分是根据用户提交的结婚证、工资证明等信息来确定的,包括年龄、学历、工作、收入等因素;线上得分项目包括身份认证、手机实名认证和还款记录等。拍拍贷的信用等级分为 7 级,由高到低依次是 AA、A、B、C、D、E、HR。信用评分的结果将直接影响借款人可借额度的大小和借款成功率。

项目	得分	项目	得分
身份认证	10	按时还款(15 天以内)	每次 1 分
手机实名认证	10	逾期还款(15～60 天)	－2
视频认证	10	逾期还款(2～4 个月)	－5
学历认证	5	逾期还款(超过 4 个月)	－10
资信报告认证	根据情况	资料评估	根据情况
认证年限	5	其他	根据情况

从风险控制来看,拍拍贷的特点主要是:一、要求借款人按月还本付息,这样不仅借款人还款压力分散,且出借人的风险也较小;二、平台引入社会化因素审核信用。即,除了身份证、户口本、结婚证、学历证明等作为信用审核的依据外,网络社区、用户网上的朋友圈的信用等级、网络活跃度等也是借款人信用等级的评判依据之一。正是基于网络活跃度、用户个人身份、银行信用度、财务能力等共同构成了拍拍贷信用评级系统。但是,拍拍贷对借款人并不要求提供抵押,对出借人也不承担担保责任,仅提供平台共出借人和借款人之间进行自行交易,因此,这种模式对出借人有很大的风险。但由于拍拍贷中标利率通常很高,因此,对出借人的吸引力也很大。目前注册用户数超过 80 万,月成交额逾 1200 万元,已为超过 2.5 万家小微企业或个人,提供了近 3 亿元的信贷服务。

根据网站 2008 年—2012 年一季度数据:(1)从借款用途看,主要是满足小微企业及个体经营者自身生产经营活动需要,其中 60%为微型企业,25%为电商网店,15%为借贷消费。(2)从单笔借款金额看,接近 90%的单笔借款金额是小于 5 万元的微型借贷。(3)从客户信用审核机制看,"拍拍贷"要求借款者在线认证或上传视频认证、学历认证、身份证、户口本图片、工资卡或非工资卡银行流水、劳动合同、营业执照等 15 项资料，丰富了对违约者的追溯途径。此外，网站还设定了对借款者的信用历史记录打分机制，积极加强信用管理。

(2) 红岭创投

红岭创投旨在为个人投资者与创业者借贷打造了一个快捷、便利的渠道。红岭创投的利率由公司审核确定，一般高于 15%。红岭创投目前的特色除了专注线上模式外，还开展了本金垫付类的担保业务。红岭创投成立了自己的担保公司，借款人如果超过 10 天不还款，公司会先给投资者垫付本金再去催款。由于承担了风险，公司会到现场考察借款人的资质。

红岭创投于 2009 年初正式上线，截至 2012 年 7 月累计交易金额达 11 亿元，2012 年上半年交易额 5 亿元。2012 年公司净资产 8000 万元，利润 2000 万元[1]。

2. 线上线下结合模式

目前，我国 P2P 网络借贷企业的线上线下结合模式以宜信为代表。即:企业或平台线上平台主要是资料审核、信息发布;线下平台主要是小额贷款公司的模式。

(1) 宜信

宜信卓越财富投资管理(北京)有限公司(简称“宜信”)是国内第一家人人贷公司，也是目前规模最大的公司，成立于 2006 年。其线上主要借鉴 Zopa 模式，根据信用等级确定借款人的利率;线下发展销售队伍向出资人销售理财产品，信贷员审核借款人，保证信息可靠和贷款质量。同时，宜信还同中信信托、五矿信托、吉林信托等合作开发产品，信托产品年收益率一般在 10%～12%。独特的债权转让模式令宜信犹如细胞裂变，规模急剧增长。据英国《金融时报》2012 年 10 月的报道，宜信发展出一个拥有超过 5 万名投资者和 25 万名借款者的网络，促成的借贷交易总额

[1] “红岭创投周世平:网络借贷需要更多监管”,《每日经济新闻》,2012 年 7 月 13 日。

在 20 亿至 30 亿美元之间。

中国小额信贷联盟秘书长白澄宇表示："严格意义上讲宜信并不是 P2P，而是对 P2P 的一种嫁接。P2P 的基本概念是为民间个人信贷提供中介信息服务。"[1]

宜信典型的借贷流程是：一个潜在的借款人通过网站或电话提交借款申请后，宜信的工作人员将与之面谈，通过综合考察其身份的真实性、收入状况、职业稳定性、居住稳定性、社交网络稳定性等，进行风险评估。但宜信并不为借款人的还款行为提供担保，一旦借款人违约，宜信会通过后续的信用教育、电话沟通、上门沟通、律师函等方式向借款人催款，同时从"还款风险金"中提取一定额度补偿出借人。宜信设有还款风险金池，由宜信从自身服务费用中提取部分金额存入专用银行账户，用于投资人的利益保护。但宜信对借贷业务并不提供担保，赔付金额范围仅限定在风险金池的范围内。

(2) 速贷邦

江苏省首创的第三方(P2P)投融资信息服务平台，一经推出即获市场认可。其采用的主要是以抵押为主的线下中介服务平台模式。即：借款人和出资方基于平台提供的信息达成借贷意向，在平台的安排下见面商定包括时间、利息、抵押等借款事项。借款人须有房产、汽车、股票等且将其物权抵押给出资人。中小企业主必须以个人名义和资产进行抵押。平台公司则帮助办理抵押等相关事宜，以收取服务中介费为主。

3. 助学平台模式

该模式类似于国外的 Kiva 模式，具有一定的公益性。国内以齐放网为代表。

齐放网是一家互联网行业内的社会企业，2008 年 7 月在上海成立，

[1] "宜信模式：P2P 贷款平台起家向财富管理转型"，《陆家嘴》，2013 年 6 月 17 日。

其运作模式的核心是小额信贷开放式助学平台，因此，齐放网面对的主要是大学生，并将目标锁定在能交学费但需要参加大学之外教育培训和投资的学生。齐放网的借款者主要来自与齐放网合作的高校，学校与齐放网共同承担风险。当学生借款成功后，钱不会直接划到学生的银行账户，而是先转到学生所在学校的账户，再由学校将这笔钱发给借款学生，保证了借贷的真实使用。齐放网提供给贷款人的年利率为5％～15％。

4. 陆金所模式：金融机构设立的 P2P 平台

上海陆家嘴国际金融资产交易市场股份有限公司（简称“陆金所”），成立于 2011 年 9 月，是中国平安保险（集团）旗下的网络投融资平台，主要致力于为中小企业提供融资渠道，为个人提供新型投资理财服务。其运作模式是：陆金所作为连接借款者和出资者之间的平台，发布投资服务信息，同时寻找第三方担保公司或 AA 级以上的核心企业提供担保。简言之，陆金所的模式是“平台＋担保”，且担保是其核心。目前，陆金所的担保机构主要是平安旗下的担保公司，即：平安融资担保（天津）有限公司。

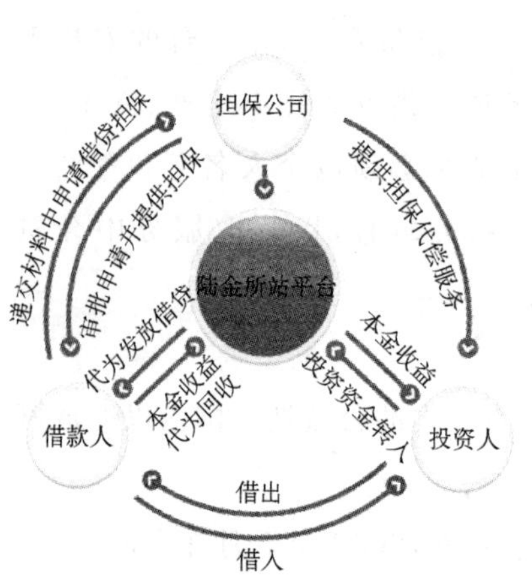

图 陆金所模式

可见，陆金所模式的核心是平安担保的风控能力。陆金所平台的发展将受到平安担保的风控能力和速度制约。如果平安担保所收取的费用高于平台操作项目的坏账率，则平台盈利；反之将亏损。同时，如果平安担保的业务审核速度不够，也将抑制投资人对陆金所项目的出资兴趣。陆金所模式依托的是平安集团的品牌、风险管控能力和整体实力。其他 P2P 平台很难进行模仿。

陆金所网贷业务模式:一对一个人借贷,平安担保

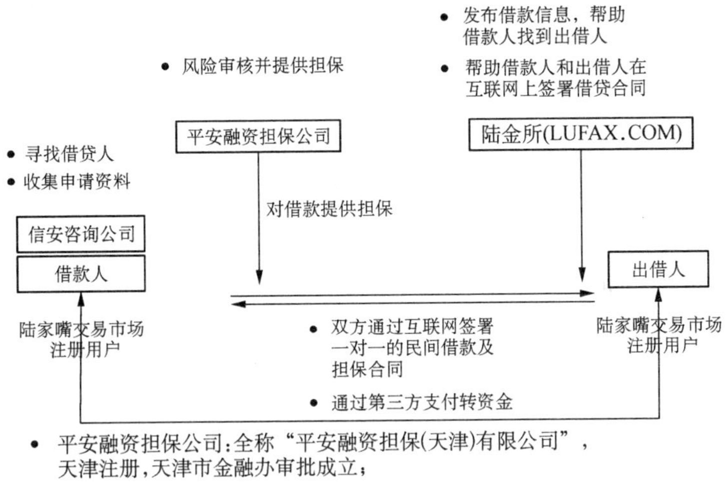

5. 阿里金融模式

阿里小贷成立于 2010 年,是中国首个专门面向网商放贷的小额贷款公司。阿里小贷最大的优势在于信息优势。阿里小贷与阿里巴巴、淘宝网、支付宝底层数据完全打通,通过交易数据评估客户风险,创造了“小贷+平台”的融资模式。借助阿里金融现有的电商后台系统和“诚信通”信用审核机制,可以大大降低审核成本。据披露[1],2012 年上半年,阿里金融累计向小微企业投放 170 万笔贷款,贷款总额 130 亿元,实现单日利息收入 100 万元。

阿里小贷放出的贷款直接打到支付宝账户中,使得阿里小贷可以监控资金的流向。与银行贷款模式相比,缺乏实物抵押的阿里小贷的不良率仅 0.7%,低于银行业 1%的不良率水平[2]。

---

〔1〕巴曙松、谌鹏,互动与融合:互联网金融时代的竞争新格局[J],中国农村金融,2012 年第 24 期。

〔2〕数据来源:由曦、宋玮、刘琦林、袁满,交战互联网金融[J],财经,2012 年 10 月。

表　国内主要 P2P 网络借贷平台

平台名称	成立时间	总部所在地
拍拍贷(ppdai)	2007 年 8 月	上海
宜信(creditease)	2007 年 10 月	北京
红岭创投(my089)	2009 年年初	深圳
天使计划(zt15)	2008 年 10 月	云南邵通
365 易贷(eloan365)	2009 年年底	南京
e 速贷(esudai)	2010 年年初	广东惠州
人人贷(renrendai)	2010 年 9 月	北京
开开贷(kaikaidai)	2010 年	青岛
畅贷网(51qian)	2010 年	上海
给力贷(gldai)	2011 年年初	桂林
乐融巴巴(Irbaba)	2011 年 3 月	乌鲁木齐
你我贷(niwodai)	2011 年 6 月	上海
蚂蚁网(mayi179)	2011 年 7 月	重庆

表　国内主要网贷模式比较

所属平台	阿里金融	宜信/证大	陆金所	拍拍贷
注册资金(元)	16 亿(两家小贷)	500 万/1000 万	4 亿	105 万
放款模式	由阿里小贷放款	P2P,1 对多	P2P,1 对 1	P2P,1 对多
放款资金来源	小贷资本金、信托合作	线下以理财产品/计划方式募集放款资金	投资人线上直接出借	投资人线上直接出借

(续表)

所属平台	阿里金融	宜信/证大	陆金所	拍拍贷
借款费用	年化利率:18%	月利率:0.54% 手续费:11%左右(风险定价)	年化利率:8.4%~8.61%(央行同期利率上浮40%) 担保费:风险定价	年化利率:1%~24.4% 手续费:2%~4%
投资保障方式		从每笔借款提取2%作为风险补偿基金	由融资担保公司对出借人的本息全额担保	出借人自行承担坏账风险

四、我国 P2P 网络借贷的发展瓶颈及风险剖析

(一)我国 P2P 网络借贷的发展瓶颈

1. 法律制度不完善

目前,对 P2P 平台这一新兴事物,国内相关法律法规尚不完备,政策导向尚不明确。虽然 P2P 网络借贷发展迅速,对缓解当前小微企业融资难、推进经济转型发展具有积极意义,但其业务性质尚处于模糊地带,缺乏金融监管部门发放的正规牌照,经营面临诸多不确定因素和风险。

2. 征信体系不健全

由于 P2P 平台主要是无抵押贷款模式,对借款人的征信评估非常关键。但是目前中国的征信体系建设还非常滞后,总体信用环境较差,且 P2P 信贷平台无法接入央行征信系统,主要依据公安部"公民身份认证信息系统""国家教育部学历学位系统"等 20 余个数据源对借款人进行资信审核,审核成本高、效率低,一旦出现坏账或违约,缺乏对借款人还款的有效约束。征信体系不健全,也意味着借款人并不是非常关注自己的信用,违约成本低。

3. 不规范竞争

由于 P2P 业务进入门槛相对较低,出现了爆炸式增长态势。同时,该业务一直未被纳入监管,缺乏必要的标准和风险防范机制。虽然都打

着 P2P 的旗号，但不同公司的业务模式存在很大差异，且由于该行业尚处于快速创新阶段。因此，一些不规范的竞争难以避免，甚至可能出现非法集资、资金挪用、恶意欺诈等违法违规行为。这也是该行业发展面临的重要挑战。

（二）我国 P2P 网络借贷的主要风险分析

虽然人人贷公司大多采用与出借人风险共担的机制。如，宜信会从出借资金总额中抽出贷款总额的一部分（2%）作为还款风险金，但如果超过风险金额度，责任由出借人承担。因此，人人贷的风险点依然存在。

2011 年 8 月 23 日，银监会办公厅下发了《关于人人贷有关风险提示的通知》（下称《通知》），认为人人贷是信贷服务中介公司。这类中介公司收集借款人、出借人信息，评估借款人的抵押物，如房产、汽车、设备等，然后进行配对，并收取中介服务费。在当前银行信贷偏紧的情况下，人人贷中介服务主要存在 7 大类的问题和风险：1. 影响宏观调控效果。在国家对房地产以及“两高一剩”行业调控政策趋紧的背景下，民间资金可能通过人人贷中介公司流入限制性行业。2. 容易演变为非法金融机构。由于行业门槛低，且无强有力的外部监管，人人贷中介机构有可能突破资金不进账户的底线，演变为吸收存款、发放贷款的非法金融机构，甚至变成非法集资。3. 业务风险难以控制。人人贷的网络交易特征，使其面临着巨大的信息科技风险。这类中介公司无法像银行一样登录征信系统了解借款人资信情况，并进行有效的贷后管理，一旦发生恶意欺诈，或者进行洗钱等违法犯罪活动，将对社会造成危害。4. 不实宣传影响银行体系整体声誉。如一些银行仅仅为人人贷公司提供开户服务，却被后者当作合作伙伴来宣传。5. 监管职责不清，法律性质不清，人人贷的性质也缺乏明确的法律、法规界定。6. 国外实践表明，这一模式信用风险偏高，贷款质量远远劣于普通银行机构。7. 人人贷公司开展房地产二次抵押业务同样存在风险隐患。近年来，房地产价格一直呈上涨态势，从而出现房地产价格高于抵押贷款价值的现象，一旦形势发生逆转，就可能对贷方利益造成影响。同时，人人贷中介公司为促成交易、获得中介费用，还可能有意高估房产价格，严重影响抵押权的实现。

可见，监管层的视角除了集中在 P2P 平台本身风险外，还从审慎监管的角度给投资者予以风险揭示之用。事实上，作为平台的一种，P2P 平台本身的风险无外乎经营不善导致入不敷出，平台无法存续；以及交易制度设计不合理或信息审核不到位而导致大量借款人无法收回借款而牵连平台用自有资本金进行偿还等风险。

1. P2P 网络借贷平台及放款人的风险

1.1　平台自身的风险

由于目前 P2P 市场发展迅速，各家公司都在努力“拼规模”，特别是一些得到风险资本支持的公司。在规模导向的短期目标驱使下，风险控制可能被严重忽视。这将给该行业的发展埋下很多不定时炸弹。

因为目前成立一家网贷公司几乎没有门槛，只需拿到工商局的营业执照，并在工信部备案即可。P2P 行业实际上是“三无”：无准入门槛、无行业标准、无机构监管。目前，该行业已发生“优易网[1]”、“安泰卓越[2]”、“天使计划[3]”、“淘金贷[4]”等平台圈钱跑路等事件。一旦平台出事，由于涉及的投资者人数众多，容易引发群体性事件。平台创始人跑

---

[1] 2012 年 12 月 21 日，“优易网”突然跑路。截至 12 月 25 日，已有 2000 元万元资金被套(资料来源：董露茜，P2P 网贷生死之间[J]，新财经，2012 年 1 月)。

[2] 2012 年 12 月 17 日，“安泰卓越”网站停止运转，截至 12 月 17 日下午，受害人被骗资金超过 130 万元(资料来源：董露茜，P2P 网贷生死之间[J]，新财经，2012 年 1 月)。

[3] 国内最早一批网络贷款平台“天使投资”在 2011 年 10 月突然不能登录，时隔一年后，在平台上投资超过 600 万元的资金仍未能追回。

[4] 2012 年 6 月，“淘金贷”以“秒标”方式圈了超过百万资金后跑路。所谓“秒标”主要是指发放高收益超短期的借款标的，放贷人拍下后马上就能回款。淘金贷公司的“秒标”是 50 万元的标，每笔投资最高限制 3888 元，投满后公司立即付本金与利息，利息为 8.88%，同时额外获得 0.28%的奖励。中央财经大学金融法研究所所长黄震认为：“秒标”已脱离借贷本质，是向不特定公众发放的类似于发债类的证券产品，往往超过法律允许的民间借贷范围。目前找不到任何法律依据来支持网贷平台使用“秒标”的营销行为，如果在有关方面提示风险之后继续下去，则有涉嫌非法集资的法律风险。

路，或者是因为经营不善，或者是出于恶意欺诈。贝尔创投是虚构了借款人，然后运用如充值 100 万元奖励 1 万的方式，共骗走投资人 300 多万元。而淘金贷则是通过放秒标一共吸收了 100 多万元的资金然后跑路。

根据红岭创投创始人的分析，“他们可以花几万块钱做个网站给自己授信，然后借投资人的资金，如果经营或者投资赔钱了，就再虚拟一个账号，可以这样子无止境地做下去，在这个泡沫破灭之前是很难有人察觉的。光是在红岭创投借不到钱的借款人出去开的这种平台就不下 5 家，其中还有一家跑路的。网贷平台现在越来越多，这种业务模式的风险也就越来越大”。[1]

1.2 信用风险

目前，国内的 P2P 信贷平台存在多种经营模式，模式不同风险也不同。纯线上的 P2P 借贷平台，严格来说，仅是为借贷双方提供信息服务，协助双方达成交易，而不参与交易。因此，线上的 P2P 借贷平台不是金融机构，仅是咨询机构，其风险主要在于信息的真实可靠性。P2P 网贷平台业务主要是无抵押无担保和纯信用的业务，且主要针对小微客户的小额贷款服务。在获取高收益的同时，相对风险也是比较高的。虽然在实践中，P2P 网贷平台常常建议客户采用小额分散投资的方式控制风险，但在客户源头评估上，仍需合适的信贷技术和线下尽职调查。

在目前我国个人征信体系不完善和不开放的现状下，借款者和评估方之间信息极度不对称，数据的准确性和完整性十分不足。由于 P2P 公司没有资格接入央行征信系统，对客户资信的评估成本高、效果差。此外，由于不同的 P2P 公司之间没有信息共享机制，一个借款人可以同时从多个 P2P 平台融资，从而使得借款总额大大超过其风险承受能力。这是一个很大的漏洞。

与此同时，虽然线下尽职调查服务和信用分析服务可以减少信用

[1] “红岭创投周世平：网络借贷需要更多监管”，《每日经济新闻》，2012 年 7 月 13 日。

风险，但成本较高，使得很多P2P网贷平台无法严格进行线下尽职调查，风险也因此有所上升。据估计，P2P网贷平台坏账比率极难达到1%以下，普遍在2%左右，有些平台也可能达到5%以上的坏账率。且线下销售和尽职调查的费用（包括相应员工工资）约占整体费用的一半以上[1]。总体而言，在我国信用体系不完善的情况下，信用风险始终伴随在P2P借贷的全过程，即：审核阶段、资金转账阶段、借款使用借贷、还款阶段。

（1）审核阶段

目前P2P借贷平台仅通过电话、网络及其他渠道对借款人的基本信息进行调查，但关键的借款人信用、经营状况和贷款用途等要素往往缺失。且某些P2P借贷平台的资料并不需要提供原件，真实性难以得到有效保证。网络交易的虚拟性使得很难评价借贷双方的资信状况，极易产生欺诈现象。

同时，从借款人的情况来看，P2P借贷平台上借款人不用提供任何抵押，借款人的资料和借款用途仅通过网络验证这一手段很难保证其可靠性，蓄意造假的难度较低，很容易出现冒用他人材料、一人注册多个账户骗取贷款的情况；此外，虽然大多网络借贷平台都表示会对贷款者的借款用途进行审核，但实际操作中很难掌控借款者借入资金的实际流向，且借款人多属低收入和贫困人群，信贷风险明显高于其他金融机构。同时，借贷平台和投资方均对逾期不还的借款人缺乏追债手段，使借贷风险的发生缺乏法律保护。此外，由于P2P平台公司之间缺乏信息共享机制，一些借款人可以同时在多个P2P平台申请借款，从而导致单个P2P平台难以准确评估借款人的真实还款能力。

（2）资金转账阶段

一般来说，网络借贷资金并不是由出借人的账户直接转入借款人账

---

[1] 数据来源：P2P借贷平台：性质、风险与监管，http://blog.sina.com.cn/s/blog_cb235baa0101b4c9.html.

户，必须通过网络平台或第三方电子支付的形式实现周转。通过支付宝转账，网络信贷平台借贷双方发生的是借贷关系，只是套用了支付宝的担保信用额度；通过网络平台转账，网络借贷平台往往用作出借人和借款人转账的中间账户，网络信贷平台经营者在某个时期能控制平台内的大部分滞留资金。如果网络信贷平台经营者通过虚拟账户和在途资金，将沉淀的大量客户资金用于风险较高的投资活动，可能引发流动性风险、信用风险和操作风险，而且加大了洗钱、套现、赌博和欺诈等非法活动的风险。

(3) 借款使用阶段

由于信息不对称程度较高，尤其是严重的道德风险的存在，P2P 网络借贷平台借款者资金使用情况容易出现与借款申报所登记的用途不一致的现象。在实际操作中，P2P 网络借贷平台又很难监管资金使用情况，相关借款原因的审核也是形同虚设，使得借款可能流向股票、彩票等高风险投资。

(4) 还款阶段

多数 P2P 网络信贷平台并不要求在借贷过程中有抵押，完全是建立在过往信用基础上的借贷，缺乏对借款人的有效制约。同时，在欠款追讨方面，由于 P2P 网络借贷的借款金额相对较小，运用法律等手段的成本太高，使得欠款追讨往往实际操作很难，信用风险难以掌控。

1.3 收益风险

目前，我国 P2P 借贷模式的年收益率存在较大的差距(6%—24%不等[1])，一旦借款人出现信用危机，出借人收回本息的可能性将大大降低，从而出现较大的收益风险。虽然目前大多 P2P 借贷平台都宣传和强调"公司拥有完善的保障体系，一旦出现坏账的状况，公司会有一定的补偿"，也有一些公司宣传"建立了保证金制度，发生坏账后，公司会全额赔付"，但由于出借的资金缺乏有效监管，且一旦出现大面积坏账，企业自有资金或者

[1] 王晓哲，"人人贷"风险扫描[J]，理财，2011 年 12 期。

保证金可能已不能有效地提供保障。同时,由于 P2P 借贷平台投资者的知识结构、非金融从业背景,使得投资者在某些概念上容易造成误解,从而对其未来收益的预期过高,加大收益风险。如,某些 P2P 借贷平台是固定收益模式,但这并不意味着是固定收益保障,也不意味着保本保息承诺。

1.4 法律风险

一是洗钱风险。反洗钱工作的基础是通过金融机构报送可疑交易,而目前 P2P 网络借贷平台主体并没有实现客户身份识别的手段,也没有履行交易记录保存和可疑交易报告等反洗钱责任;同时,网络借贷平台缺乏对资金使用情况的监管,只要客户能按时还款即可,而相关借款原因的审核流程形同虚设。因此,由于信息披露与交易记录上报机制缺失以及借贷款用途审核不严,使得 P2P 网络借贷平台很容易成为不法分子洗钱的渠道之一,极易引发洗钱风险。尤其是在目前多数网络借贷平台都是通过第三方支付来完成资金转账,网络借贷平台本身是处于隐蔽性的状态下,这种网络环境的虚拟性更增加了监管部门对资金流向追踪的困难。

二是,非法集资风险。由于网络借贷平台无法掌握贷款人的资金流向,且行业门槛低又无外部监管,P2P 中介机构有可能突破资金不进帐的底线,演变为吸收存款、发放贷款的非法金融机构,甚至变成非法集资。有些 P2P 网络借贷平台以理财产品代理人的角色从事融资和投资活动。如“线下债权转让模式”就是其中的一种做法。具体是指:公司 CEO 以个人名义借款给资金需求方,再将债券打包成固定收益产品后,销售给投资理财客户。这种行为在一定程度上已突破了 P2P 网络借贷平台作为信息中介的原本定位。

2. 借款人的视角

与传统信贷渠道一样,P2P 网贷平台上的借款者往往也会面临含糊或具有误导性的信贷条款、强制性或歧视性信贷条件。同时,P2P 网贷平台的借款人可能面临隐私泄露的风险。借款者为了成功借到款项往往被鼓励公布尽可能多的个人信息。虽然很多 P2P 网贷平台采用了匿名方式公布借款人信息,且采取措施阻止借款人上传更多可鉴别身份的个人信息,但借款人选择公布的信息经整合后往往可以判断出其本人身份,个人隐私往往容易被暴露,从而带来隐私风险。一些网络借贷平台,为了惩罚那些未能及时还款的借款人,甚至采取公布其个人隐私信息的做法(例如个人通话详单、银行账户流水以及借贷者亲属的信息)。尽管平台也是不得已为之,但从法律角度审视此类行为本身就存在违法的嫌疑。[1]

(三) P2P 网络借贷平台的延伸模式的风险

1. P2P 网络借贷平台的延伸模式

标准的 P2P 网络借贷平台是为借贷双方发生直接的债券债务关系提供相应的信息、交易撮合等服务的。目前国内一些 P2P 网络借贷平台进行了延伸,出现了"基于 P2P 的小贷担保"和"专业放款人与债权转让"这两种延伸模式。前者主要是为了满足投资者的安全性要求增加了"担保性"条款;后者则是为了能更好地连接借款者的资金需求和投资者的理财需求,能主动地、批量化地开展业务,而不仅仅局限在被动匹配。

(1) 基于 P2P 的小贷担保模式

基于 P2P 的小贷担保是指当借贷双方直接签订借贷合同后,P2P 网贷平台承诺以自有资金为投资人提供本金(及利息)保障,通常采用平台先行垫付或购买坏账合同,以及引入其他担保机构等形式。

(2) 专业放款人与债权转让结合的模式

专业放款人与债权转让结合是指借贷双方不直接签订债权债务合同,而是第三方先行放款给资金需求者,然后再由该第三方将债权转让给投资者。在这一过程中,P2P 网贷平台常常为该交易过程提供服务。

专业放款人与债权转让结合的模式涉及变相吸收公众存款的问题。在该模式下,投资者和借款人在金额和期限需求上并不是一一匹配的,这不可避免地引发金额错配问题和期限错配问题,并且在法律合规等方面

[1] "拍拍贷曝光逾期用户信息,讨债靠曝光个人隐私",《每日经济新闻》,2012 年 09 月 29 日。

也存在一定的潜在风险。

2. 延伸模式的主要风险

P2P 网贷平台延伸模式的风险除了包含前述的信用风险、收益风险、法律风险、系统风险外,最重要的是存在关联风险。

关联风险主要包括机构关联风险和业务关联风险。其中,(1)基于 P2P 的小贷担保模式中,或者采用关联公司为 P2P 平台投资者担保的形式,或者 P2P 网贷平台身兼担保责任,但无论哪种方式,风险仍在机构内部,并没有进行分散和转移,很容易引发关联风险,尤其是在担保主体实力不匹配的情形下,更容易引发杠杆风险。目前,我国《融资性担保公司暂行管理办法》中明确,担保公司的杠杆不得超过 10 倍。而我国目前 P2P 网贷平台往往净资产都很低,有的只有数十万,而贷款余额大多超过数百万,甚至上千万,往往都超过 10 倍杠杆的要求。因此,其本金保障的可行性不足,风险过大。(2)专业放款人与债权转让结合的模式中,内部业务和机构之间的关联性更高、更复杂,往往形成内部循环。尤其是当 P2P 网贷平台、专业放款人账户、信用审核及评级机构、投资者(理财)服务机构、借款人服务机构均为同一控制人时,关联性极高。也就是说,在这种情况下,客户挑选、信用审核、资金结算、债权转让、逾期追偿等行为都是由关联性很强的机构完成,在没有引入第三方机构的情况下,这种内部循环模式将很容易引发风险。

五、我国 P2P 网络借贷的监管现状、必要性及可行性

(一) 我国 P2P 网络借贷的"真空"监管的现状

目前,网络借贷从制度环境来看,我国信用体系尚未建设完善,个人信贷更是处于法律空白地带;从平台运作实践来看,品质参差不齐,平台资质难以界定;从监管来看,由于平台运作交易虚拟化,风险控制和内控管理均有明显弱化倾向,更有甚者将走向非法集资、网络高利贷、金融诈骗的深渊,给监管带来一定难度,也使得监管者有"监管厌恶"倾向。因

此，目前我国网络借贷仍处于监管的“真空”状态。

目前监管真空的出现，一方面是金融创新领先于金融监管的自然结果，另一方面也是严格的分业监管体制导致这些金融创新难以纳入原有的框架。

作为一种民间借贷形式，国内网络借贷平台唯一可以遵循的法律依据是：1991 年《最高人民法院关于人民法院审理借贷案件的若干意见》规定，民间借贷的利息可适当高于银行利率，但最高不得超过同期银行贷款利率的 4 倍，超出部分的利息法律不予保护。

（二）实施监管的必要性

P2P 网络借贷的兴起，在一定程度上实现了地下高利贷的透明化，并获得了爆炸式增长。但由于 P2P 网络借贷涉及的投资者人数众多，借款人承担的利率远高于银行贷款利率，客观上存在较大坏帐风险。在现阶段的投资者缺乏“责任自负”观念的情况下，一旦出现问题很容易引发群体性事件。通过及早实施必要的监管，可以大大降低该行业的风险。

从第三方电子支付行业兴起与纳入监管的过程来看，在 P2P 网络借贷发展初期，监管部门采取观望态度是有一定道理的：一是因为行业发展初期创新、变化速度很快，监管难度较大，过早监管又可能束缚其发展；二是行业发展初期规模较小，缺乏监管的规模经济，而且即使出了问题社会波及面也不会太大。但是一旦某项金融创新达到一定规模，出现较为成熟的模式，监管部门就应该及时介入。“用小客户的钱，需要严格监管”，P2P 业务正符合这一金融监管的原则。小客户风险承担能力弱、风险识别能力差，应该借助金融监管进行适当保护。

（三）对我国 P2P 网络借贷监管的可行性

网络技术的发展催生了新的融资方式，同所有的影子银行体系一样，P2P 贷款也带有了强烈的金融创新性质。但是，银监会对 P2P 贷款平台的反应是：认为人人贷“容易演变为吸收存款、发放贷款的非法金融机构，甚至变成非法集资”。对于这种非“体制内”的金融，常常被认为是“非法金融机构，非法集资”。

但是，不实施监管不代表存在法律障碍，也不代表不能有效监管。P2P 网络借贷平台的合法性是存在的，不存在法律上的监管障碍。因为，P2P 贷款是在个人借贷的基础上发展起来，从机构的角度看，它严守着个人借贷的边界，各种业务活动都以个人的名义出现。从业务上来说它触及了发放贷款的行为。我国《银行业监督管理法》第十九条规定:未经国务院银行业监督管理机构批准，任何单位或者个人不得设立银行业金融机构或者从事银行业金融机构的业务活动。但个人借贷在我国历来得到允许，并非银行的专营业务。其运营的合法性在我国的现有的法律体系中并不存在障碍(封延会、贾晓燕(2012)。

(四) P2P 网络借贷平台存在接受监管的客观需求

我们在调研中发现，大多数 P2P 网络借贷平台对该行业不规范的竞争格局表示忧虑，因为这可能破坏整个行业的健康发展。第一，由于进入门槛较低，个别公司藉机进行欺诈活动，有可能引发投资者对 P2P 网络借贷业务的信任危机;第二，个别公司通过突破非法集资等法律边界获得快速发展，一旦出现大的问题，整个行业的发展可能都会遭遇打压;第三，由于缺乏必要的行业标准，在该行业仍处于“跑马圈地”阶段的情况下，一些公司盲目扩张、缺乏应有的风险控制与管理体系，一旦出现倒闭，整个行业也将受到冲击。因此，大多数公司都希望接受一定的监管，以确保该行业的公司能健康竞争，避免无序发展导致行业最终陷入困局。红岭创投创始人表示，“目前单靠道德的约束是很难规范这个行业的，有更多的监管和规范才能走得更远”。

六、我国 P2P 网络借贷平台“适度”监管的政策建议

(一) 明确“谁来管”

关于监管，我国向来是“谁审批谁负责”。目前，关于 P2P 网络借贷

平台并没有明确的监管主体,业界呼声很高的《放贷人条例》也迟迟未推出,央行和银监会又始终未将 P2P 网络借贷平台纳入其监管范畴。因此,工商局负责注册并查有没有违法经营;银监局查放贷利率是否违规;公安局查有没有发高利贷,"都想管,又都怕管"的监管格局使得想规范发展的 P2P 网络借贷平台始终面临着政策风险。因此,要规范发展 P2P 网络借贷平台,明确"谁来管"应是最先启动的监管流程。

由谁来监管,应该从其业务本质和监管便利性来考虑。第三方电子支付之所以纳入央行,是因为其本质属于支付业务,而支付业务的监管明确属于央行。从小额贷款公司的监管来看,则采取了由银监会、央行联合监管的模式,因为除了银监会、证监会、保监会明确监管的金融机构外,其他非银行金融机构纳入央行管理。但是从业务本质来看,小额贷款公司的业务又与银行类似。因此采取了央行、银监会联合监管模式。

我们认为,P2P 网络借贷平台的情形与小额贷款公司更为类似,应由央行、银监会协同监管,联合制定管理办法。但在中央统一出台管理办法之前,上海等 P2P 网络贷款公司较为集中的省市,可以由地方金融办先行试点监管。例如,2008 年银监会、央行联合发布的《关于小额贷款公司试点的指导意见》就明确提出:"凡是省级政府能明确一个主管部门(金融办或相关机构)负责对小额贷款公司的监督管理,并愿意承担小额贷款公司风险处置责任的,方可在本省(区、市)的县域范围内开展组建小额贷款公司试点。"因此,地方金融办对 P2P 网络借贷平台监管的试点,也可以为中央统一监管积累经验。

(二)把握"怎么管"

明确了监管主体后,面临的首要问题就是监管原则。互联网金融的监管以行为监管和金融消费者保护为主,审慎监管将被淡化(谢平,2012)。因此,在对 P2P 网络借贷平台进行监管时,应准确把握其概念内涵,从概念内涵中把握"怎么管"。

我们认为,对 P2P 网络借贷进行监管的总体原则是:鼓励创新、控制风险。也就是说,既要防范风险,但也要避免管的太多太死束缚该行业的发展与创新,甚至导致监管寻租行为。为了实现这样的“适度监管”,应把握以下具体原则:1)法律关系:P2P 网络借贷平台应该立足于信息中介定位,发挥信息发布、交易撮合的核心功能,避免直接与投资者或借款人发生债权债务关系;2)避免非法集资:为帮助投资者分散风险,一些 P2P 平台将单个投资者的资金分散借给多个借款人,而单个借款人也从多个投资者处获得资金。这种机制具有一定的合理性,但可能触发非法集资。我们建议,可以考虑对单个借款人提供贷款的投资者人数上限作出规定(例如不得超过 10 人);3)风险承担与收益分配对称:在这一业务中,投资者、P2P 平台、担保公司都承担一定的风险,相应地,风险与收益分配应该对称。P2P 平台对投资者承受的风险应进行客观、充分的揭示,并通过风险准备金、本金担保等机制实现风险的合理分担。只有实现了风险与收益的对称,才能实现可持续的发展,避免风险过度积累。4)参考银行业监管经验,对 P2P 平台建立风险准备金、最低注册资本、资本充足率等监管标准,降低偿付能力风险。5)透明度原则:无论是美国的次贷危机,还是中国理财产品市场出现的风险,透明度低都是风险积累的重要原因。P2P 监管应坚守透明度原则,即投资者应该对借款人情况拥有充分的信息。平台的创新不能突破这一原则。

(三) 清晰“管什么”

科学的监管需要寻求操作上的可行性。

1. 尽快出台具有可操作性的法规和细则

建议尽快制订《P2P 网络借贷业务管理办法》,管理办法应具体化、可操作。如,在用户识别环节,应对用户身份、资信状况、借款用途、业务范围等进行了解和审核,并应规定在业务关系存续期间及时更新用户的身份信息资料;在资金管理环节,对网络平台滞留资金有相应的管理条例外(建议规定滞留资金必须第三方托管。目前虽然大多数平台与第三方电子支付有合作,但第三方电子支付并不承担资金监管的义务),要求网络平台内部建立严格的内控制度，明确资金转账流程，且企业要定期向监管部门报送资产负债表，接受监管部门的监督；在业务过程中，有关各方法律关系的明确等等。

2. 细化 P2P 借贷平台的制度建设

一是，建立 P2P 网络借贷平台的实名制。目前，平台对借款人资质审查较为严格，而对投资者的身份审查较为宽松。P2P 网络借贷平台具有客户注册门槛低、手续简单、转账交易便利快捷等特点，更容易成为不法分子洗钱的渠道之一，因此，应该明确要求实行实名制，对参与者身份进行严格的认定。

二是，建立 P2P 网络借贷平台的反洗钱机制。网络借贷平台应当承担必要的反洗钱义务，在客户开户、注册阶段充分了解客户的身份资料、行业背景、风险级别，尤其应在客户交易的整个过程中持续予以跟踪和关注，并采取必要措施将用户身份资料和借贷信息保存一定期限，并建立可疑交易报告报送机制，通过信息报告与备案制度、现场和非现场检查制度及信息安全审核制度，在网络环境中方便相关部门及时发现洗钱风险，消除洗钱隐患。

三是，建立 P2P 网络借贷的征信体系。P2P 网络借贷平台健康发展的关键是控制风险。平台通过自身的规范管理来解决借贷双方信息不对称和基础信用制度设计方面的问题是必要的。鉴于我国目前自然人征信制度有待完善，加强网络借贷平台的征信体系建设，也应是政府部门监管的重点。建议政府应推出相应的政策措施，尽快允许网络借贷平台与央行征信中心建立联系，实现信用数据共通，从而进一步提升民间信贷活动的安全性、便捷性和规范性，同时，民间信贷信用信息也可对央行征信体系起到补充作用。

四是，建立 P2P 网络借贷平台的安全技术与指标体系。P2P 网络借贷平台的风险易发生在资金转账过程中，需要利用技术手段来解决资金安全问题。政府监管部门应鼓励平台加强安全技术与指标体系建设，加强网络借贷平台数据库和应用层面安全体系建设。或者政府监管部门可参照商业银行的资金安全手段，出台相应的安全指标，采用多种技术手段，保障用户信息安全。

3. 加强行业自律建设

2011 年 10 月 17 日，宜信、贷帮、人人贷发起“小额信贷服务中介机构联席会”，并发布了《小额信贷服务中介机构行业自律公约》；2012 年 12 月 20 日，国内首家网络信贷服务业企业联盟[1]在上海成立。但这些仅是个别企业自发形成的，尚未形成全国统一的、正规的行业协会，而其业务性质却是全国性的。因此，应在此基础上，着手建立全国性的 P2P 网络借贷行业协会，从而更好地搭建监管部门与企业直接的桥梁，更好地协调、监督行业的行为，促进行业的健康发展。为此，可考虑：

一是，提高财务数据的透明度。目前，国内 P2P 平台往往仅强调自身平台的安全性，但对于诸如流动性指标、坏账率指标等核心指标往往并不披露。因此，行业协会应要求 P2P 网贷平台提高财务数据透明度，在不涉及商业机密的情形下，要求 P2P 网贷平台和专业放款人及时、定期发布与投资者资金安全相关的数据信息。

二是，合理界定 P2P 平台的业务范围。P2P 网贷平台本质上应是为借贷双方提供信息服务，不应过多地介入其他业务中。因此，行业协会应合理界定 P2P 平台的业务范围，对其关联性业务进行合理切割，避免业务的内部循环，从而保持风险审核和资产评级的独立性。

三是，加强投资者风险说明工作。行业协会作为自律组织，应要求 P2P 网贷平台做好投资者说明工作，避免平台为吸引更多投资者而片面夸大其安全性的做法；同时，尽量提高信息的对称性，培养具有风险识别

---

[1] 2012 年 12 月 20 日，上海金融信息服务业年度峰会暨网络信贷服务业企业联盟成立，该联盟隶属于上海市信息服务业行业协会，首批吸纳了上海陆家嘴国际金融资产交易市场股份有限公司、拍拍贷、融道网、诺诺镑客、财金金融、维诚致信、资金管理网、融 360、你我贷、畅贷网等十家网络信贷服务业企业。

和风险承担能力的合格投资者。

四是，加强资金安全性管理。行业协会可出台相关规定，要求其会员必须使用独立的第三方支付机构，确保资金交易结算的安全性，切断资金线与业务线的联系，且要求平台不能享有第三方账户中资金的支配权；要求会员必须使用独立的审计机构，定期公布审计结果，尤其是对坏账率和流动性指标等核心指标进行审计，保持信息公开透明；要求会员使用独立的律师事务所，定期审计平台法人状况，检查其债权债务关系，并对其流转文件等留底文件进行抽查、核实。

五是，加强信息平台建设。针对一些借款人利用各个 P2P 公司之间缺乏信息共享的漏洞，协会可针对其会员建立信息共享平台（包括征信和授信）和黑名单公示机制，常态化地对平台信息进行共享和备案。

附录四:温州市民间融资管理条例

(2013年11月22日浙江省第十二届人民代表大会常务委员会第六次会议通过)

目　录

第一章　总　　则

第一条　为了引导和规范民间融资健康发展,防范和化解民间融资风险,促进民间资金为经济社会发展服务,根据有关法律、法规,结合温州市实际,制定本条例。

第二条　温州市行政区域内的民间融资及其监督管理,适用本条例。

本条例所称民间融资,是指自然人、非金融企业和其他组织之间,依照本条例的规定，通过民间借贷、定向债券融资或者定向集合资金的方式，进行资金融通的行为。

第三条 民间融资应当遵循依法守信、平等自愿、风险自负的原则，不得损害他人、集体、国家和社会公共利益。

第四条 温州市人民政府和辖区内县级人民政府依法履行本行政区域内地方金融监督管理职责，建立民间融资服务、监督管理和风险监测、处置机制以及与驻温州的国家金融监督管理派出机构的沟通协调机制，制定支持政策和配套措施，鼓励和引导民间资金重点投向实体经济，优化民间融资环境。

第五条 温州市人民政府和辖区内县级人民政府地方金融管理部门负责指导、监督、管理本行政区域内的民间融资，其他有关部门依照各自职责负责相关工作。

驻温州的国家金融监督管理派出机构，依法指导地方金融管理部门民间融资监督管理工作。

第二章 民间融资服务主体

第六条 在温州市行政区域内可以设立从事定向集合资金募集和管理等业务的民间资金管理企业。

民间资金管理企业的注册资本不得低于五千万元，注册资本应当为实缴货币资本。

民间资金管理企业应当自工商注册登记之日起十五日内，持营业执照副本向温州市地方金融管理部门备案。

第七条 在温州市行政区域内设立的从事资金撮合、理财产品推介等业务的民间融资信息服务企业（包括外地民间融资信息服务企业在温州市行政区域内设立的分支机构，下同），应当自工商注册登记之日起十五日内，持营业执照副本向温州市地方金融管理部门备案。

民间融资信息服务企业开展业务，应当保证其提供的信息真实、准确、完整,并向民间融资当事人提示风险。

第八条 在温州市行政区域内设立的民间融资公共服务机构,可以从事民间融资见证、从业人员培训、理财咨询、权益转让服务等活动,并应当为公证处、担保公司、律师事务所、会计师事务所等民间融资配套服务机构入驻提供便利条件。

民间融资公共服务机构可以接受地方金融管理部门委托,从事下列活动:

(一) 发布民间融资综合利率指数等相关信息;

(二) 收集、统计民间融资信息,对民间融资进行风险监测、评估;

(三) 建立民间融资信用档案,跟踪分析民间融资的资金使用和履约情况;

(四) 受理本条例规定的民间借贷备案;

(五) 地方金融管理部门委托的其他事项。

民间融资公共服务机构从事本条第二款规定活动的,不得向民间融资当事人收取费用。

第九条 民间资金管理企业、民间融资信息服务企业和民间融资公共服务机构的经营活动,不得违反法律、法规、规章和温州市人民政府的有关规定。

第十条 民间资金管理企业和民间融资信息服务企业不得对民间融资当事人的收益作出承诺。

民间融资公共服务机构受理民间借贷备案,不作为其对民间融资当事人的风险、收益作出判断或者承诺。

第十一条 民间资金管理企业和民间融资信息服务企业应当建立保密制度,保护民间融资当事人的商业秘密和个人隐私。

第三章 民间借贷

第十二条 因生产经营需要,自然人之间、自然人与非金融企业和其他组织之间进行借贷，或者非金融企业之间进行临时调剂性借贷的，应当签订书面合同。温州市地方金融管理部门可以制作民间借贷合同示范文本，供民间借贷当事人使用。

出借人应当以自有资金出借，不得非法吸收、变相吸收公众资金或者套取金融机构信贷资金用于借贷牟取非法收入。

借款的利息不得预先在本金中扣除。利息预先在本金中扣除的，应当按照实际借款数额返还借款并计算利息。

第十三条 民间借贷利率由借款人和出借人双方协商确定；国家对利率限制有规定的，从其规定。

第十四条 民间借贷具有下列情形之一的，借款人应当自合同签订之日起十五日内，将合同副本报送地方金融管理部门或者其委托的民间融资公共服务机构备案：

（一）单笔借款金额三百万元以上的；

（二）借款余额一千万元以上的；

（三）向三十人以上特定对象借款的。

前款规定的民间借贷合同重要事项发生变更的，借款人应当及时办理变更备案手续；借款人也可以将民间借贷合同履约情况报送备案。

出借人有权督促借款人履行前两款规定的备案义务，也可以自愿履行。

按照本条第一款规定不需要报送备案的，借款人和出借人可以自愿报送备案。

第十五条 温州市人民政府和辖区内县级人民政府应当对履行民间借贷备案义务的当事人予以政策支持。

第十六条 民间借贷合同可以依法办理公证。当事人持民间借贷合同和备案证明向公证机构申请办理赋予强制执行效力公证的，公证机构应当依法予以办理。

第十七条 本省有关国家机关和仲裁机构办理与民间借贷相关的案

件时,应当依法将民间借贷备案材料视为证明力较高的证据和判断民间借贷合法性的重要依据。

第十八条 金融机构应当将民间借贷当事人履行备案义务的情况作为重要信用信息予以采信;将按照合同约定履行还款义务的情况作为良好信用证明材料使用。经依照本条例备案的民间借贷不得视为影响借款人信用等级的负面因素。

第四章 定向债券融资和定向集合资金

第十九条 企业因生产经营需要,可以以非公开方式向合格投资者进行定向债券融资,按照约定的期限和方式偿还本息。每期定向债券融资的合格投资者不得超过二百人。

第二十条 企业进行定向债券融资的,应当符合下列要求:

(一)在温州市行政区域区内注册登记,具有法人资格;

(二)经营状况良好,有支付融资本息能力;

(三)融资后资产负债率不得高于百分之七十;

(四)融资期限在一年以上;

(五)温州市人民政府规定的其他要求。

第二十一条 民间资金管理企业可以以非公开方式向合格投资者募集定向集合资金,对特定的生产经营项目进行投资。每期定向集合资金的合格投资者不得超过二百人。

定向集合资金的投资方式可以由投资相关各方约定。定向集合资金的合格投资者按照募集合同的约定享受权益、承担风险。

第二十二条 民间资金管理企业进行定向集合资金募集的,应当符合下列要求:

(一)主要发起人有持续盈利能力,净资产不得低于二千万元,且出资额不得低于民间资金管理企业注册资本的百分之二十;

(二)主要发起人无不良信用记录,且近三年内无重大违法违规经营行为记录；

（三）有相应的专业管理人员；

（四）有完善的风险管理和内部控制制度；

（五）温州市人民政府规定的其他要求。

第二十三条 民间资金管理企业募集的资金总额不得超过其净资产的八倍，并应当由温州市行政区域内具备国家规定条件的金融机构托管。

除募集合同另有约定外，民间资金管理企业在其募集的每期资金中的出资比例不得低于百分之十。

定向集合资金应当用于募集时确定的生产经营项目。项目闲置资金经持有三分之二以上该期定向集合资金份额的合格投资者同意，可以用于温州市行政区域内不超过六个月的短期民间借贷；但是数额不得超过该期定向集合资金总额的百分之三十。

第二十四条 具备相应风险识别和承担能力，且自有金融资产三十万元以上的自然人或者净资产一百万元以上的企业和其他组织，为定向债券融资和定向集合资金的合格投资者。

第二十五条 定向集合资金及其收益应当独立于民间资金管理企业的自有财产。民间资金管理企业自有财产应当承担的债务，不得由定向集合资金及其收益承担。

各期定向集合资金财产实行独立核算，各自承担风险。

第二十六条 企业进行定向债券融资或者民间资金管理企业进行定向集合资金募集的，应当事先向温州市地方金融管理部门申请登记，并自融资结束之日起二十日内将融资情况书面报告登记部门。

定向债券融资的企业或者民间资金管理企业履行前款规定的登记、报告义务的，有关国家机关、仲裁机构和金融机构应当依照本条例第十七条、第十八条的规定执行。

第二十七条 定向债券融资的企业和民间资金管理企业应当向合格投资者提示风险，约定信息披露的内容、时间和方式，并保证披露的信息真实、准确、完整。

地方金融管理部门应当对定向债券融资的企业和民间资金管理企业履行信息披露义务的情况实施监督。

第五章　风险防范和处置

第二十八条　地方金融管理部门应当对民间融资进行监测、统计、分析、管理和监督检查。

地方金融管理部门和工商行政管理、经济和信息化、商务等有关部门以及驻温州的国家金融监督管理派出机构,应当建立民间融资监督管理信息共享机制。

第二十九条　地方金融管理部门应当指导民间资金管理企业、民间融资信息服务企业建立健全业务流程与台账、从业人员行为规范、信息披露与保密、信用档案和风险控制等管理制度。

第三十条　民间融资行业协会应当接受地方金融管理部门的指导,制定并实施行业自律规则,监督、检查会员及其从业人员的执业行为,对违反自律规则和协会章程的,按照规定给予处理。

第三十一条　民间资金管理企业和民间融资信息服务企业应当按照地方金融管理部门的要求,报送业务情况、财务会计报告等资料,报告企业合并分立、控股权变更等重大事项。

第三十二条　民间融资当事人应当保证其备案、登记、报告的内容真实、准确、完整。

地方金融管理部门和民间融资公共服务机构应当对有关信息予以保密。

第三十三条　民间融资不得通过报刊、电台、电视台、网络等公众传播媒体或者讲座、报告会、传单、手机短信等方式,向不特定对象宣传推介。

第三十四条　民间融资当事人和担保公司、投资咨询公司、典当行、寄售行等机构，不得非法吸收或者变相吸收公众资金，不得违法发放贷款。

工商行政管理部门应当定期将担保公司、投资咨询公司、典当行、寄售行等机构办理工商注册登记的信息抄送地方金融管理部门。

第三十五条 地方金融管理部门根据已经取得的涉嫌违法行为的证据或者举报，对涉嫌违法民间融资行为进行查处时，可以依法行使下列职权：

（一）要求当事人就涉嫌违法行为作出说明并提供有关材料；

（二）查阅、复制当事人与涉嫌违法行为有关的财务会计、财产权登记等文件、资料；

（三）对可能被转移、隐匿、毁损或者伪造的文件、资料，依照法定程序实施先行登记保存；

（四）法律、法规规定的其他职权。

地方金融管理部门发现民间融资涉嫌犯罪的，应当将有关材料移送公安机关。公安机关应当迅速进行审查，认为有犯罪事实需要追究刑事责任的，应当立案。

第三十六条 地方金融管理部门和民间融资公共服务机构工作人员不得利用职务便利参与民间融资。

民间资金管理企业和民间融资信息服务企业从业人员不得利用职务便利在本单位参与民间融资牟取不正当利益。

第三十七条 地方金融管理部门发现本行政区域内民间融资可能存在系统性、区域性风险隐患的，应当发出预警信息。

地方金融管理部门发现本行政区域内民间融资当事人存在风险隐患的，可以采取约谈、风险提示、责令纠正、公布名录等措施。

第三十八条 温州市人民政府和辖区内县级人民政府应当制定民间融资突发事件应急预案。民间融资突发事件应急预案应当包括组织体系、职责分工、预防预警、突发事件等级、应急响应和后期处置等内容。

发生民间融资突发事件的,温州市人民政府和辖区内县级人民政府应当依法启动应急预案,采取应急处置措施,及时化解系统性、区域性民间融资风险。

第三十九条 因民间融资产生纠纷的,当事人应当依法维护权益,不得使用暴力或者以暴力相威胁解决纠纷。

第六章 法律责任

第四十条 违反本条例规定的行为,法律、行政法规已有法律责任规定的,从其规定。

第四十一条 违反本条例第六条、第七条、第十四条或者第二十六条规定,民间资金管理企业、民间融资信息服务企业、民间借贷的借款人或者定向债券融资的企业不履行备案义务、书面报告义务或者提供虚假备案材料、报告材料的,由地方金融管理部门责令限期改正;逾期不改正的,将未经备案的民间资金管理企业、民间融资信息服务企业和民间借贷行为予以公示,按照下列规定予以处罚:

(一)对民间资金管理企业和定向债券融资的企业处三万元以上十万元以下罚款;

(二)对民间融资信息服务企业处一万元以上三万元以下罚款;

(三)民间借贷的借款人为自然人的,可以处一万元以上五万元以下罚款;为企业、其他组织的,可以处三万元以上十万元以下罚款。

第四十二条 违反本条例第二十条、第二十二条规定,企业不符合规定要求进行定向债券融资或者定向集合资金募集的,由地方金融管理部门处所募集资金百分之一以上百分之五以下罚款,对已募集的资金,可以责令清退。

第四十三条 违反本条例第二十六条规定,定向债券融资的企业或者民间资金管理企业不履行事先登记义务的,由地方金融管理部门责令改正,对尚未募集到资金的,处五万元以上十万元以下罚款;对已募集到资金的，处所募集资金百分之一以上百分之五以下罚款。

定向债券融资的企业和民间资金管理企业提供虚假登记材料的，由地方金融管理部门责令限期改正；逾期不改正的，按照前款规定予以处罚。

第四十四条 违反本条例第二十七条规定，定向债券融资的企业和民间资金管理企业未按照约定履行信息披露义务或者披露的信息有虚假记载、误导性陈述、重大遗漏的，由地方金融管理部门责令改正，处一万元以上十万元以下罚款；情节严重的，处十万元以上二十万元以下罚款。

第四十五条 违反本条例第三十二条规定，民间融资公共服务机构泄露或者违法提供民间借贷备案信息的，由地方金融管理部门责令改正，处一万元以上十万元以下罚款；情节严重的，处十万元以上二十万元以下罚款，对直接负责的主管人员和其他直接责任人员处一万元以上五万元以下罚款；有违法所得的，没收违法所得。

第四十六条 违反本条例第三十四条第一款规定，民间融资当事人或者担保公司、投资咨询公司、典当行、寄售行等机构，非法吸收、变相吸收公众资金或者违法发放贷款的，由地方金融管理部门责令停止违法行为，处五万元以上十万元以下罚款；情节严重的，处五万元以上二十万元以下罚款；有违法所得的，没收违法所得。

第四十七条 违反本条例第三十六条规定，民间融资公共服务机构工作人员利用职务便利参与民间融资，或者民间资金管理企业、民间融资信息服务企业从业人员利用职务便利在本单位参与民间融资牟取不正当利益的，由地方金融管理部门责令改正，予以警告，没收违法所得，并处一万元以上十万元以下罚款。

第四十八条 地方金融管理部门、其他有关部门及其工作人员有下列行为之一的，由有权机关对直接负责的主管人员和其他直接责任人员给予处分：

（一）不按照规定权限和程序办理民间融资备案、登记手续的；

（二）在实施监督管理和行政处罚中有违法行为的；

（三）泄露民间融资当事人商业秘密或者个人隐私的；

（四）利用职务便利参与民间融资的；

（五）有其他滥用职权、玩忽职守、徇私舞弊行为的。

第七章　附　　则

第四十九条　温州市人民政府可以根据本条例规定制定实施细则，并报省地方金融管理部门和驻浙江的国家金融监督管理派出机构备案。

第五十条　本条例自 2014 年 3 月 1 日起施行。

温州市民间融资管理条例实施细则

温政令第 141 号

《温州市民间融资管理条例实施细则》已经市人民政府第 35 次常务会议审议通过，现予发布，自 2014 年 3 月 1 日起施行。

市长　陈金彪

2014 年 2 月 28 日

第一章　总　　则

第一条　根据《温州市民间融资管理条例》（以下简称条例），制定本细则。

第二条　温州市人民政府和辖区内县级人民政府地方金融监管工作协调机构负责沟通协调民间融资服务、监督管理和风险监测、处置等工作。

第三条　温州市人民政府和辖区内县级人民政府金融工作办公室负责本行政区域内的民间融资活动的指导、监督和管理等工作。

第四条　温州市人民政府金融工作办公室可以根据条例和本细则，

制定操作指引和业务规则。

第二章　民间融资服务主体

第五条　县级人民政府金融工作办公室委托民间融资公共服务机构从事条例第八条第二款规定活动的，应当给予适当的经费补助。

第六条　民间资金管理企业不得有下列行为：

（一）擅自变更或者变相变更募集时确定的生产经营项目；

（二）将定向集合资金用于担保或者进行股票、期货等证券投资；

（三）从事可能使定向集合资金承担无限（连带）责任的投资；

（四）将非定向集合资金项下的资金以定向集合资金名义进行投资；

（五）法律、法规和规章规定禁止的其他行为。

第七条　民间融资信息服务企业不得有下列行为：

（一）提供的信息、资料可能危害国家安全及公共利益；

（二）故意隐瞒重要事实或者故意提供虚假信息、资料，出具虚假报告、证明文件或者其他文件；

（三）采取欺诈、胁迫、贿赂、串通等非法手段，损害民间融资当事人或者他人利益；

（四）泄露或者通过非法手段获取民间融资当事人的商业秘密和个人隐私；

（五）吸收存款或者变相吸收存款，发放贷款或者变相发放贷款；

（六）法律、法规和规章规定禁止的其他行为。

第八条　民间融资公共服务机构不得有下列行为：

（一）泄露民间融资当事人的商业秘密和个人隐私；

（二）违规收取费用；

（三）法律、法规和规章规定禁止的其他行为。

第三章　民 间 借 贷

第九条　合会、农村资金互助会的资金互助、企业内部集资等属于本细则所称的民间借贷。

第十条 非金融企业之间临时调剂性借贷的,出借人应当以自有资金出借,且借款期限一般不得超过三个月。

第十一条 县级人民政府金融工作办公室可以委托民间融资公共服务机构受理民间借贷合同备案,也可以自行受理民间借贷合同备案。

第十二条 条例第十四条规定应当予以报送备案的民间借贷,发生于条例施行之前的,可以不予报送备案,但在条例施行后六个月内未能履约完成的,应当予以报送备案。

第十三条 已根据条例第十四条第一款规定办理备案的民间借贷合同,借贷金额、期限、利率等重要事项发生变更的,借款人应当于变更事项发生之日起十五个工作日内办理变更备案手续。

第十四条 鼓励民间借贷当事人将履约情况报送备案,履约信息将纳入民间融资信用系统。

第十五条 民间借贷当事人可以查询自身备案信息。

查询他人备案信息的,应当事先征得被查询当事人的书面同意并约定用途。法律、法规另有规定的除外。

第十六条 民间借贷当事人认为备案信息存在错误或者有遗漏的,有权向接受备案的机构提出异议,要求更正。

第十七条 对民间融资公共服务机构缴纳的税收地方留成部分,由同级财政全额补助给民间融资公共服务机构。

第十八条 非金融企业民间借贷的利息支出,不超过按照金融企业同期同类贷款利率计算的数额部分,准予在计算应纳税所得额时扣除。

第十九条 对具有条例第十四条规定情形的民间借贷,法定登记机构在办理动产、不动产或者其他财产性权利抵押或者质押登记时,应当要求借款人履行民间借贷备案义务。

对不履行民间借贷备案义务的,法定登记机构应当将相关事实移交当地人民政府金融工作办公室查处。

第四章　定向债券融资和定向集合资金

第二十条　符合条例第二十条规定的非金融企业在温州市行政区域内以非公开方式发行的定向债券，债券持有人可以依法转让其所持有的定向债券。

第二十一条　温州市股权营运中心等机构可以作为发行与转让服务平台，为定向债券发行、信息披露和转让提供服务，并实施自律管理。

第二十二条　定向债券融资的企业可以自行发行债券，也可以委托具有承销资格的中介机构代理发行。

定向债券融资的企业应当委托温州市股权营运中心等机构作为定向债券的登记、托管机构。

第二十三条　温州市股权营运中心等托管机构依照约定维护债券持有人的合法权益，不得与债券持有人存在利益冲突。

第二十四条　定向债券融资的企业应当与债券持有人约定规则，该规则作为债券持有人行使权利范围、程序和其他重要事项的依据。

第二十五条　定向债券融资的企业应当设立偿债保障金专户，用于兑付资金的归集和管理。

第二十六条　定向债券融资的企业应当在募集说明书中承诺，在完全偿还本金与利息之前，股东不得分配利润。

第二十七条　民间资金管理企业应当与具有托管资格的托管人签订托管协议，由托管人托管定向集合资金。

第二十八条　向集合资金托管人应当将受托管理的定向集合资金与民间资金管理企业的自有资产严格分开，并对各期不同的定向集合资金分别实行专项管理，专款专用。

第二十九条　定向集合资金根据条例第二十三条规定用于短期民间借贷的，单户最高不得超过该期定向集合资金短期民间借贷限额的百分之五。

第三十条 民间资金管理企业应当按照审慎经营原则,制定对外投资决策、风险控制以及财务管理等制度。

第三十一条 定向债券融资的企业或者承销机构、民间资金管理企业应当建立完备的投资者适当性管理制度,确认具备风险识别与承担能力的投资者为合格投资者,并向其充分揭示风险。

第三十二条 定向债券融资的企业和民间资金管理企业可以采取担保和商业保险等增信措施。鼓励采用优先股、可转换债券、认股期权等创新性工具和产品。

第五章 风险防范和处置

第三十三条 地方金融监管工作协调机构成员单位应当指定专人负责民间融资监督管理信息的收集、整理、保管、交流等事务。

成员单位应当及时将民间融资活动中设立、登记、变更、注销、监管等环节中形成的相关材料和信息报送地方金融监管工作协调机构。

成员单位不得泄露知悉的保密信息。

第三十四条 担保公司、投资咨询公司、典当行、寄售行等机构的从业人员,不得利用职务便利从事民间融资活动。

第三十五条 对涉嫌非法集资等违法行为的民间融资活动,驻温州的国家金融监督管理派出机关应当依法检查涉事企业或者个人银行账户、信用等情况,并及时将检查结果反馈给温州市人民政府金融工作办公室。

第三十六条 公安机关对温州市人民政府和辖区内县级人民政府金融工作办公室移送的民间融资涉嫌犯罪材料进行审查,并及时书面反馈审查结果。

第三十七条 温州市人民政府和辖区内县级人民政府金融工作办公室应当设立举报平台,接受社会公众举报和监督。

第三十八条 温州市人民政府和辖区内县级人民政府金融工作办公

室应当定期对民间融资公共服务机构受托事项的履行情况进行核查。

民间融资公共服务机构违法违规开展业务的，同级人民政府金融工作办公室可以撤销其受托资格。

第六章　附　　则

第三十九条　本细则中下列用语的含义是：

民间资金管理企业，是指在温州市行政区域内设立，并经温州市人民政府金融工作办公室备案的，从事定向集合资金募集和管理等业务的民间资本管理有限责任公司或者股份有限公司。

民间融资信息服务企业，是指在温州市行政区域内设立，并经温州市人民政府金融工作办公室备案的，包括信贷服务中介企业（P2P）、理财信息服务企业、众筹融资服务企业等在内的非金融企业。

民间融资公共服务机构，是指经温州市人民政府金融工作办公室核准，在一定区域范围内提供条例第八条规定的民间融资相关公共服务的机构。

合会，是指一般由合会邀会人根据一定目的邀集，以参会人在一定期间内、以约定的资金数量、以互相融通为条件，分期聚集一定资金，首先供邀会人使用，其后根据制定的办法，在邀会人主持下轮流由参会人收取，直至到期结会的一种互助组织形式。

企业内部集资，是指除国有企业之外的非金融企业或者其他组织未向社会公开宣传，仅在单位内部针对本单位职工集资用于本单位生产经营的活动。

第四十条　本细则自 2014 年 3 月 1 日起施行。

第二部分

中国金融消费者/投资者保护历史发展述评

第一篇　银行业金融消费者保护规则述评

作者：朱小川　史广龙

第一部分　银行理财业务中的金融消费者保护规则评述

朱小川

一、银行理财产品的分类和特征

根据募集资金最终投资的基础资产来划分，银行理财产品有固定收益（债券、货币市场）、资产池（多种固定收益类资产复合，如信贷和国债等）、信用（信贷、债券等）、利率（存贷款利率、SHIBOR、LIBOR挂钩等）、汇率（汇率、汇率指数挂钩等）、商品（商品、商品指数挂钩等）、股票（股票、股票指数挂钩等）、混合（多种权益类资产挂钩，如股票和商品挂钩等）与另类（非传统投资方向）共九大类。其中的每类产品又都有亚种。如按照募集资金投放地，可分为国内投资和海外投资产品等；按照是否嵌入衍生品，又可分为普通型和结构型。所有这些产品，又可以依据嵌入衍生品的类型，进一步分为看涨、看跌、波动、区间和相关等等多种形式。[1] 根据

〔1〕李杨："代序"，载殷剑峰主编，《中国理财产品市场发展与评价（2010—2012）——影子银行与银行的影子》，社会科学文献出版社，2013年6月第1版。

理财产品的保障程度不同，理财（产品）计划可以分为保证收益理财计划和非保证收益理财计划。非保证收益理财计划可以分为保本浮动收益理财计划和非保本浮动收益理财计划。[1]

银行理财产品的各年特征

年份	银行理财产品的主要特点
2004 年	利率类产品
2005 年	利率类产品为主，其他类型为辅
2006 年	出现挂钩违约事件的信用类产品
2007 年	新股申购类和 QDII 类产品
2008 年	商品类银行理财产品
2009 年	信贷类理财产品成为主流
2010 年	资产池类产品逐渐取代信贷类产品，固定收益类稳步增长
2011 年	固定收益类、资产池类继续稳步增长
2012 年	固定收益类、资产池类占据绝大多数，其他类型继续萎缩
2013 年	固定收益类产品为主

资料来源：中国银监会网站、中国社会科学院金融研究所金融产品中心等

二、银行理财业务中金融消费者保护的规则评述

我国银行理财产品发展的推动力主要有三方面。其一，在需求层面，存在着客户对新型产品和全面金融服务的迫切需求；其二，在供给层面，提供服务的银行亟待实现业务转型，银行之间、银行与金融市场之间也存在着激烈的竞争关系；其三，在面对传统的监管政策方面，银行等金融机构有强烈地绕过行政监管的冲动。在银行理财产品从无到有的十年间，尽管出现了不少问题，但总体而言银行理财产品的出现顺应了社会经济发展的需求，改善了社会财富结构，成为社会大众重要的财富管理工具；

[1]《商业银行个人理财业务管理暂行办法》第 11 条、第 13 条。

在推动我国利率市场化改革,为社会大众(特别是普通老百姓)的资产保值增值方面起到了不可替代的作用。相关监管政策并不需要遏制或者禁止这些产品的市场化发展,而是应该从维护消费者权益和宏观审慎的角度进行合适的监管和规范。以下以时间为顺序,对我国银行理财业务中的金融消费者保护规则做简单评述。

(一) 2004 年至 2008 年

20 世纪 90 年代末期,一些商业银行开始尝试向客户提供专业化的投资顾问服务和个人外汇理财服务,但一直没有成文规范,更不奢谈金融消费者保护的规范。2004 年 2 月,中国银监会颁布的《金融机构衍生产品交易业务管理暂行办法》首次激活了商业银行个人零售理财产品市场。2005 年发布了《商业银行个人理财业务管理暂行办法》、2006 年发布了《商业银行开办代客境外理财业务管理暂行办法》。这三个《办法》推动了三类产品的发展。《金融机构衍生产品交易业务管理暂行办法》推动了具有衍生品结构的理财产品的发展。2004 年,民生银行发售两款结构性理财产品正式拉开了国内银行理财市场的帷幕。《商业银行个人理财业务管理暂行办法》推动了人民币个人理财业务的发展。《商业银行开办代客境外理财业务管理暂行办法》推动了国内代客境外理财业务的发展。

除了各类《办法》外,中国银监会还出台了一些《指引》,如《商业银行个人理财业务风险管理指引》、《银行与信托公司业务合作指引》等。《指引》的内容不具有监管强制性,监管机构希望被监管者根据自身情况来决定如何遵守。另外,监管机构还不时颁布各类《通知》类的规范性文件。这些文件的法律效力最低,但比较灵活,是对各类《办法》进行的补充和细化,也对出现的新问题予以及时规范,这些《通知》方便监管机构根据市场情况及时调整监管重点和方向。比如,2006 年银监会发布《关于商业银行开展代客境外理财业务有关问题的通知》就在《商业银行开办代客境外理财业务管理暂行办法》基础上对商业银行代客境外理财业务作出了更为细致的要求。2007 年《关于调整商业银行代客境外理财业务境外投资范围的通知》，则调整了商业银行代客境外理财业务相关政策。但这期间金融消费者的概念还未深入人心，相关的监管政策更多地强调银行理财业务发展的规范性。

（二）2008 年至 2009 年评论

1. 零/负收益问题和监管政策对“投资方向”的限制

经过 4—5 年左右的发展，银行理财产品开始暴露出问题，特别是 2008 年以来，受国际金融危机影响，各类投资品的价格都出现大幅下挫，理财产品的投资者保护问题开始引发监管层注意。

在这阶段，银行理财业呈现出以下三类现象：第一，多款在 2006、2007 年炙手可热的股票结构性产品在 2008 年纷纷爆出了零收益、负收益等极端情形。第二，部分银行对亏损较大的到期理财产品进行了展期，即“展期事件”。第三，外资银行发售的结构性理财产品（如累计期权、结构性票据等）不仅会使投资者亏损全部本金，还可能造成投资者的高额负债，如轰动一时的宋文洲诉渣打银行一案，案件标的达上千万之巨。2009 年 7 月，银监会出台了《关于进一步规范商业银行个人理财业务投资管理有关问题的通知》，主要包含三个方面的内容：其一，确立了审慎、稳健的科学投资管理原则、尽责履行信息披露业务和分级销售原则；其二，细化了投资管理方式，建议进行第三方托管并对部分资产计提风险准备；其三，明确了禁止的投资标的，即面向一般个人零售的理财产品不得进行二级股票市场或其他证券投资基金投资，也不得进行高风险或过于复杂的结构类产品投资，但私人银行业务不受此约束。《通知》将个人理财产品的销售程序重新恢复为“准审批制”。《通知》对银行理财产品市场的最大冲击莫过于对零售产品和私人银行产品实行了分级销售和分类监管制度：分级销售的理念体现在向有经验投资者和无经验投资者销售不同收益风险水平的产品；分类监管则体现在关闭零售产品投资股票市场大门的同时为私人银行理财产品投资二级市场松绑，这也催生了银行理财产品市场中的“银私（其他机构）”的合作模式。然而，在实际操作中，由于

《通知》中依然有诸多界定尚不明晰，如有经验投资者和无经验投资者、高净值客户的门槛以及私人银行是否只能为私人银行客户提供服务等，从而导致《通知》的实施效果并不理想。

2. 银信合作与信贷监管“新规”

2008 年底银监会出台的《银行与信托公司业务合作指引》界定了银信合作理财产品的运作方式、基本要求、风险控制和信息披露等内容，银信合作因此也有了制度依据。2009 年，地方债和城投债在拓宽了理财产品投资方向的同时，也将原有商业银行和信托公司之间的银信合作模式提升为银信政合作模式，即在银信合作产品中增加了政府担保措施。由于增加了政府信用，所以通常默认“银信政”理财产品为保证收益型产品。然而，随着地方政府投融资平台弄虚作假现象的不断暴露，银信政合作产品的不败神话也逐步走了下神坛。

除此之外，由于信贷投放速度在 2009 年上半年的较快增长导致许多银行的资本充足率下降，商业银行遂纷纷将信贷资产包装成银行理财产品，销售给理财客户。比如，将募集资金通过信托平台购买自身的存量贷款或发放新增贷款，从而将自身的信贷资产由表内置换至表外。但是 2009 年也出现了信贷类理财产品预期收益的不达标现象；而且信贷类理财产品的“出表术”也模糊了信贷监管口径，放大了发行主体的道德风险。2009 年下半年开始，非标准化的贷款出售模式对央行货币和信贷政策的不良效应引起监管部门的重视。

2009 年底，银监会连续发布监管文件规范银信合作业务，先出台了《关于进一步规范银信合作有关事宜的通知》，主要涉及三个方面的内容：其一，银信合作理财产品不得投资于产品发行银行自身的信贷资产或票据资产；其二，银信合作产品投资于权益类金融产品或具备权益类持证的金融产品的，商业银行理财产品的投资者应执行《信托公司集合资金信托计划管理办法》规定的合格投资者标准；其三，银信合作产品投资于政府项目的，信托公司应全面了解地方财政收支状况，对外负债及或有负债情况，建立并完善地方财力评估、授信制度，科学评判地方财政综合还款能力；禁止同出资不实、无实际经营业务和存在不良记录的公司开展投融资业务。数天之后，银监会又颁布了《关于规范信贷资产转让及信贷资产类理财业务的通知》。其主要内容也可大致归结为三个部分，首先介绍资产转让的真实性原则，规定在进行信贷资产转让时，转出方不得安排任何显性或隐性的回购条件，禁止资产转让双方采取签订回购协议、即期买断加远期回购等方式规避监管；其次介绍整体性和一致性原则，投资的信贷资产应包括全部未偿还本金及应收利息，单一的、有明确到期日的信贷类理财产品的期限应与该信贷资产的剩余期限一致；最后介绍风险评估细则和信息披露机制，银行业金融机构应在信贷类理财产品方案设计阶段充分评估该资产的信用风险、市场风险和流动性风险等主要风险，还应在信贷类理财产品销售协议中向客户充分披露信贷资产的风险收益特性及分级分类状况。就银信合作理财产品，如此密集出台监管政策，既表明了问题的严峻性，也凸显了监管机构"纠错"的决心。上述两个《通知》对商业银行通过信托产品替换自身存量贷款的运作方式进行了限制，即商业银行不得通过信托产品购买自身的存款贷款，主要目的是防止理财产品在投资内容和项目上出现过大风险，不仅损害到投资者利益，而且影响到银行的稳健发展。但从实践来看，为绕过这些《通知》的要求，有商业银行通过互持信贷资产来替换自身存量贷款的情况；《通知》对于商业银行通过信托产品进行新增贷款的发放也没有做出限制性的要求。

（三）2010 年评论

因信贷类理财产品可以规避央行的货币和信贷调控政策，帮助商业银行规避资本充足率的约束，从而变相增加放贷能力，扩大资本杠杆率，而银行则采取多种方式变相绕开银信合作业务的监管规定，因为 2010 年银行理财业的监管政策仍然主要集中在更好规范银信合作业务和信贷类理财产品方面。

2010 年 8 月，为了进一步防范银信理财合作业务的表外风险并有效控制信贷规模，银监会颁布《关于规范银信合作理财业务有关事项的通知》（或称“2010 年 72 号文件”）。2010 年 72 号文件主要涉及三大方面：其一，对信托公司融资类银信理财合作业务实行余额比例管理，融资类业务余额占银信理财合作业务余额比例不得高于 30%，已超标的信托公司在达到比例要求之前应停止开展该项业务；其二，要求信托公司的信托产品不得设计为开放式，并停止此类产品的新申购；其三，最核心的要求是商业银行必须在 2011 年底前将表外资产转入表内，并按 150%的拨备覆盖率计提拨备，同时大型银行按照 11.5%、中小银行按 10%的资本充足率要求计提资本。

2010 年 12 月，银监会颁布《关于进一步规范银行业金融机构信贷资产转让业务的通知》（或称“2010 年 102 号文件”），该文件明确提出银行业金融机构开展信贷资产转让时，应遵守真实性原则、整体性原则和洁净转让原则，即要求资产真实转移，转让的信贷资产应包括全部未偿还本金及应收利息，要求实现资产的真实、完全转让，风险的真实、完全转移。2010 年 102 号文件对银行业机构开展信贷资产转让业务提出进一步要求，直接目的是更有效防止银行业金融机构利用信贷资产转让进行监管套利、规避监管或盲目扩大表外信贷资产类理财业务，间接目的则是为了帮助商业银行分散信用集中度风险、调整优化信贷结构、提高资金运用效率、加强流动性管理和改善资产负债结构，从而更好地防控金融体系风险、保护客户和银行业机构合法权益。

（四）2011 年评论

2011 年，银行理财产品市场继续繁荣，但亦存在以下 4 个方面的问题和隐患。第一，产品同质化倾向严重，我国商业银行推出的理财产品大部分是相互模仿，创新动力严重不足，品牌观念淡薄，盲目追求产品数量的迅速增长而不注重丰富理财产品内容；第二，大量短期、超短期产品的发行存在变相高息揽储的隐患，由于产品缺乏特色，银行只能通过高预期收益来吸引客户；第三，“资产池”类产品被商业银行广泛采用，由于“资产池”中各标的资产的风险系数不同，且各标的资产的占比含糊，加大了监管难度;第四,监管套利活动泛滥,跨上月末下月初发行理财产品,“冲时点”现象非常普遍。银行通过此类理财产品规避监管部门季末、年末的存贷比指标考核和资本充足率要求。

针对上述 4 个方面的问题和隐患,监管层在 2011 年出台了一系列有针对性的政策政策规予以规范。

1. 进一步规范银信合作,要求银信理财合作业务从表外转入表内

2011 年 1 月 13 日,银监会发布《关于进一步规范银信理财合作业务的通知》(或称“2011 年 7 号文”),要求各商业银行应当按照“2010 年 72 号文”要求在 2011 年底前将银信理财合作业务表外资产转入表内。各商业银行应当在 2011 年 1 月 31 日前向银监会或其省级派出机构报送资产转表计划,原则上银信合作贷款余额应当按照每季至少 25%的比例予以压缩。对商业银行未转入表内的银信合作信托贷款,各信托公司应当按照 10.5%的比例计提风险资本。信托公司信托赔偿准备金低于银信合作不良信托贷款余额 150%或低于银信合作信托贷款余额 2.5%的,信托公司不得分红,直至上述指标达到标准。

2011 年 5 月,银监会办公厅发布《关于规范银信理财合作业务转表范围及方式的通知》。关于转表范围,通知指出,原则上银信理财合作贷款余额应当按照每季至少 25%的比例予以压缩,对于 2011 年内按合同约定到期的,采取自然到期的办法,不再按季度纳入风险资产和计提拨备,对 2012 年及以后到期的,从 2011 年期,按每季度 25%计入风险资产和计提拨备。关于转表方式,通知指出,对于符合《企业会计准则》入表标准的银信合作理财业务表外资产,各商业银行必须转入表内;不符合入表标准的部分,可将相关产品单独列示台账,并相应计提拨备和计入加权风险资产,并对账务进行调整。

加上 2010 年 72 号文,上述 3 个通知使曾经盛极一时的银信合作产品变得异常艰难,2011 年银信合作产品数量剧减;即使有也大部分是针对私人银行的高端产品。可以说,密集且不断完善的监管政策终于取得

了预期的效果。

2. 规范理财产品短期化问题

限制或禁止通过发行短期理财产品变相高息揽储。2011年9月，中国人民银行要求“各银行要保持存贷比平稳，而且9月30日的存款余额与10月8日的存款余额不能相差超过5‰”。这在一定程度上遏制了9月末高息揽储“冲时点”的冲动。

2011年9月30日，银监会发布《关于进一步加强商业银行理财业务风险管理有关问题的通知》，规定商业银行不得通过发行短期和超短期、高收益的理财产品变相高息揽储，在月末、季末变相调节存贷比等监管指标，进行监管套利；应重点加强对期限在一个月以内的理财产品的信息披露和合规管理，杜绝不符合监管规定的产品。

2011年11月11日，银监会第四次经济金融形势通报分析会指出，禁止通过发行短期理财产品变相高息揽储、规避监管要求、进行监管套利。1个月以下的超短期理财产品基本上被禁发。

此后，短期、超短期理财产品数量有所下降。作为典型超短期理财产品，“周末理财”因为具有投资期限短、资金流动性强、到账及时的特点而受到想在超短时间内理财人士（特别是买卖股票人士）的欢迎。此类产品可以做到理财炒股两不误，且相比活期存款，周末理财产品的预期收益率要高出很多。2012年5月10日，中国银行在发行最后一期周末理财产品后终于选择停发该类产品。至此，“周末理财”概念产品完全退出市场。但上述措施还留下一个漏洞，即银行仍然可以通过发行开放式可赎回的理财产品，以“化长期为短期”的方式来绕开委托期限管制。

3. 规范理财产品基础资产结构

2011年10月，银监会向各家银行下发有关理财风险管理的通知，要求各家银行要在一个月内清理“资金池”，[1]转而实现每个理财计划单独

〔1〕所谓“资产池”模式，指把不同期限、不同品种的理财产品混在一起，把自营业务与代理业务也混在一起的运作方式。

核算。

4. 严查违规操作

2011 年 6 月 24 日，银监会在理财业务会议上明确限制了六项违规操作，涉及同业存款存放本行、购买他行理财产品、投向政府融资、绕过信托做信托受益权产品、委托贷款理财产品及票据资产理财产品。2011 年 7 月 5 日，银监会又下发了一份针对银行理财业务进行规范的会议纪要，要求银行对包括理财资产池中涉及委托贷款、信托转让、信贷资产转让、监管套利的票据，以及高息揽存、银银合作等在内的违规行为进行自查整改。

5. 规范理财产品销售行为

《商业银行理财产品销售管理办法》于 2011 年 8 月 28 日正式颁布，旨在强化对银行理财产品销售环节的规范，要求商业银行做好风险揭示和信息披露，在“卖者有责”的基础上实现“买者自负”，最终实现“将适合的产品卖给适合的客户”，保护投资者的合法权益。此办法于 2012 年 1 月 1 日正式实施。短期来看，此规定会增加银行理财业务的成本，但长远看来，它有利于促进银行加强内部制度建设和更好地保护客户的利益。

(五) 2012 年评论

2012 年银行理财产品市场存在两大不规范现象。一是销售不规范，销售人员不仅夸大收益、忽略风险而且还有私自销售理财产品的事件；该年华夏、建行、工行等相继陷入较大的理财风波，引发了投资者对银行理财业务的信任危机。二是运作不规范，“资金池”类产品被商业银行广泛采用，由于“资金池”中各标的资产的风险系数不同，且各标的资产的占比含糊，给监管带来较大的难度，还一度被前中行董事长、现中国证监会主席肖钢称为“庞氏骗局”。[1]

2012 年银监会对于商业银行理财市场的监管措施可归纳为以下两

---

〔1〕肖钢：“银行理财产品是庞氏骗局”，http://kuaixun.stcn.com/2013/0317/10348450.shtml

点:第一,坚决查处规避监管和监管套利行为。2012年1月11日,银监会通过窗口指导方式叫停票据信托业务。该业务和银信合作类似,可以帮助银行变相绕开信贷规模管控。第二,2012年12月份,上海地区出现了数起银行员工私自代销理财产品、信托产品导致客户投资亏损引发纠纷的事件。银监会办公厅紧急下发《关于银行业金融机构代销业务风险排查的通知》,通知从三个方面对银行代销业务做出要求,一是各银行业金融机构应在收到通知之日起15日内完成对基层网点人员排查,重点检查是否存在擅自推荐或销售未经批准的第三方机构产品的现象。二是各银行业金融机构总行应督促其基层网点在收到通知之日起7日内开展内部自查,并向上一级分行报送代理销售产品的明细表,总行应在15日内形成各分支机构的汇总报告。三是要求各银行业金融机构总行及分支网点应在30日内向对口监管部门报送自查报告和代销产品清单明细,银监会及其派出机构将在此基础上,通过明察暗访的形式抽查辖内各银行业金融机构网点,并于抽查工作结束后的30日内向银监会提交抽查报告。

受华夏银行代销事件的恶劣影响,[1]2012年12月12日,中国银行业协会正式发布《关于加强银行理财产品销售自律工作的十条约定》,要求银行明示理财产品的风险,同时提前对客户的风险承受能力做出评估。银行在销售理财产品时,一旦违反这些约定,将被予以通报。

(六) 2013年评论

2013年,银行理财业的监管政策更多聚焦在"防范风险"上。年初的央行工作会议提到:2012年以来,信托贷款、银行理财产品市场等领域的蓬勃发展虽然为实体经济提供了一定的金融支持,但其中的一些产品暗藏着"借新还旧"、"期限错配"等风险,成为可能诱发系统性金融风险的背后推手。央行还称,目前银行资金池理财产品占全部表外理财产品只数

[1] "华夏银行官方客服曾承认巨亏产品是银行代销",http://finance.sina.com.cn/money/bank/ywycp/20121203/114113875831.shtml

的比例超过50%,要特别注意资金池运作模式下的五大风险:一、不单独核算投资收益;二、期限错配;三、资产和负债的双重表外化;四、信息不透明;五、权责不明确。[1]

总体来看,2013年监管机构对银行理财产品市场的监管思路可以用"疏堵并举"来概括。

所谓"堵"主要体现在:"8号文"(见下述)对非标资产的界定,并限制银行理财资金投资非标资产的规模。2013年3月27号,银监发布了《关于规范商业银行理财业务投资运作有关问题的通知》(即2013年"8号文"),对商业银行理财资金直接或通过非银行金融机构、资产交易平台等间接投资于"非标准化债权资产[2]"业务进行了规范。"8号文"的出台对银行理财产品市场影响巨大,主要体现在以下三个方面:

第一,理财产品应透明化运作。在"资金池"运作模式中,理财资金资产投向不透明、风险权责模糊不清,风险等级较高。"8号文"规定每个理财产品单独管理、建账和核算,即"资金来源运用一一对应原则",使"资金池"运作透明化,接受市场和公众的监督,如果不能做到一一对应,银行必须承担风险。"8号文"对信息披露的规定具有较强的针对性和时效性:商业银行应向理财产品投资人充分披露投资非标准化债权资产情况,包括融资客户和项目名称、剩余融资期限、到期收益分配、交易结构等;理财产品存续期内所投资的非标准化债权资产发生变更或风险状况发生实质性变化的,应在5日内向投资人披露。强调信息披露,使"买者自负、卖着有责"落到实处,不仅可以避免潜在的纠纷,更可为银行理财业务长期健康发展奠定基础。

第二,短期内理财产品平均收益率或将小幅下降,波及银行业绩。"8

[1] 见中国人民银行:《2013年第一季度中国货币政策执行报告》

[2] 所谓"非标准化债权资产",指未在银行间市场及证券交易所市场交易的债权性资产,包括但不限于信贷资产、信托贷款、委托债权、承兑汇票、信用证、应收账款、各类受(收)益权、带回购条款的股权性融资等。非标准化债权资产,是理财产品"资金池"模式运作下,非保本浮动收益型产品的最主要的投资对象,该项目收益较高,是支持产品收益的关键资产。

号文”明确要求理财资金投资非标准化债权资产的余额在任何时点均以理财产品余额的35%与商业银行上一年度审计报告披露总资产的4%之间孰低者为上限。“8号文”对非标准化债权资产规模以及运用的限制，使得商业银行理财产品投资非标准化债权资产业务增速减缓，短期内影响银行相关业务的收入。高收益理财产品数量下降，投资标的为标准化债权资产的产品占比增加，从而拉低了银行理财产品整体收益水平。但6月份突如其来的“钱荒”冲销了“8号文”对理财收益的影响，银行理财产品平均收益率重回上升轨道。

第三，通道业务进一步受限。[1] 在银信合作受到严密监控和限期清理的要求后，银行的资产转移开始取道券商。对此，“8号文”做了更加严格的规定：商业银行不得为非标准化债权资产或股权性资产融资提供任何直接或间接、显性或隐性的担保或回购承诺。该条规定实际上用行政手段限制了银行的通道业务。

监管层对银行理财产品市场的“疏”主要体现在以下两个方面：

其一，试点推行债权直接融资工具和银行资产管理计划。9月26日，经银监会业务创新监管协作部批准，中信银行获首批理财资产管理业务试点资格，这标志着银行理财也将迎来资产管理时代。所谓资产管理计划，是指每个项目要单独开户，单独设立资产负债表、现金流量表、损益表等财务报表，投资者有可能享受到潜在的高收益，同时必须自己承担项目破产带来的本金损失风险。资产管理计划的推出将会颠覆银行理财产品本身的意义：过去，银行理财产品被赋予“类存款”的含义，即投资理财产品能稳定获得略高于定期存款的年化收益率；未来，资产管理计划将会向基金靠拢，即商业银行定期公布计划净值，投资者自负盈亏。

从表现形式上看，银行理财产品无论在投资期限还是预期收益方面

---

[1] 所谓通道业务，是指券商提供通道，帮助银行调整资产负债表，为银行做资产从表内到表外的流动性搬运。券商通过帮助银行代持资产等方式，赚取资金收益。

都是封闭式的，而资产管理计划则完全相反，体现出开放式的特征。不仅如此，资产管理计划会绕开当前监管层对于银行理财产品投向的限制。理论上说，未来资产管理计划可以直接投资于实体经济（如房地产、基建等）和股票市场，这将大大拓宽银行理财产品的投资渠道。

2013 年 10 月 18 日，首批 11 家银行同时试点债权直接融资工具、银行资产管理计划两项试点工作，22 日完成缴款。各银行的试点额度为 5 亿—10 亿元，部分银行可能更多。首批试点规模较小，未来如果逐渐放开的话，银行无疑是最大的受益方。首先，银行的投资渠道大大拓宽，目前，中资商业银行在售的大部分是固定收益类产品，即投资标的限定在货币市场、票据市场、债券市场。而资产管理计划则能有效突破这一限制范围，扩充至实体经济和股票市场等高风险领域；其次，银行可以绕开信托等渠道自行投资，降低了投资成本；最后，资产管理计划最大特点是银行无需兜底，而是像基金管理公司一样只收取管理费，从而大大降低了潜在的业务风险。

其二，银行理财资金获准开设证券账户。2013 年 12 月 23 日，中国证券登记结算公司发布《关于商业银行理财产品开立证券账户有关事项的通知》，规定每个商业银行理财产品可以在沪、深证券市场各开立一个证券账户；理财证券账户仅用于参与证券交易所标准化债券、信贷资产支持证券、优先股等固定收益类产品的投资。而此前，银行理财并不能直接进入证券交易所市场，无法独立开设证券账户，只能借道信托计划、券商资管及基金子公司等渠道进入交易所市场。尽管理财证券账户尚不能投资股票等权益类产品，未能引起理财投资方向的重大变化，但银行理财开立证券账户的象征意义深远，将有利于银行理财摆脱“通道”制约，降低交易成本。

三、银行理财业务中金融消费者保护规则的总体评价和建议

历年来，针对银行理财产品出台的监管政策不少，但综合来看，这些

监管政策依然面临不少问题。

第一，理财业务中金融消费者的法律地位模糊，相关规范效力低。

无论是《商业银行法》，还是《银行业监督法》都没有提到“金融消费者”，仅明确了需要保护“存款人和其他客户”的合法权益。在法律层面缺乏对“金融消费者”的直接规定，容易导致相关的下位立法缺乏法律依据、相关行政监管政策也会因此有“越权”或“无授权”的嫌疑，最终使得对金融消费者的保护流于口号和形式，不利于对金融消费者群体的实质保护。

2013 年 9 月，中国银监会印发了《银行业消费者权益保护工作指引》，明确了银行业消费者就是指购买或使用银行业产品和接受银行业服务的自然人；银行业消费者权益保护工作主要就是银行业通过适当的程序和措施，推动实现银行业消费者在与银行业金融机构发生业务往来的各个阶段始终得到公平、公正和诚信的对待。第一次在监管政策的层面确定了银行业消费者的范围。按照该定义，《商业银行法》和《银行业监督法》中所指的“存款人和其他客户”都可以被视为“银行业消费者”。但该《指引》的法律层级很底，前述法律位阶问题依然存在；且《指引》也未直接明确界定银行业消费者的权利种类，而只是对银行业消费者的权利进行了总括性说明，即“银行业消费者有权主张自身合法权益不受侵害，并对银行业金融机构消费者权益保护工作进行监督，提出批评和建议，对侵害自身合法权益的行为和相关人员进行检举和控告”。

第二，各类理财业务的基础法律关系模糊，造成消费者维权的法律依据不足。

不同的法律关系会产生不同的法律后果，因此选择法律就显得异常重要。对于银行理财业务而言，商业银行与客户对理财业务有着不同的经济目的，但客户在能力、信息、资源等方面相对处于弱势地位，因此法律制度需要兼顾双方利益，确保社会公平。目前银行理财制度从保护客户利益的角度来看，仍存有以下的欠缺。

首先，规范银行理财业务的基础法律主要适用的是代理法和合同法，但这两类法律总体上是平等地考虑代理人与被代理人，或者合同双方的利益，立法上并没有特别照顾处于相对劣势的一方。

其次，一些特别保护弱者权益的法律则由于缺乏对银行理财产品的管辖权而无法直接适用。比如，我国的《侵权行为法》就没有确定理财客户是否可以直接援引。另外，2013 年 10 月 25 日十二届全国人大常委会第五次会议修改了《消费者权益保护法》，增加了第 28 条，规定"……提供证券、保险、银行等金融服务的经营者，应当向消费者提供经营地址、联系方式、商品或者服务的数量和质量、价款或者费用、履行期限和方式、安全注意事项和风险警示、售后服务、民事责任等信息"。如此看来，修订后的《消费者权益保护法》已经把银行理财客户纳入该法的保护范围，只是银行的责任是否仅限于第 28 条规定的内容，还是可以扩展到该法对经营者的其他要求？还存在不确定性。除此之外，在金融服务领域，我国也没有金融消费者权益的特别保护法律或者行政法规。金融消费者受特别保护的法律相对缺乏，既不利于这些群体权益的保护，也与目前世界上的普遍趋势不符。

最后，在银行理财业务有可能涉及刑事犯罪方面，刑法对利益受损客户的经济补偿方面的作用也十分有限。目前对于银行理财业务客户权益保障方面，刑法更只是重视刑事惩罚而轻民事补偿，因此都无法很好地保护金融消费者的利益。

第三，监管政策没有做到有效平衡包括消费者保护在内的多个监管目标。

银行业监管机构反复强调其多个监管目标，比如准确把握好有利于服务实体经济的目标、坚守不发生系统性和区域性风险底线的目标、有利于保障金融消费者合法权益的目标，以及要求商业银行做到业务发展与自身风险管控能力相匹配的目标。这些目标间如何平衡，在重要性方面孰先孰后？是不是所有的监管政策出台前都需要对是否符合这些目标进行评估？如果没有评估，那么这些监管目标是否都会流于形式？目前相关监管政策比较明显的特征是更多关注金融风险防范，除了专门针对消费者保护的监管政策外，其他监管政策较少关注其对金融消费者权益的影响。如果监管政策无法兼顾上述多个监管目标，那么监管政策间就容易产生不协调或者冲突的问题，最终也难以取得较好的监管效果。比较明显的例子就是对于银行理财产品的投资标的的监管政策上。面对具有高度行政性管制特征的金融监管政策，金融机构存在“绕过”监管的强烈动力。银行理财产品的创新从监管规则确定的保本、保收益、非保本浮动收益三种基本类型，衍生出多种此消彼长的类型。2004 年银行开始涉足理财产品，当时商业银行主要还与外资商业银行或投资银行合作发行理财产品，“取经”、“学习”的目的十分明显。但数年后，外资银行在国内银行理财市场的份额几乎可以忽略不计了，而根据募集资金最终投资的基础资产来划分有固定收益、资产池、信用、利率、汇率、商品、股票、混合与另类共九大类九种，其中还可以再根据其他标准进行细分。2007 年银信合作的信贷类理财产品成为银行将信贷资产转移到表外的重要通道。2009 年末以后，监管机构出台监管政策，银信合作产品被勒令近乎停止，但银行理财产品又通过组合类和资金池类理财产品规避监管。对于短期及超短期理财产品。2011 年 7 月银监会叫停期限在 30 天内的短期理财产品的发行，商业银行就开始发展 1—3 月期限的产品；或者发行开放式的理财产品作为短期或者超短期理财产品的替代。2010 年至 2012 年间，白酒、油画、瓷器、手表、火腿等成为银行另类理财产品的投资标的。对于这些“资产证券化”的理财产品规范，如何规范？这些产品创新对金融消费者权益的保护又有何关系？如果监管机构缺乏对监管目标的完整理解和执行标准，待问题严峻时再“头疼医头，脚痛医脚”，那么有些理财产品创新很有可能会走上不归路。

第四，监管政策的约束效力和可操作性不强。

理财业务的不少规范都以监管机构《指引》、《通知》的形式发布，而未以《管理办法》、《规定》等形式发布。由于《通知》并非强制性法律文件，对商业银行的行为缺乏相应的约束力。《通知》也不能规定相应的罚则和责任机制，往往会流于形式，缺乏保障力。还有不少《通知》多是重复原则，而缺乏可操作性。比如，对于如何理解"诱惑性、误导性和承诺性称谓"，《通知》语焉不详。有时监管政策连续多年就同一或类似问题发出警告或提示，从另一个侧面也显示出前期的监管政策缺乏可操作性。比如，对于误导销售等问题，早在 2004 年的《金融机构衍生产品交易业务管理暂行办法》中，监管机构就要求金融机构为境内机构和个人办理衍生产品交易业务时，应向该机构或个人充分揭示衍生产品交易的风险，并取得该机构或个人的确认函，确认其已理解并有能力承担衍生产品交易的风险。之后的监管政策也反复强调要充分披露信息，但事实上误导或错误销售却成为投诉最多的内容。这说明监管规则在执行力、可操作性上还需要进一步完善。

第五，自律规范效力较弱，自律组织作用不强。

作为行业组织，自律组织可以起到很好的市场规范作用，但目前我国银行业的自律组织的作用较弱，其工作主要为金融知识普及而不是为消费者维权。2011 年成立了银行业协会消费者保护委员会，其对于消费者投诉最多的理财产品误导销售等问题，缺乏实质性的行业规范和领导作用。这也许与自律组织模糊的定位有关。自律组织究竟定位为行业即得利益的捍卫者，还是作为行业规范的倡导者？与消费者的关系如何厘清？如果这些问题没有圆满的答复，如果自律组织的目的仅是维护银行业金融机构的利益，那么其与消费者的利益很有可能是背道而驰，寄希望其可以维护消费者权益也就无从谈起。

为解决以上存在的法律和监管问题，今后的监管思路可以围绕以下几个方面展开：

第一，银行业监管机构等应及时提请权力机关制定金融消费者保护的专门法律、行政法规，明确理财业务的基础法律关系。虽然2013年8月30日银监会已经出台了《银行业消费者权益保护工作指引》，但《指引》的法律效力和强制执行力较低，还需要进一步提升其法律位阶。

第二，监管政策制定和执行中必须考虑各类金融消费者的利益，提高监管透明度。

监管机构在制定每项监管政策时，都必须评估下政策是否考虑了金融消费者的利益，对该群体是否有实质性影响，并且通过公开信息的方法增强监管效用。具体就理财产品的客户来说，应根据消费者的认知程度，合理分层金融产品及其服务的对象。由于现有的监管和司法资源有限，在事实上也不可能对所有购买和使用金融机构服务的消费者提供同样程度的保护，因此有必要对金融服务或者金融消费者进行一定的分层。对于基本的金融产品或服务消费，比如银行卡、存折、住房抵押贷款、一定金额内的理财产品购买者实施较大程度的保护；对于其他类型的金融产品或服务消费，如金融衍生品代理交易、外汇买卖代理交易、另类理财产品、私人银行服务等的消费者者实施程度略小的保护；对于还有些私人的"金融服务"，如"飞单"等假借商业银行之名提供的违规业务，则不承担责任，但需要提醒消费者注意，防止上当受骗。2009年银监会出台的《关于进一步规范商业银行个人理财业务投资管理有关问题的通知》已经区分了有经验的投资者、无经验的投资者以及高净值客户，但是后续的标准完善工作却一直止步不前；监管机构应及时根据市场的情况确定金融消费者的层次和类型。

同时，监管政策更多地致力于提高理财产品的信息透明度，建立统一、及时、完整的银行理财产品信息搜集和处理体系。对称的信息对所有类型的金融消费者都是必须和无差异的。只有这样，各类消费者才能明白如何选择合适自己的产品以及一旦发生争议，可以采取的救济措施。2013年6月启动的经全国银行业理财信息登记系统（一期）就是朝着这个方向进行的监管应对，可以有效避免出现"飞单"等冒牌产品。

第三，面对复杂多变的理财市场，传统的机构监管模式越来越显得力不从心，可以考虑适当的功能监管，并充分利用市场的力量进行监管。

在近年来银行理财产品的监管政策变化中，可以清晰地发现监管部门要么简单粗暴地实施禁止，扼杀一切可能的金融创新；要么就是频频出台各类规范类文件应对各类问题，但效果却总不明显。究其原因，一是监管者与被监管者总是处在监管博弈的过程之中，市场又往往能发现监管的“漏洞”而领先一步。二是监管者的监管能力有限，特别是在一个金融产品爆炸，金融管制放松的时代，金融产品的涉及面广泛，特性模糊，因此单一的监管者在事实上对金融创新无法做到无缝监管。为此，可以适当考虑功能监管模式，即按照金融产品特性和影响力，由多个监管机构从多个角度进行监管，而不单单依靠一个监管机构的力量。举例来说，对于银行理财产品的监管，银监会可以从银行稳健经营的角度来监管，人民银行可以从宏观审慎的角度来监管，金融消费者保护机关则可以从保护消费者权益的角度来监管。

实施全方面的监管既需要来自政府部门，也需要来自市场，如资本市场上评级机构常常充当了风险预警哨的作用。银行理财市场也可以利用这些市场中介机构（虽然不是完全依靠），通过这些独立的第三方分析和评级机构对理财产品的分析和评级，可以在一定程度上消除信息不对称的弊病，成为政府监管的重要补充。此外，监管机构还可以充分利用媒体的监督作用。媒体“广而告之”的作用使得金融机构越来越重视自身的声誉风险，这也会迫使金融机构采取更多的措施防范误导销售，保护金融消费者的利益。

第四，建立合适的金融消费者保护机构并赋予其足够的独立性。

2008 年次贷危机后，世界主要金融发达国家都开始重新审视金融消费者的保护工作，不少国家特设了专门的金融消费者保护机构专职从事金融消费者的保护。我国也不例外，人民银行、银监会、保监会都有专设了消费者权益相关的保护局（证监会也有投资者保护局），但这些机构的作用还有待进一步发挥。目前比较明显的缺陷是,我国的这些保护机构的独立性不强,难以对传统的机构监管模式产生实质性影响;而且,这些保护机构普遍层级较低,在立法、执法和配套资金上存在一定的困难,前期主要工作是消费者教育,暂时难以改变我国对金融消费者保护的既有模式。

第五,行业协会的作用有待加强。银行业协会对理财行业务的自律成果不明显,自律规范缺失。行业协会如何平衡行业规范和发展,是一个需要深思的重要课题。

第二部分　银行其他业务中金融消费者保护规则评述

史广龙

一、个人储蓄领域金融消费者保护评述

1992年中国人民银行颁布的《储蓄管理条例》是个人储蓄领域维护金融消费者权益的基础性制度,从正式实施以来,在我国金融消费者保护领域起到了深远的影响,主要内容包括:(1)准确界定储蓄存款法律关系。储蓄是指个人将属于其所有的人民币或者外币存入储蓄机构,储蓄机构开具存折或者存单作为凭证,个人凭存折或者存单可以支取存款本金和利息,储蓄机构依照规定支付存款本金和利息的活动。(2)确立了储蓄存款领域基本原则。国家保护个人合法储蓄存款的所有权及其他合法权益,鼓励个人参加储蓄。储蓄机构办理储蓄业务,必须遵循“存款自愿,取款自由,存款有息,为储户保密”的原则。(3)赋予监管部门维护储户利益的权力。中国人民银行经国务院批准,可以采取适当措施稳定储蓄,保护储户利益。(4)设定了储蓄机构的基本义务。储蓄机构应当按照规定时间营业,不得擅自停业或者缩短营业时间。储蓄机构应当保证储蓄存款

本金和利息的支付,不得违反规定拒绝支付储蓄存款本金和利息。(5)规定了储蓄存款基本利率确定原则。储蓄存款利率由中国人民银行拟订,经国务院批准后公布,或者由国务院授权中国人民银行制定、公布。储蓄机构必须挂牌公告储蓄存款利率,不得擅自变动。活期储蓄存款在存入期间遇有利率调整,按结息日挂牌公告的活期储蓄存款利率计付利息。全部支取活期储蓄存款,按清户日挂牌公告的活期储蓄存款利率计付利息。(6)形成了存款保密制度。储蓄机构及其工作人员对储户的储蓄情况负有保密责任。储蓄机构不代任何单位和个人查询、冻结或者划拨储蓄存款,国家法律、行政法规另有规定的除外。《储蓄管理条例》从实施至今已经有二十多年时间,尽管其中的诸多规定已经被后续的制度进一步细化,但是在确定储户与储蓄机构权利义务关系方面依然发挥着核心作用。

1993 年中国人民银行对于《储蓄管理条例》中的若干内容进行了进一步的规定,颁布了《中国人民银行关于执行〈储蓄管理条例〉的若干规定》,涉及储户利益的内容主要包括:(1)将保护储户利益上升到宪法层面。国家宪法保护个人合法储蓄存款的所有权不受侵犯。储蓄机构办理储蓄业务必须遵循"存款自愿、取款自由、存款有息、为储户保密"的原则。(2)禁止储蓄机构限制储户存取自由。各储蓄机构必须保证储蓄存款的支取,不得以任何理由拒绝储蓄存款的提取。(3)禁止以利用不确切的广告宣传以及利用汇款、贷款或其他业务手段强迫储户存款等不正当方式吸收存款。(4)明确储蓄机构可以从事便民业务。储蓄机构可以办理代发工资、代收房租、水电费、电话费等服务性业务,代理服务性业务由各储蓄机构主管部门与被代理业务部门自行商定。(5)承认储户查询利息支付的权利。储户若发现利息支付有误,有权向经办的储蓄机构查询,储蓄机构应及时为储户复核,如核实确认有误,要如实更正。1995 年实施的《中国人民银行关于对〈储蓄管理条例〉有关条款的解释》将可以合法吸收公众存款的机构明确为银行、信用合作社和邮政企业。

随着个人与家庭收入的增长，居民储蓄法律纠纷日益增多，最高人民法院总结审判经验的基础上，于 1997 年颁布了《最高人民法院关于审理存单纠纷案件的若干规定》。法院在审理一般存单纠纷案件中，除应审查存单、进帐单、对帐单、存款合同等凭证的真实性外，还应审查持有人与金融机构间存款关系的真实性，并以存单、进帐单、对帐单、存款合同等凭证的真实性以及存款关系的真实性为依据，作出正确处理。法院对于存单持有人与金融机构举证责任的分配有利于维护金融消费者的合法权益。(1)持有人以上述真实凭证为证据提起诉讼的，金融机构应当对持有人与金融机构间是否存在存款关系负举证责任。(2)持有人以上述真实凭证为证据提起诉讼的，如金融机构不能提供证明存款关系不真实的证据，或仅以金融机构底单的记载内容与上述凭证记载内容不符为由进行抗辩的，金融机构应当承担兑付款项的义务。(3)持有人以在样式、印鉴、记载事项上有别于真实凭证，但无充分证据证明系伪造或变造的瑕疵凭证提起诉讼的，持有人应对瑕疵凭证的取得提供合理的陈述。如持有人对瑕疵凭证的取得提供了合理陈述，而金融机构否认存款关系存在的，金融机构应当对持有人与金融机构间是否存在存款关系负举证责任。2003 年《最高人民法院〈关于天津市邮政局与焦长年存单纠纷一案中如何分配举证责任问题的函复〉》中进一步明确，当储户银行卡内款项被转走，如果银行无法充分保护储户的存款安全，为了维护储户的合法权益，应当由金融机构对由此而产生的储户存款被盗取的风险承担责任。

根据 2000 年颁布的《个人存款账户实名制规定》规定，个人在金融机构开立个人存款账户时，应当出示本人身份证件，使用实名。代理他人在金融机构开立个人存款账户的，代理人应当出示被代理人和代理人的身份证件。金融机构及其工作人员负有为个人存款账户的情况保守秘密的责任。金融机构不得向任何单位或者个人提供有关个人存款账户的情况，并有权拒绝任何单位或者个人查询、冻结、扣划个人在金融机构的款项；但是，法律另有规定的除外。上述规定一方面确定了我国储蓄存款的实名制，另一方面也规定个人存款信息与存款财产受法律保护。

二、个人贷款领域金融消费者保护评述

尽管长期以来银行类金融机构都为个人提供贷款，但是直到最近几年，个人贷款领域金融消费者保护问题才开始引起重视。为了加强个人贷款业务审慎经营管理，促进个人贷款业务健康发展，2010 年银监会颁布了《个人贷款管理暂行办法》。该办法与金融消费者权益存在关联的内容主要包括：(1)规定个人贷款领域的基本原则。个人贷款应当遵循依法合规、审慎经营、平等自愿、公平诚信的原则。个人贷款的期限和利率应符合国家相关规定。贷款人应按区域、品种、客户群等维度建立个人贷款风险限额管理制度。个人贷款用途应符合法律法规规定和国家有关政策，贷款人不得发放无指定用途的个人贷款。(2)规定贷款人的贷款不应超过借款人还款能力。贷款人应建立借款人合理的收入偿债比例控制机制，结合借款人收入、负债、支出、贷款用途、担保情况等因素，合理确定贷款金额和期限，控制借款人每期还款额不超过其还款能力。(3)规定个人贷款申请人条件。个人贷款申请应具备以下条件：借款人为具有完全民事行为能力；贷款用途明确合法；贷款申请数额、期限和币种合理；借款人具备还款意愿和还款能力；借款人信用状况良好，无重大不良信用记录；贷款人要求的其他条件。(4)规定贷款人尽职调查主要内容。贷款人受理借款人贷款申请后，应履行尽职调查职责，对个人贷款申请内容和相关情况的真实性、准确性、完整性进行调查核实，形成调查评价意见贷款调查包括但不限于借款人基本情况；借款人收入情况；借款用途；借款人还款来源、还款能力及还款方式；保证人担保意愿、担保能力或抵(质)押物价值及变现能力。贷款调查应以实地调查为主、间接调查为辅，采取现场核实、电话查问以及信息咨询等途径和方法。

2013 年银监会颁布了修订后的《消费金融公司试点管理办法》，成为

金融消费领域的主要部门规章，涉及金融消费者合法权益保护的内容主要包括：(1)明确金融消费公司与消费贷款的含义。消费金融公司是指经银监会批准，在中华人民共和国境内设立的，不吸收公众存款，以小额、分散为原则，为中国境内居民个人提供以消费为目的的贷款的非银行金融机构。消费贷款是指消费金融公司向借款人发放的以消费(不包括购买房屋和汽车)为目的的贷款。(2)防止借贷过度，规定最高借款额度。消费金融公司向个人发放消费贷款不应超过客户风险承受能力且借款人贷款余额最高不得超过人民币 20 万元。(3)确定了金融消费贷款利率的计算标准。金融公司应当建立消费贷款利率的风险定价机制，根据资金成本、风险成本、资本回报要求及市场价格等因素，在法律法规允许的范围内，制定消费贷款的利率水平，确保定价能够全面覆盖风险。(4)规定金融消费公司的个人信息保密义务。消费金融公司对借款人所提供的个人信息负有保密义务，不得随意对外泄露。(5)禁止金融消费公司暴力催款。借款人未按合同约定归还贷款本息的，消费金融公司应当采取合法的方式进行催收，不得采用威胁、恐吓、骚扰等不正当手段。(6)要求交易条款公平合理。消费金融公司应当按照法律法规和银监会有关监管要求做好金融消费者权益保护工作，业务办理应当遵循公开透明原则，充分履行告知义务，使借款人明确了解贷款金额、期限、价格、还款方式等内容，并在合同中载明。

三、个人普通银行卡领域金融消费者保护评述

在个人银行卡业务发展的初期，监管机构主要关注点在于规范银行卡网络服务机构与防治利用银行卡进行传销与套现活动。例如，中国人民银行在 1995 年出台了《中国人民银行关于规范银行卡网络服务机构的通知》，随后又在 1998 年出台了《中国人民银行关于防止利用银行卡进行资金传销活动的通知》、《中国人民银行关于严禁利用信用卡、银行卡、支付卡违规套取现金的通知》等。1999 年 1 月 5 日颁布的《中国人民银行

关于下发〈银行卡业务管理办法〉的通知》成为这一时期个人银行卡领域金融消费者保护具有里程碑意义的制度。(1)规定银行开办银行卡业务需要经过严格的审批。商业银行开办银行卡业务应当满足开业 3 年以上,具有办理零售业务的良好业务基础;符合中国人民银行颁布的资产负债比例管理监控指标,经营状况良好;已就该项业务建立了科学完善的内部控制制度,有明确的内部授权审批程序;拥有合格的管理人员和技术人员和相应的管理机构;具备安全、高效的计算机处理系统等条件。(2)规定银行卡计息收费标准。发卡银行对准贷记卡及借记卡(不含储值卡)账户内的存款,按照中国人民银行规定的同期同档次存款利率及计息办法计付利息。发卡银行对贷记卡账户的存款、储值卡(含 IC 卡的电子钱包)内的币值不计付利息。(3)规定持卡人 ATM 机跨行取款收费标准。持卡人在 ATM 机跨行取款的费用由其本人承担,持卡人在其领卡城市之内取款,每笔收费不得超过 2 元人民币;持卡人在其领卡城市以外取款,每笔收费不得低于 8 元人民币。(4)规定发卡行的义务,包括向银行卡申请人提供有关银行卡的使用说明资料,包括章程、使用说明及收费标准。现有持卡人亦可索取上述资料;设立针对银行卡服务的公平、有效的投诉制度,并公开投诉程序和投诉电话;按月向持卡人提供账户结单向持卡人提供对账服务;向持卡人提供银行卡挂失服务,应当设立 24 小时挂失服务电话,提供电话和书面两种挂失方式,书面挂失为正式挂失方式,并在章程或有关协议中明确发卡银行与持卡人之间的挂失责任;在有关卡的章程或使用说明中向持卡人说明密码的重要性及丢失的责任;发卡银行对持卡人的资信资料负有保密的责任。(5)规定持卡人的权利,包括持卡人享有发卡银行对其银行卡所承诺的各项服务的权利,有权监督服务质量并对不符服务质量进行投诉;申请人、持卡人有权知悉其选用的银行卡的功能、使用方法、收费项目、收费标准、适用利率及有关的计算公式;持卡人有权在规定时间内向发卡银行索取对账单,并有权要求对不符账务内容进行查询或改正;借记卡的挂失手续办妥后,持卡人不再承担相应卡账户资金变动的责任，司法机关、仲裁机关另有判决的除外；持卡人有权索取信用卡领用合约，并应妥善保管。

随着我国银行卡业务快速发展，发卡量大幅上升，违法犯罪问题大量滋生，损害了持卡人的利益，有鉴于此，2004 年《中国银行业监督管理委员会关于加强银行卡安全管理有关问题的通知》正式公布实施，要求从以下 8 个方面加强银行卡安全管理，维护持卡人权益：(1)加强对银行卡交易密码的管理，交易密码的设置不得少于六位，交易密码的生成方式应采用随机生成或者由持卡人自行输入，并且对密码连续输入错误的银行卡实施账户锁定；(2)加强对银行卡持卡人账户信息的保护；(3)注重对银行卡持卡人有效身份的确认，对于持卡人在 POS 机上进行刷卡消费行为的，应要求商户核对持卡人的签名；在进行电子银行交易时，可以采取动态密码技术和增加持卡人身份号码验证等方法增强交易的安全性；(4)加强对银行卡的挂失管理，做到实时冻结挂失账户，并做好投诉服务；(5)在发放新的银行卡时，必须给持卡人发放专门的"安全用卡须知"，提醒持卡人安全使用银行卡；(6)加强对 ATM 机和自助银行的定期巡视检查，提供银行卡挂失、投诉服务的联系电话号码，方便持卡人；(7)加强跨行交易数据的安全管理，对于其他商业银行的银行卡信息应尽到充分的保密义务。没有尽到充分的保密义务造成信息外泄的，应承担由此给其他银行和其他银行卡持卡人所造成的损失；(8)采取卡片验证码校验措施，提高磁条卡的安全性。2005 年中国人民银行还出台了《中国人民银行关于防范银行卡短信诈骗的通知》要求各商业银行和有关单位：(1)利用各种途径和渠道，向持卡人告知短信诈骗情况，提醒持卡人及时防范；(2)开通自动取款机(ATM)跨行转账业务的商业银行对每日转账的金额和次数进行限制；(3)统一使用各商业行客户服务电话向持卡人提供短信服务；(4)配合公安机关做好银行卡短信诈骗案件的侦查工作。除此之外，为防范银行卡诈骗，保障银行卡资金安全，维护持卡人权益，中国人民银行提醒持卡人：(1)提高对各类短信诈骗的防范意识；(2)增强安全用卡意识；(3)

采取必要防范措施，打击银行卡欺诈活动。

因虚假申领银行卡进行商户 POS 套现行为引发的欺诈风险事件频繁发生，涉嫌欺诈的交易金额水平有所上升，商业银行开展银行卡业务面临的信用风险、操作风险、合规风险等呈现上升态势，2007 年《中国银监会办公厅关于加强银行卡发卡业务风险管理的通知》正式公布，要求银行类金融机构加强银行卡发卡业务风险管理：(1)银行卡发卡业务应执行严格的资信审批程序；(2)银行卡发卡业务应遵守严格的授信额度管理制度；(3)银行卡发卡业务应高度重视合规性管理；(4)银行机构应充分利用有效的风险管理系统；(5)银行机构应采取有效方式密切监测和防范银行卡欺诈交易。2009 年《中国人民银行、中国银行业监督管理委员会、公安部、国家工商总局关于加强银行卡安全管理预防和打击银行卡犯罪的通知》正式发布，要求银行类金融机构：(1)保护持卡人信息安全。发卡机构应建立有效的信息安全防护系统，保护持卡人信息安全。要为申请人提供安全可靠的密码设置和修改服务，密码应能通过柜台、电话银行等渠道快速、安全修改；(2)完善对交易信息的动态监测。发卡机构要建立和完善银行卡交易监测系统，建立持卡人主体交易信息数据库，实现对持卡人信息的风险防控；(3)加强大额、可疑交易信息监测和报送；(4)加强 ATM 巡检、监控，及时发现和排除风险隐患等。

2009 年 3 月 2 日，银监会发布了《关于进一步加强银行卡服务和管理有关问题的通知》，要求各银行针对银行卡业务存在的问题，进一步加强金融服务和管理：(1)对特殊客户开设绿色通道，提供上门服务。对于因老弱病残、出国、意外事件等特殊原因，无法办理须由持卡人本人亲自办理业务的特殊客户，要求各银行开设绿色通道，做到特事特办，急事急办，做好柜台延伸服务，必要时要提供上门服务。(2)规范业务管理，方便持卡人用卡。要求各银行对借记卡存款、取款、挂失等业务开放代办业务，对 5 万元以上(含)取款、挂失申请，代理人提供双方身份证件即可办理；对遗忘信用卡密码的，在严格核实确认持卡人身份后，及时办理密码重置服务;对遗忘借记卡密码的,当场可以核实确认持卡人本人身份的,及时为其办理密码重置服务,当场不能核实确认的,应在调查核实确认身份后7日内办理完毕;对持卡人本人或其代理人的挂失申请,应在接到挂失申请并核实挂失人的身份后,立即冻结挂失卡片;对持卡人本人提出的解冻申请,应在严格核实持卡人身份后及时办理解冻或补发新卡等挂失后续处理。(3)保护持卡人信息和用卡人用卡安全,预防银行卡违法犯罪。要求各银行完成对POS机打印凭条上银行卡号码相关数位的屏蔽工作。对必要的安全提示和服务电话等,要通过银行自助设备的电子屏幕显示,不再采用其他方式张贴各类说明。要强化对收单业务的风险管理,加强对商户的审查和培训,培育良好的用卡环境。(4)做好投诉服务,确保社会公众对银行服务质量的投诉渠道畅通和快速解决。各银行派专人对持卡人用卡过程中出现的、柜台人员难以当场解决的问题进行协商,提出妥善处理的办法,不得对持卡人的合理要求置之不理。

2014年1月8日,《中国人民银行关于加强银行卡业务管理的通知》正式颁布实施,要求从以下方面强化银行法风险管理,维护持卡人合法权益:(1)发卡银行应明确告知持卡人银行卡收费项目及标准、协议和章程的主要条款、不同支付渠道下的安全用卡知识等内容,不得损害持卡人的知情权和选择权;(2)应提醒持卡人妥善保管银行卡,并在协议中明确约定持卡人不得出租、出借、转卖银行卡;(3)应将对持卡人的风险教育流程化、规范化持续提升服务水平。

四、个人信用卡领域金融消费者保护评述

1992年12月29日,中国人民银行颁布了《信用卡业务管理暂行办法》,这是个人信用卡领域第一部重要的政府规章。由于当时中国信用卡业务正处于发展初期,中国人民银行主要规定的是银行申请开办信用卡业务的基本要求,但同时也规定了各银行发行人民币信用卡必须附具章程,载明信用卡帐户中备用金存款利率、透支额度、透支利率等事项,以及

办卡年费、挂失费等收费标准。上述规定对于保护持卡人的知情权起到了关键作用。在总结信用卡监管经验的基础上，1996 年中国人民银行正式颁布了《信用卡业务管理办法》，在以下方面维护了持卡人的合法权益：(1)明确持卡人透支限额与期限。允许持卡人在本办法规定的限额和期限内进行消费用途的透支，并对金卡和普通卡的透支额度进行了规定。信用卡的透支期限最长为 60 天。(2)规定了透支利息以及恶意透支认定标准，有利于区分非恶意透支的情况。恶意透支是指持卡人以非法占有为目的，超过规定限额或规定期限，并且经过卡银行催收无效的透支行为；(3)特约单位不得以任何理由拒绝受理持卡人合法持有的、签约银行发行的有效信用卡，不得因持卡人使用信用而向其收取附加费用。1997 年中国人民银行在《关于加强信用卡业务透支风险管理的通知》进一步明确，各银行要严格对信用卡申请人的资信审查，通过多种渠道核实申请人身份，严禁为无稳定职业、无稳定收入、无固定住所、无合法担保的申请人发放信用卡。这对于防范金融机构滥发信用卡导致不具有透支还款能力的金融消费者滥引发不必要的法律责任起到了促进作用。

1999 年颁布的《中国人民银行关于下发〈银行卡业务管理办法〉的通知》同时也是信用卡领域的基础性法律制度，在《银行卡业务管理办法》实施之后，中国人民银行 1996 年颁布的《信用卡业务管理办法》同时废止。《银行卡业务管理办法》涉及金融金融消费者保护的规定主要包括：(1)贷记卡持卡人非现金交易享受免息还款期待遇。银行记账日至发卡银行规定的到期还款日之间为免息还款期。免息还款期最长为 60 天。持卡人在到期还款日前偿还所使用全部银行款项即可享受免息还款期待遇，无须支付非现金交易的利息；(2)贷记卡持卡人非现金交易享受最低还款额待遇。持卡人在到期还款日前偿还所使用全部银行款项有困难的，可按照发卡银行规定的最低还款额还款；(3)发卡银行应当认真审查信用卡申请人的资信状况，根据申请人的资信状况确定有效担保及担保方式。发卡银行应当对信用卡持卡人的资信状况进行定期复查，并应当根据资信状况的变化调整其信用额度。

随着信用卡的使用日益普及，银行为了扩大市场份额开始利用中介机构招揽信用卡客户，一些不法分子打着“银行中介代理公司”、“贷款中介”等名义，为客户代办信用卡并利用信用卡的透支额度和免息期，通过虚构POS机刷卡消费骗取高额手续费和银行资金，出现了大量信用卡申请人被骗或者其信用卡被盗刷等情况，为此，中国人民银行和中国银行业监督管理委员会于2006年3月8日联合发布《关于防范信用卡业务风险有关问题的通知》，要求信用卡发卡机构对信用卡申请人进行严格的身份核定和信用审查；慎重选择发卡营销外包服务商，并严格管理与发卡营销外包服务商之间的外包关系；发现不法中介骗领信用卡收取高额手续费和骗取银行资金的，应联合工商、公安等部门对其进行打击和处理。除了上述情况之外，在部分地区还相继发生不法分子利用盗取的客户信息，通过克隆信用卡盗取客户资金的诈骗案件。为此，银监会在2008年5月19日出台《中国银监会办公厅关于信用卡套现活跃风险提示的通知》要求各银行类金融机构采取有效措施打击犯罪行为，主要措施包括：(1)进一步加强网点营业秩序管理；(2)提升存折和银行卡技术防范的科技含量；(3)加大营业场所客户安全宣传力度；(4)加强对特约商户的管理；(5)要加强银行交易信息系统开发外包业务安全管理，防止外包业务技术泄密问题发生，保障银行系统运行和客户资金的安全；(6)健全银行网点应急和突发事件处理预案。

2009年4月28日《中国银监会办公厅关于进一步加强信用卡业务风险管理的通知》颁布实施，尽管该通知的着眼点在于督促银行合理控制信用卡业务风险，但是起到了促进金融消费者合法权益的客观效果。一方面发卡行应甄别客户，提高发展质量各商业银行应严格审核信用卡申请人的信用资质，对于没有稳定收入来源和还款能力存在问题的申请人要审慎评估。各商业银行应合理确定持卡人的信用额度，不得为追求发卡量和收取罚息给予超过其还款能力的授信额度。另一方面，发卡行要加强服务，改进投诉处理各商业银行要高度重视信用卡投诉的处理工作。

除电话沟通等方式外，各商业银行应加强与投诉客户开展面对面的沟通工作，认真倾听客户的意见，注意反思自身工作的不足，制定合理的解决方案并及时向客户反馈，取得客户的理解与认同。此外，银监会还将加强对各商业银行处理信用卡投诉情况的监管工作，对处理投诉不力的商业银行将采取必要的监管措施。为规范银行信用卡相关广告内容，维护广告市场秩序和信用卡持卡人权益，2009 年 5 月 12 日《国家工商行政管理总局广告管理提示公告——规范银行信用卡相关广告内容》要求广告发布者、广告经营者要认真履行广告发布审查的法定责任和义务，依照有关法律、法规查验有关证明文件，核实信用卡相关广告内容，不得为无营业执照或没有发卡机构授权的中介机构设计、制作、代理、发布信用卡广告。此外，信用卡相关广告中，不得含有“信用卡提现”、“信用卡贷款”、“POS 消费提现”、“刷卡取现”、“办卡刷卡一条龙服务”、“代还信用卡透支款”等违法违规提供信用卡办理和提现服务的内容。

2009 年 6 月 23 日银监会颁布了《中国银监会关于进一步规范信用卡业务的通知》，要求各发卡行：(1)规范发卡营销行为。银行业金融机构应建立发卡营销行为规范机制，在营销过程中必须履行必要的信息披露，营销人员必须充分告知申请人有关信用卡的收费政策、计罚息政策，积极提示所申请的信用卡产品的潜在风险，并请申请人确认已知晓和理解上述信息。银行业金融机构应通过适当方式积极为客户提供信用卡账单通知和还款提醒服务。(2)保护客户个人信息。银行业金融机构对本机构在发卡营销过程中获取的客户个人信息负有保护信息安全的义务。银行业金融机构应实行严格的文档管理和客户信息保护制度，妥善管理信用卡申请表等重要文档，对信用卡申请表应实行统一印制，统一保管，统一编号，严格领用，防范仿制。(3)禁止激活前收费。持卡人激活信用卡前，银行业金融机构不得扣收任何费用，持卡人以书面、客户服务中心电话录音或电子签名方式授权银行业金融机构扣收费用的除外。(4)限制发卡人群。银行业金融机构应遵循审慎原则向学生发放信用卡。不得向未满

18 周岁的学生发放信用卡。(5)考察申请人还款能力。银行业金融机构应对信用卡申请人资信水平和还款能力进行尽职调查，申请人应拥有固定工作，或稳定的收入来源，或提供可靠的还款保障。申请人不能满足上述条件但确有必要发卡的，银行业金融机构应对发卡适用范围做出明确规定，建立相应的发卡管理机制。(6)防止累计信用额度过高。银行业金融机构对经查在他行已有信用卡授信，但客户个人偿还能力与各行累计授信额度存在较大差距的申请人，应严格控制发卡。(7)监管催收外包服务。银行业金融机构对因催收外包管理不力，造成催收外包机构损害欠款人或其他相关人合法权益的，银行业金融机构承担相应的外包风险管理责任。监管部门将视情况追究相关银行业金融机构和人员责任，视严重程度采取责令限期整改，限制、暂停或停止其信用卡新发卡业务，以及实施其他相应的行政处罚等审慎性监管措施。

为规范商业银行信用卡业务，保障客户及银行的合法权益，促进信用卡业务健康有序发展，银监会在总结信用卡领域长期监管经验的基础上，在 2011 年 1 月 13 日颁布了《商业银行信用卡业务监督管理办法》，成为个人信用卡领域保护金融消费者合法权益最为核心的法律文件。(1)规定个人信用卡业务基本原则。首先，商业银行经营信用卡业务，应当严格遵守国家法律、法规、规章和有关政策规定，遵循平等、自愿和诚实信用的原则。其次，商业银行经营信用卡业务，应当依法保护客户合法权益和相关信息安全。未经客户授权，不得将相关信息用于本行信用卡业务以外的其他用途。再次，商业银行经营信用卡业务，应当充分向持卡人披露相关信息，揭示业务风险，建立健全相应的投诉处理机制。(2)规范发卡信息披露。发卡银行印制的信用卡申请材料文本应当至少包含申请人信息、合同信息、费用信息以及其他重要信息，例如，申请人已持有的信用卡及其授信额度、申请人声明、申请人确认栏和签名栏、发卡银行服务电话和银行网站、投诉渠道等。“重要提示”应当在信用卡申请材料中以醒目方式列示，至少包括申请信用卡的基本条件、所需基本申请资料、计结息规则、年费/滞纳金/超限费收取方式、阅读领用合同(协议)并签字的提示、申请人信息的安全保密提示、非法使用信用卡行为相关的法律责任和处理措施的提示、其他对申请人信用和权利义务有重大影响的内容等信息。申请人确认栏应当载明以下语句,并要求客户抄录后签名:"本人已阅读全部申请材料,充分了解并清楚知晓该信用卡产品的相关信息,愿意遵守领用合同(协议)的各项规则。"(3)严格要求本人签名。发卡银行应当公开、明确告知申请人需提交的申请材料和基本要求,申请材料必须由申请人本人亲自签名,不得在客户不知情或违背客户意愿的情况下发卡。发卡银行受理的信用卡附属卡申请材料必须由主卡持卡人以亲自签名、客户服务电话录音、电子签名或持卡人和发卡银行双方均认可的方式确认。(4)必须进行资信调查。发卡银行应当对信用卡申请人开展资信调查,充分核实并完整记录申请人有效身份、财务状况、消费和信贷记录等信息,并确认申请人拥有固定工作、稳定的收入来源或可靠的还款保障。(5)规范信用卡发放。发卡银行发放信用卡应当符合安全管理要求,卡片和密码应当分别送达并提示持卡人接收。信用卡卡片发放时,应当向持卡人书面告知信用卡账单日期、信用卡章程、安全用卡须知、客户服务电话、服务和收费信息查询渠道等信息,以便持卡人安全使用信用卡。(6)把控信用卡激活环节。发卡银行应当建立信用卡激活操作规程,激活前应当对信用卡持卡人身份信息进行核对。不得激活领用合同(协议)未经申请人签名确认、未经激活程序确认持卡人身份的信用卡。对新发信用卡、挂失换卡、毁损换卡、到期换卡等必须激活后才能为持卡人开通使用。信用卡未经持卡人激活,不得扣收任何费用。在特殊情况下,持卡人以书面、客户服务电话录音、电子签名、持卡人和发卡银行双方均认可的方式单独授权扣收的费用,以及换卡时已形成的债权债务关系除外。(7)管理超限额度服务。信用卡未经持卡人申请并开通超授信额度用卡服务,不得以任何形式扣收超限费。持卡人可以采用口头(客户服务电话录音)、电子、书面的方式开通或取消超授信额度用卡服务。发卡银行必须在为持卡人开通超授信额度用卡服务之前，提供关于超限费收费形式和计算方式的信息，并明确告知持卡人具有取消超授信额度用卡服务的权利。发卡银行收取超限费后，应当在对账单中明确列出相应账单周期中的超限费金额。(8)增强信用卡服务透明度。发卡银行应当提供信息查询服务，通过银行网站、用卡手册、电子银行等多种渠道向持卡人公示信用卡产品和服务、使用说明、章程、领用合同(协议)、收费项目和标准、风险提示等信息。发卡银行应当提供对账服务。对账单应当至少包括交易日期、交易金额、交易币种、交易商户名称或代码、本期还款金额、本期最低还款金额、到期还款日、注意事项、发卡银行服务电话等要素。对账服务的具体形式由发卡银行和持卡人自行约定。(9)严禁暴力恐吓催收。发卡银行应当对债务人本人及其担保人进行催收，不得对与债务无关的第三人进行催收，不得采用暴力、胁迫、恐吓或辱骂等不当催收行为。对催收过程应当进行录音，录音资料至少保存 2 年备查。

五、银行业金融消费者保护制度的建立

尽管我国银行业金融消费者保护逐步发展和完善，但是一直没有专门的制度集中保护金融消费者，这一缺憾在 2013 年 8 月 30 日《银行业消费者权益保护工作指引》颁布后得以改善。指引分 5 个章节，共 43 条，涵盖了银行业消费者权益保护内容、银行业金融机构责任和监管部门作用三大方面，具体而言，主要包括以下 12 项内容：(1)明确银行领域金融消费者保护的内涵。银行业消费者是指购买或使用银行业产品和接受银行业服务的自然人。(2)明确银行金融消费者的基本权利。银行业消费者有权依法主张自身合法权益不受侵害，并对银行业金融机构消费者权益保护工作进行监督，提出批评和建议，对侵害自身合法权益的行为和相关人员进行检举和控告。(3)明确银行业金融消费者的知情权与选择权。银行业金融机构应当尊重银行业消费者的知情权和自主选择权，履行告知义务，不得在营销产品和服务过程中以任何方式隐瞒风险、夸大收益，

或者进行强制性交易。(4)明确银行业金融消费者的公平交易权。银行业金融机构应当尊重银行业消费者的公平交易权,公平、公正制定格式合同和协议文本,不得出现误导、欺诈等侵害银行业消费者合法权益的条款。(5)禁止向金融消费者出售超过承受能力的产品与服务。银行业金融机构应当了解银行业消费者的风险偏好和风险承受能力,提供相应的产品和服务,不得主动提供与银行业消费者风险承受能力不相符合的产品和服务。(6)明确金融消费者的信息安全权。银行业金融机构应当尊重银行业消费者的个人金融信息安全权,采取有效措施加强对个人金融信息的保护,不得篡改、违法使用银行业消费者个人金融信息,不得在未经银行业消费者授权或同意的情况下向第三方提供个人金融信息。(7)明确金融机构的自有产品与代销。银行业金融机构应当在产品销售过程中,严格区分自有产品和代销产品,不得混淆、模糊两者性质向银行业消费者误导销售金融产品。(8)要求金融收费合法透明。银行业金融机构应当严格遵守国家关于金融服务收费的各项规定,披露收费项目和标准,不得随意增加收费项目或提高收费标准。(9)禁止拒绝金融消费者合理需求。银行业金融机构应当坚持服务便利性原则,合理安排柜面窗口,缩减等候时间,不得无故拒绝银行业消费者合理的服务需求。(10)禁止银行服务歧视。银行业金融机构应当尊重银行业消费者,照顾残疾人等特殊消费者的实际需要,尽量提供便利化服务,不得有歧视性行为。(11)建立消费者保护机制。银行业金融机构应当加强银行业消费者权益保护工作的体制机制建设,建立健全银行业消费者权益保护工作制度体系,加强产品和服务信息的披露,主动开展银行业金融知识宣传教育活动,完善银行业消费者投诉处置工作机制,加强对投诉处理结果的跟踪管理,对银行业消费者权益保护工作制度建设及执行情况进行独立的审查和评价。(12)加强监督检查。银行业消费者权益保护工作是银行业监管工作的重要组成部分。银监会及其派出机构应当在市场准入、非现场监管、现场检查等各个监管环节充分体现、落实银行业消费者权益保护工作的理念和要求。

第三部分　银行业金融消费者权益保护的重要规则索引

一、银行理财业务中的重要规章、规范性文件汇总(朱小川)

时间	法律法规明细	发布单位或文号	内容概要
2004 年 2 月 4 日	金融机构衍生产品交易业务管理暂行办法	中国银行业监督管理委员会令 2004 年第 1 号	介绍了衍生品交易业务的分类、界定了从事衍生品交易的基本条件与风险管控措施等主要内容
2005 年 9 月 24 日	商业银行个人理财业务管理暂行办法	中国银行业监督管理委员会令 2005 年第 2 号	明确了个人理财业务的分类与定义、业务和风险管理、监督机制和法律责任。
2005 年 11 月 1 日	商业银行个人理财业务风险管理指引	银监发【2005】63 号	对个人理财顾问服务的风险管理、综合理财服务的风险管理和理财产品的风险管理进行了指导。
2006 年 4 月 18 日	商业银行开办代客境外理财业务管理暂行办法	银监会和外管局共同发布,银发【2006】121 号	规定了代客境外理财的业务准入管理、投资购汇额度和汇兑管理、资金流出入管理和信息披露与监督管理;允许境内机构和居民个人委托境内商业银行在境外进行金融产品投资。
2006 年 6 月 21 日	关于商业银行开展代客境外理财业务有关问题的通知	银监办发【2006】164 号	明确了商业银行开展代客境外理财业务的相关业务流程。

（续表）

时间	法律法规明细	发布单位或文号	内容概要
2006 年 6 月 23 日	关于商业银行开展个人理财业务风险提示的通知	无	针对个人理财业务发展中出现的各类投诉和暴露出来的新问题发出专项风险提示，包括个人理财业务所面临的声誉风险、法律风险、市场风险、操作风险和策略风险等风险。
2007 年 5 月 10 日	关于调整商业银行代客境外理财业务境外投资范围的通知	银监办发【2007】114 号	调整了商业银行代客境外理财业务中的投资范围，允许商业银行代客投资于已与银监会签订代客境外理财业务监管合作谅解备忘录的境外监管机构监管的股票市场，以及上述境外监管机构所批准、登记或认可的公募基金。
2007 年 11 月 28 日	关于调整商业银行个人理财业务管理有关规定的通知	银监办发【2007】241 号	商业银行发行保证收益性质的理财产品由批准制改为报告制。
2008 年 4 月 3 日	关于进一步规范商业银行个人理财业务有关问题的通知	银监办发【2008】47 号	通知从产品设计、客户评估、宣传销售、信息披露、投诉处理等方面对银行个人理财业务提出了规范性要求，细化原有的监管规范，涉及理财产品的售前、中和后三个环节。
2008 年 12 月 4 日	银行与信托公司业务合作指引	银监发【2008】83 号	界定了银信合作理财产品的运作方式、基本要求、风险控制和信息披露等主要内容。

（续表）

时间	法律法规明细	发布单位或文号	内容概要
2009 年 7 月 6 日	关于进一步规范商业银行个人理财业务投资管理有关问题的通知	银监发【2009】65 号	对银行理财产品的投资管理、投资范围、投资比例、资产托管、信息披露、会计处理等作了明确的规定，突出实现产品特征与客户风险承受能力相匹配、维护资产安全的主旨。
2009 年 7 月 31 日	关于进一步加强银行业金融机构与机构客户交易衍生产品风险管理的通知	银监发【2009】74 号	细化了与机构客户交易衍生产品的风险管理工作，要求商业银行认真评估衍生产品交易业务每个环节的风险点，包括机构客户适合度及真实需求背景、销售管理及信息披露、风险控制及考核激励机制、后评价及法律文本、管理信息系统等方面，加强对薄弱环节的风险防范。
2009 年 12 月 14 日	关于进一步规范银信合作有关事宜的通知	银监发【2009】111 号	针对银行间信贷资产通过银信合作理财产品在表内表外的频繁进出的现象，通知要求银行发行的理财产品不得承接本行存量信贷资产。
2009 年 12 月 23 日	关于规范信贷资产转让及信贷资产类理财业务的通知	银监发【2009】113 号	商业银行必须进行真实的信贷资产转让；转出方不得安排回购条件，禁止资产转让双方采取签署回购协议，即期买断加远期回购协议等方式规避监管。

（续表）

时间	法律法规明细	发布单位或文号	内容概要
2009 年 12 月	商业银行资产证券化风险暴露监管资本计量计算	银监发【2009】116 号	对于商业银行资产证券化业务要求计提监管资本，并强调银行存贷比必须在 2010 年 6 月底完全达标。
2010 年 1 月 13 日	保监会、银监会联合印发《关于加强银行代理寿险业务结构调整促进银行代理寿险业务健康发展的通知》	保监发【2010】4 号	从加强监管协作，深化银保合作的角度，对完善银保业务准入制度，建立银保业务退出机制和多方合作机制，规范代理合同和手续费支付行为，严厉查处不正当竞争行为方面提出了要求。
2010 年 8 月 12 日	关于规范银信理财合作业务有关事项的通知	银监发【2010】72 号	全面调整此前规定的银信合作理财业务开展方式；规定商业银行应将银信合作理财产品从表外纳入表内并计提拨备，并且不得发行开放式及期限在一年以下的银信合作理财产品。
2010 年 12 月	关于进一步规范银行业金融机构信贷资产转让业务的通知	银监发【2010】102 号	细化四类信贷转让禁区，不得使用理财资金直接购买信贷资产。
2011 年 1 月 27 日	中国银行业监督管理委员会关于修改〈金融机构衍生产品交易业务管理暂行办法〉的决定	中国银行业监督管理委员会令 2011 年第 1 号	增加了“银行业金融机构向客户销售的理财产品若具有衍生产品性质，其产品设计、交易、管理适用本办法，客户准入以及销售环节适用中国银监会关于理财业务的相关规定。对个人衍生产品交易的风险评估和销售环节适用个人理财业务的相关规定”等内容。

（续表）

时间	法律法规明细	发布单位或文号	内容概要
2011 年 1 月	关于进一步规范银信理财合作业务的通知	银监发【2011】7 号	督促商业银行将银信合作理财业务表外资产转入表内，同时间接督促信托公司压缩银信合作信托贷款业务。
2011 年 1 月	关于银行业金融机构做好个人金融信息的保护工作的通知	银发【2011】17 号	对银行业金融机构收集、使用和对外提供个人金融信息等有关工作提出了具体的要求。
2011 年 3 月	关于银行业金融机构免除部分服务收费的通知	中国银监会、人民银行、国家发改委联合发布银监发【2011】22 号	对银行业金融机构的收费项目予以梳理，决定免除部分服务收费。
2011 年 5 月 13 日	关于规范银信理财合作业务转表范围及方式的通知	银监办发【2011】148 号	意在进一步督促各银行按照时间表做好银信理财合作业务资产转表工作。
2011 年 6 月底	银监会召开内部会议，要求清查六种违规理财产品并进行整顿		该会议主要就银行发短期产品高息揽储、多个产品对应多笔资金池的运作方式、用理财资金发放委托贷款、绕开信托展信托收益权类业务，有意缩小信贷资产转让业务范围、商业银行购买他行或本行的理财产品等违规做法作出详细的禁止性定。
2011 年 7 月 5 日	银监会下发了一份针对银行理财业务进行规范的会议纪要。	无	要求银行对包括理财资产池中涉及委托贷款、信托转让、信贷资产转让、监管套利的票据，以及高息揽存、银银合作等在内的违规行为进行自查整改。

(续表)

时间	法律法规明细	发布单位或文号	内容概要
2011 年 7 月 25 日	关于进一步落实各银行法人机构银信理财合作业务转表计划有关情况的通知	银监办便函【2011】353 号	要求各商业银行在 2011 年底前将银信理财合作业务表外资产全部转入表内。该便函还要求各银行监管部和非银部在做好上述工作的同时对商业银行和信托公司一并开展转表情况督查工作。
2011 年 8 月	关于加强电子银行客户信息管理工作的通知	银监发【2011】86 号	就加强商业银行电子银行业务中电子资金转移与支付环节的客户信息管理工作提出了要求。
2011 年 10 月 9 日	商业银行理财产品销售管理办法	中国银行业监督管理委员会令 2011 年第 5 号	明确了商业银行开展理财产品销售的基本原则、从规范法律文本、完善产品评级与风险评估、健全产品销售体系、完备内控和报告制度等方面对商业银行理财产品的销售行为作出了全面、系统的规定。
2011 年 9 月 30 日	银监会发布《关于进一步加强商业银行理财业务风险管理有关问题的通知》	银监发【2011】91 号	规定商业银行不得通过发行短期和超短期、高收益的理财产品变相高息揽储，在月末、季末变相调节存贷比等监管指标，进行监管套利；应重点加强对期限在一个月以内的理财产品的信息披露和合规管理，杜绝不符合监管规定的产品。

（续表）

时间	法律法规明细	发布单位或文号	内容概要
2011 年 11 月 11 日	银监会第四次经济金融形势通报分析会		指出禁止通过发行短期理财产品变相高息揽储、规避监管要求、进行监管套利；基本禁发 1 个月以下的超短期理财产品。
2012 年 1 月 11 日	银监会通过窗口指导方式叫停票据信托业务。		票据信托业务业务和银信合作类似，可以帮助银行变相绕开信贷规模管控
2012 年 1 月 20 日	中国银监会关于整治银行业金融机构不规范经营的通知	银监发【2012】3 号	提出银行经营的“七不准”要求，即不得以贷转存，不得存贷挂钩，不得以贷收费，不得浮利分费，不得借贷搭售，不得一浮到顶，不得转嫁成本；也明确了银行收费的四项基本要求，即合规收费，以质订价，公开透明，减费让利。
2012 年 3 月	关于完善银行业金融机构客户投诉处理机制切实做好金融消费者保护工作的通知	银监发【2012】13 号	对银行业金融机构处理金融消费者投诉事项提出了一系列要求。
2012 年 12 月 12 日	关于加强银行理财产品销售自律工作的十条约定	中国银行业协会发布	要求银行明示理财产品的风险，同时提前对客户的风险承受能力做出评估。银行在销售理财产品时，一旦违反这些约定，将被予以通报。

（续表）

时间	法律法规明细	发布单位或文号	内容概要
2012 年 12 月 14 日	关于银行业金融机构代销业务风险排查的通知	银监办发【2012】335 号	通知要求各银行业金融机构应加强内部管理，对本行代理销售的第三方产品的业务流程进行全面风险排查，至少包括“是否建立对被代理机构的审慎尽职调查和全行统一的内部审批制度及流程；是否建立持续性跟踪评价机制；是否对违规行为和重大风险的被代理机构建立退出机制”等 10 大排查点。
2013 年 3 月 25 日	关于规范商业银行理财业务投资运作有关问题的通知	银监发【2013】8 号	严格管控非标准化债权资产，控制规模，规范通道和代销业务。
2013 年 6 月 14 日	中国银监会办公厅关于全国银行业理财信息登记系统（一期）运行工作有关事项的通知	银监办发【2013】167 号	银行业金融机构发行设计的理财产品实行全国统一的电子化报告和信息登记制度，总行应在理财产品销售前 10 个工作日，通过系统向银监会或属地银监局报告产品相关信息。
2013 年 9 月 4 日	中国银监会关于印发《银行业消费者权益保护工作指引》的通知	银监发【2013】38 号	《指引》分为五个章节，包括“总则”、“行为准则”、“制度保障”、“监督管理”、“附则”，共四十三条，涵盖了对银行业消费者权益保护对象、监管对象和监管主体的界定，以及银行业消费者权益保护内容、银行业金融机构责任和监管部门作用的表述。

资料来源：中国银监会网站、中国社会科学院金融研究所金融产品中心等。

二、银行业其他业务的重要法律法规等索引(史广龙)

序号	名称	层级	颁布日期
基础性法律与司法解释			
1	中华人民共和国消费者权益保护法(2013 年修订)	法律	1993.10.31
2	中华人民共和国商业银行法(2003 年修订)	法律	1995.03.18
3	中华人民共和国合同法	法律	1999.03.15
4	最高人民法院关于适用《中华人民共和国合同法》若干问题的解释(一)	司法解释	1999.12.29
5	最高人民法院关于适用《中华人民共和国合同法》若干问题的解释(二)	司法解释	2009.04.24
6	中国银行业监督管理委员会关于印发《银行业消费者权益保护工作指引》的通知	规范性文件	2013.08.30
个人储蓄			
7	储蓄管理条例	行政法规	1992.12.11
8	中国人民银行关于执行《储蓄管理条例》的若干规定	规范性文件	1993.01.21
9	中国人民银行关于对《储蓄管理条例》有关条款的解释	规范性文件	1995.07.20
10	最高人民法院关于审理存单纠纷案件的若干规定	司法解释	1997.12.11
11	个人存款账户实名制规定		2000.03.20
12	最高人民法院《关于天津市邮政局与焦长年存单纠纷一案中如何分配举证责任问题的函复》	司法解释	2003.11.06
个人贷款			
13	个人贷款管理暂行办法	部门规章	2010.02.12
14	消费金融公司试点管理办法	部门规章	2013.11.14

（续表）

序号	名称	层级	颁布日期
个人普通银行卡			
15	银行卡业务管理办法	部门规章	1999.01.05
16	中国银行业监督管理委员会关于加强银行卡安全管理有关问题的通知	规范性文件	2004.03.17
17	中国人民银行、国家发展和改革委员会、公安部等关于促进银行卡产业发展的若干意见	规范性文件	2005.04.24
18	中国人民银行关于防范银行卡短信诈骗的通知	规范性文件	2005.10.17
19	中国银监会办公厅关于加强银行卡发卡业务风险管理的通知	规范性文件	2007.02.26
20	中国银监会关于进一步加强银行卡服务和管理有关问题的通知	规范性文件	2009.03.02
21	中国人民银行、中国银行业监督管理委员会、公安部、国家工商总局关于加强银行卡安全管理预防和打击银行卡犯罪的通知	规范性文件	2009.04.27
22	中国人民银行关于加强银行卡业务管理的通知	规范性文件	2014.01.08
个人信用卡			
23	银行卡业务管理办法	部门规章	1999.01.05
24	中国人民银行、中国银行业监督管理委员会关于防范信用卡风险有关问题的通知	规范性文件	2006.03.08
25	中国银监会办公厅关于防范不法分子利用克隆银行存折或信用卡盗取客户资金的通知	规范性文件	2007.12.03
26	中国银监会办公厅关于信用卡套现活跃风险提示的通知	规范性文件	2008.05.19

（续表）

序号	名称	层级	颁布日期
27	公安部经济犯罪侦查局关于对以虚假的工作单位证明及收入证明骗领信用卡是否可以认定为妨害信用卡管理罪请示的批复	规范性文件	2008.07.01
28	中国银监会办公厅关于进一步加强信用卡业务风险管理的通知	规范性文件	2009.04.28
29	国家工商行政管理总局广告管理提示公告——规范银行信用卡相关广告内容	规范性文件	2009.05.12
30	中国银监会关于进一步规范信用卡业务的通知	规范性文件	2009.06.23
31	商业银行信用卡业务监督管理办法	部门规章	2011.01.13

资料来源:作者整理

第二篇　我国证券市场中小投资者保护历史发展述评

作者：王　鑫

证券市场是集合证券募集、发行、交易和监管的市场，是金融市场的重要组成部分。证券市场的发展也是金融深化的结果。一般而言，越是成熟的经济体，其证券市场越发达。证券投资者一般是指从事投资活动的人，是证券市场中资金的供给者，更是证券市场的主要参与主体。投资者的合法权益能否得到切实保护，是证券市场健康发展的灵魂和基石，并可能对金融市场的健康和运行和秩序造成巨大影响。为了维护证券市场高效、快速、健康的发展，我们必须要保障投资者的权益，通过立法和执法层面确保其权益不受侵犯，进而推动证券市场可持续性发展。

投资者保护问题是伴随着证券市场的产生和发展而来。1976 年 Michael C. Jense 和 William H. Meekling 在 *Theory of the Firm: Managerial Behavior, Agency Cost and Ownership Structure* 一文中提出公司代理问题，将投资者保护作为公司治理的核心问题。随着经济发展的迅速发展，投资者保护问题已经成为一种受到世界普遍关注的话题。一般而言，各国主要是通过法律、行政和行业自律等途径对投资者的合法权益加以保护，促使投资者在证券市场上可以获得公平交易地位和投资机会，避免因为政治、文化、社会环境等因素造成不公平对待或可能的损害和损失。对证券市场投资者保护力度的大小及保护水平的完善程度会直接影响到一国证券市场的发展程度。但对于造成差异的原因和如何完善投资者保护水平，学界主要存在两种意见，第一种是市场自由主义学派（或称为“契约论”），他们认为证券市场上进行交易的双方当事人都是理性经济人，完全可以凭借自身能力来判断上市公司的行为是否侵犯其行为，并且会通过收集和分析证据与材料来避免受到损失，所以只需要建立完善的市场机制就可以对管理者形成行政制约，而无须专门通过立法来保护投资者。因为一旦法律介入市场行为，则会提高交易成本、降低交易效率、阻碍证券市场良性发展。第二种观点主要来自于哈佛大学 Rafael La Porta、Florencio Lopez-de-Silanes、Andrei Shleifer 和芝加哥大学的 Robert Vishny 四位学者主张的法理论学派，他们在 *Investor Protection and Corporate Governance* 等论著中阐述其观点，认为通过完备的法律和对法律有效的执行与政府监管可以提高投资者保护水平。各国法律渊源和制度构成的不同，决定了上市公司采取不同的治理模式，进而影响到投资者的权益。

保护投资者特别是中小投资者的合法权益，一直以来都是我国证券监管的宗旨和核心，也是维持资本市场正常运作、稳定发展的前提条件。虽然我国对投资者保护的理论研究较晚，但多年来，我国实践中积极借鉴了市场自由主义学派和法理论学派的精华并加以融合，完善监管立法、严格执法，规范证券市场的行为。既避免了过度依赖市场自身修复和完善的能力，又防止法律和执行规则的过度保护而影响市场行为有效性，在实践中逐渐构成了一套以《公司法》、《证券法》为核心、伴随着多项证券投资者保护制度相关法律法规的多层次立法体系。但由于证券市场发展不平衡、法制不健全、监管不完善等原因，导致中小投资者的权益仍然不时受到侵害，对证券市场的可持续发展造成很大的负面影响。所以我们有必要重新梳理证券市场中小投资者保护的发展历史，探寻目前立法和执法层面上存在的问题。

一、证券市场中小投资者及金融消费者相关概念和权利的界定

（一）证券市场机构投资者与中小投资者

按照类别来分，证券市场的主体包括进入证券市场进行证券交易的机构和个人。对于机构投资者，国际上尚无统一的定义，但普遍认为机构投资者是具有专业化、职业化、社会化的特点，利用自有资金或通过其他金融工具从社会募集的资金在金融市场上从事金融投资行为的金融中介机构。我国对机构投资者也缺乏权威性定义，但根据深圳证券交易所对机构投资者的界定，“机构投资者是与个人投资者相对的一个概念，即按投资者的性质进行分类，当证券持有人是自然人时，称该投资者为个人投资者；当证券持有人是机构时，称该投资者为机构投资者。目前国内市场的机构投资者主要包括：证券公司、保险公司、证券投资基金、社会保险基金、合格的境外机构投资者，以及其他一般法人机构”。证券市场上的机构投资者普遍具有以下特点：投资行为专业化、职业化、较为规范，具有较强的资金实力，可以通过进行投资组合分散风险，按照专业化管理。

而对于证券市场上的中小投资者界定为：上市公司外部股股东中，排除机构投资者以外的其他流通股股东。主要包括个人流通股东。个人流通股东一般人数较多，但单个投资者在公司中所占有的股份比例有限，常常无法与大股东相抗衡，导致显著的“搭便车效应”，无法影响公司决策权和管理权。鉴于信息不对称等因素，中小投资者很容易受到控股股东和管理者的侵害，所以需要法律给予特别保护。

（二）证券市场金融消费者保护与中小投资者保护

1. 消费者与金融消费者

从基于消费者处于市场交易中弱势地位并予以特别保护的立法目的上看，专门针对消费者权益保护的法律只有《中华人民共和国消费者权益保护法》，其中第二条规定“消费者为生活消费需要购买使用商品或接受

服务，其权利受到本法保护”。国家标准计量局1985年6月29日颁布的国家标准《消费品使用说明总则》中对消费者界定为“为满足个人或家庭的生活需要而购买、使用商品或服务的个体社会成员”。

《消费者权益保护法》是我国保护消费者权益最基本的法律制度，金融消费者的权益保护无疑也应当放在《消费者权益保护法》的大框架下进行。2013年新修订的《消费者权益保护法》中第二十八条特别针对金融领域的消费特点，对经营者的信息披露义务等作出具体规定。同时，为了切实保障金融消费者的合法权益，中国人民银行办公厅于2013年印发了《中国人民银行金融消费权益保护工作管理办法(试行)》的通知，对金融消费者和金融机构作出明确规定，金融消费者是指“在中华人民共和国境内购买、使用金融机构销售的金融产品或接受金融机构提供的金融服务的自然人”。金融机构是指“依法设立的从事金融业务的银行业金融机构、证券期货业金融机构、保险公司及其他保险组织”。但在保监会和证监会系统普遍使用“保险消费者”和“金融投资者”的概念，未能明确规定其投资者是否属于“金融消费者”的范畴，而金融监管机构之外的相关政府部门则依据《消费者权益保护法》对消费者的范围进行认定。虽然各金融监管部门的定义略有差异，但根据金融消费者的特征，我们可以认为金融消费者是消费者的概念在金融领域的延伸，是为满足金融消费需求而从金融机构获得和使用金融商品或金融服务的非专业性的自然人[1]。

金融消费行为是指获得和使用金融商品或金融服务的行为。广义的金融商品是指所有具有记载金钱价值或金钱交易内容的工具，包括货币、存款、人身保险、财产损害保险、信托、投资信托、基金、股票、金融债、公司债、集合投资计划以及各种金融衍生品等；狭义的金融商品仅限于投资类金融工具[2]。金融消费者获得和使用的金融商品属于广义上的金融商

〔1〕曲一帆：《金融消费者保护法律制度比较研究》，中国政法大学博士学位论文，2011年，第27页。

〔2〕何颖：《日本金融消费者保护》，北京大学博士学位论文，2008年，第25页。

品概念。构成金融商品的内容是一项或多项金融服务，尽管金融商品的形式不同，但都表现为一份载明资产交易内容、当事人权利义务的书面文件，具有一定的法律效力，因此金融业属于服务产业[1]。

消费包括生产性消费和生活性消费，其共性是两者都需要消耗一定的物质资料或非物质资料，但区别在于从消费目的上来看，生产性消费的目的是为了满足生产需求，而生活性消费的目的是为了满足日常生活的需要。随着人们手中掌握的货币量的增加，一般性购买商品和服务已经无法满足人们的需要，所以他们希望通过金融媒介可以使手中的货币增值，满足其更高的生活需要、改变生活质量并为未来的生活提供保障。这就促使了金融消费的产生。金融消费需求是生活性消费需求的一部分，是衍生于生活消费需求的高级产物，是通过借助于金融机构、通过购买或交易金融产品并最终用于生活消费需要的一种方式。其从当前社会发展来看，人们通过合理的利用并分配自有金融资产来实现高标准的生活需求，包括购买股票、基金等金融工具进行投资从而获得投资收益，利用更有利的投资回报来提高生活水平和质量；包括购买保险来规避特定风险所可能带来的经济损失，从而为生活提供保障；包括使用各种互联网金融工具、网上银行、理财产品等，逐步将原有单一模式的消费习惯转变为适应社会经济发展的增长性消费模式等。所以说金融消费是源于传统的生活消费，但高于一般性生活消费。

金融消费的主体仅为自然人。根据前文定义所述，消费者仅指自然人，所以金融消费者的主体也是自然人。鉴于金融商品和金融服务的种类和样式复杂多样、交易习惯也常常大相径庭，普通的金融消费者很难获得充分的金融商品或金融服务的知识，在拥有的专业知识和技能、以及掌握的信息方面都处于劣势地位，很难对金融风险作出准确的评估和判断，所以需要法律对这一类弱势群体予以倾斜性保护。

---

〔1〕何颖：《日本金融消费者保护》，北京大学博士学位论文，2008 年，第 25 页。

2. 证券市场金融消费者与中小投资者

证券市场投资者是以证券形式进行投资的主体，即以营利为目的，进行证券交易，行使证券权利，承担证券投资风险和收益的市场主体[1]，包括个人投资者和机构投资者。也即证券持有人是自然人时，称为证券个人投资者；当证券持有人是机构法人时，称为证券机构投资者，包括证券公司、基金公司、保险公司等机构。在我国一般把资金规模较小、交易经验较薄弱的个人投资者称为中小投资者。

证券市场上的中小投资者符合金融消费者的基本特征。证券市场上中小投资者的保护应当属于金融消费者保护的范畴。首先，证券市场中小投资者是为了满足个人金融消费需求而进行的投资。其在证券市场上购买股票或基金等金融产品，主要是为了积累家庭财产从而满足家庭生活消费的需要；其次，相比较证券市场上机构投资者而言，证券市场中小投资者普遍缺乏专业知识，资金实力弱、投资经验不足、抗风险能力不强等，很难在金融消费时充分有效识别金融消费的风险和内容，处于证券市场上的弱势地位。而机构或公司等虽然也是金融交易的对手方，但因其大多具有较专业的知识和充分的人才储备，所以是金融交易的识别能力上远远强于中小投资者。并且因为信息不对称，中小投资者容易受到上市公司大股东控制，无法主张自身权益。再次，西方国家早已将证券投资者纳入到金融消费者的保护范畴中，包括美国 1999 年《金融服务现代化法》、英国 2000 年《金融服务于市场法》、澳大利亚 2002 年《金融服务改革法案》和欧盟《远程金融服务消费者指令》和《金融工具市场指令》等，都将投资者视为金融消费者，明确消费者获得的金融商品或金融服务包括证券。

因此，在我国，当前证券市场上对金融消费者的保护实际上就是指对投资者，特别是中小投资者的保护。只有将证券市场中小投资者纳入金融消费者保护范畴，才能加强对中小投资者的倾斜性保护，促进证券市场

[1] 曲一帆：《金融消费者保护法律制度比较研究》，中国政法大学博士学位论文，2011 年，第 29 页。

的完善与发展。

（三）证券市场中小投资者的相关权利

根据我国《消费者权益保护法》第二章规定，消费者享有的九项权利包括：安全保障权、知情权、自由选择权、公平交易权、求偿权、结社权、受教育权、受尊重权和监督权。

而在证券市场领域，因金融商品和金融服务具有多样性、复杂性的特点，中小投资者除了具有上述消费者的基本权利外，还应当享有作为金融消费者的特殊权利。

证券市场中小投资者的权利主要体现在股票、基金和债券三个层面上。

股票是有价证券的一种，是股份有限公司签发给股东的用以证明其持有相应股份的所有权凭证。我国《公司法》规定，股票应载明的事项主要包括：公司名称、公司成立的日期、股票种类、票面金额及代表的股份数、股票编号等。按照股东享有权利的不同，分为普通股股票和优先股股票。上市公司通过发行普通股股票来筹集资金，是公司注册资本的主要组成部分。普通股股东主要享有的权利包括：1. 公司资产收益权和剩余资产分配权；2. 知情权；3. 公司重大决策参与权；4. 优先认股权；5. 股份持有与处置权；及寻求司法保护权。优先股股票是与普通股股票相对应的，股东享有某些优先权的股票。优先股股东享有的权利包括：保证收益的权利、股息分派优先权、剩余资产分派优先权、无表决权。

基金本质上是一种信托关系，证券投资者投资基金后，持有基金份额或基金股份，是资金的出资人、基金资产的所有者和基金投资收益的受益人[1]。作为基金资产的实际持有人，他们享有基金信息的知情权、收益权和表决权。证券投资者在基金中的基本权利包括对基金收益的享有权、对基金份额的转让权和在一定程度上对基金经营决策的

〔1〕杨自强、辛树人主编：《金融消费者权益保护指引》，中国市场出版社，第 254 页。

参与权。我国《证券投资基金法》规定，我国证券投资者享有以下权利：1. 分享基金财产收益；2. 参与分配清算后的剩余基金财产；3. 依法转让或者申请赎回其持有的基金份额；4. 按照规定要求召开基金份额持有人大会；5. 对基金份额持有人大会审议事项行使表决权；6. 查阅或者复制公开披露的基金信息资料；7. 对基金管理人、基金托管人、基金份额发售机构损害其合法权益的行为依法提起诉讼；8. 基金合同约定的其他权利。

债券是一种有价证券，是为了满足募集资金的需要，社会中经济主体向债券投资者出具的承诺在一定期限内按照一定利率定期支付利息并到期偿还本金的一种债权债务凭证。按照债券发行主体的不同，分为政府债券、金融债券和公司债券。政府债券的发行主体是政府，中央政府发行的债券也成为国债。其拥有以下权利：1. 保证收益权；2. 对国债和国家发行的金融债券的利息收入，可免缴个人所得税。金融债券的发行主体包括银行或非银行金融机构。债券持有人拥有的权利主要包括：1. 依照其所持有的债券享有约定利息；2. 按照约定条件可以将所持有的债券转换为公司股份；3. 按照约定条件行使回售权；4. 按照法律、行政法规的规定转让、赠与或质押其所持有的债券；5. 法律、行政法规所赋予的其作为债权人的其他权利。公司债券是由公司按照法定程序发行的、约定在一定期限还本付息的有价证券，包括中长期和短期类型。公司债券持有人拥有的权利百科：1. 知情权；2. 按约定的期限和方式要求公司偿付公司债券本息的权利。

二、我国证券市场中小投资者保护法律制度的历史发展

根据法理论学派的观点，一国法律法规的构架和制定将会直接关系到投资者保护水平的高低，将直接关系到证券市场发展的进程。随着我国证券市场的发展，相关法律法规逐步出台，保护中小投资者的合法权益成为证券立法的重要部分。我国证券市场中小投资者保护法律制度的发

展可以被划分为三个阶段，包括：初始创立阶段、发展建设阶段和相对完善阶段。

1992 年以前，我国证券市场还处于萌芽发展阶段，主要包括以下几个标志性事件：上海电声厂发起设立的上海飞乐音响公司开始向社会公开发行股票，成为新中国成立后第一家较规范的股份制有限公司；1986 年 9 月，中国工商银行上海信托投资公司静安证券部推出股票柜台交易服务，是最早出现的股票柜台市场；1990 年 12 月中共十三届七中全会上提出“逐步扩大债券和股票的发行，并严格加强管理”和“在有条件的大城市建立和完善证券交易所”等，1990 年 12 月 19 日和 1991 年 7 月 3 日上海和深圳两家证券交易所相继成立等，标志着股份制改革和股票市场的发展开始逐渐步入正轨。这一阶段人们对股票的认识非常粗浅，市场发展很不完善，对中小投资者的保护与规定也仅仅散见于各部委等规定，缺乏一套系统性规范的法律体系。

（一）中小投资者保护的初始创立阶段（1992—1998）

1992 年，国务院成立国务院证券委员会（简称“证券委”），对全国证券市场进行统一宏观管理；同时成立了中国证券监督管理委员会（简称“中国证监会”），作为对证券市场直接实行监管管理的执行机构。同年 12 月 17 日，国务院发布《关于进一步加强证券市场宏观管理的通知》，首次系统、全面的规定了证券市场管理的有关制度，确定了我国证券监管体系的构成和框架，明确了各职能部门的职责和权限。至此，我国证券市场基本形成了以法律法规建设为基础，统一宏观管理的框架。在具体规定和细则上，深圳市政府出台了《深圳市股份有限公司暂行规定》、《深圳市内部股份证管理暂行办法》以及《深圳市上市公司监管暂行办法》等，上海市政府颁布了《上海市股份有限公司暂行规定》等，详细规定了公司设立、操作、治理和监管等。1992 年国家体改委、国家计划委员会、财政部、中国人民银行、国务院生产办公室等五个部委联合发布了《股份制企业试点办法》、国家体改委发布《股份有限公司规范意见》首次对股份制企业作出全国性的统一规定。《股份有限公司规范意见》强调股权平等、同股同利、利益共享、风险共担，授予了股东六项权利，包括出席或委托代理人出席股东会并行使表决权、依法转让股份、查阅公司章程等文件和监督公司经营、公司终止后可以依法取得剩余财产等其他权利，同时规定董事和经理对公司承担的诚信和勤勉义务、竞业禁止义务以及违反义务情况下应当承担的损害赔偿责任和刑事责任，将股东权利和义务列入公司章程中的绝对必要记载事项，强调了对股东权利保护的必要性和重要性，包括违反股东权利保护时应当承担的民事、刑事和行政责任等。虽然在法律效力上而言，其只属于部门规章，但在实际内容上具有很大的操作意义，处于对中小股东权利保护的初期摸索阶段。

1993 年主要是通过一系列全国性规范证券市场的法规，建立了强制信息披露义务和大股东及管理层诚信勤勉义务，从而保障中小投资者的合法权益。主要包括：1993 年 4 月 22 日颁布的《股票发行与交易管理暂行条例》，是新中国第一部全面规范股票发行与交易行为的基本法规；6 月证监会发布的《公开发行股票公司信息披露实施细则（试行）》、《上市公司信息披露的内容与格式准则——年度报告》、《上市公司信息披露的内容与格式准则——中期报告》、《上市公司公告书的内容与格式》、《招股说明书的内容与格式》等，要求上市公司必须公开披露招股说明书、上市报告书、定期报告（中期和年度报告）和临时报告（含重大事件公告、收购与合并公告及其他应披露信息），详细规定了上市公司必须公开披露的信息，建立了我国信息披露制度的基本框架。此外还修订了《会计法》并颁布了多项企业会计审计准则等，建立了以会计审计与信息披露相配合的制度结构。1993 年 8 月，证券委发布《禁止证券欺诈行为暂行办法》，指明证券欺诈行为“包括证券发行、交易及相关活动中的内幕交易、操纵市场、欺诈客户、虚假陈述等行为”，并明确规定了各种证券欺诈行为的特征以及相应的处罚，加强了对中小投资者权益保护的执法力度。

此时我国上市公司的股权仍然主要集中于法人股和国家股，在公司股权结构和治理上中小投资者处于弱势地位，所以如何保护中小投资者的合法权益就成了证券监管机构的重中之重。1994 年时任中国证监会主席的刘鸿儒提出“证券市场的规范化从根本上说是实现证券市场法制化”。在这种法制化管理、保护中小投资者利益的趋势下，1994 年 7 月 1 日，《中华人民共和国公司法》应运而出。这是新中国第一部规范公司组织与公司行为的商事法律，是我国“为了适应建立现代企业制度的需要，规范公司的组织和行为，保护公司、股东和债权人的合法权益，维护社会经济秩序，促进社会主义市场经济的发展”而制定的一部重要法律，明确了保障中小投资者合法权益的手段和途径，确保中小投资者的权益保护有法可依。公司主要规范的内容包括：上市公司的信息披露义务；公司股东作为出资人按出资额的比例享有所有者的资产收益、重大决策和选择管理者的权利；公司股东大会作为公司最高权力机构应当享有决定公司经营方针和投资计划的权利、享有选举和更换董事及决定董事报酬事项的权利、享有选举和更换监事及决定监事报酬事项的权利、审批董事会报告、监事会报告、年度财务预算方案和利润分配或亏损弥补方案的权利、有权对公司是否增加或减少注册资本作出决策、有权决定公司是否发行公司债券、有权决定公司合并、分立、解散和清算等重大事项；股东出席股东大会按照一股一投票权的原则进行投票；股东有权查询公司章程、股东大会会议记录和财务会计报告，可以对公司经营提出建议或质询。通过将过去分散于各部位规章和地方性规定中对中小投资者保护的条款集中起来，并以全国性立法的形式予以确认，《公司法》成为我国目前为止最全面、最完整保护中小投资者合法权益的法律。同年颁布的《中华人民共和国会计法》也对保护中小投资者合法权益方面起到补充和完善作用。

1995 年 2 月，第八届全国人大常委会第十五次会议通过了《关于惩治违反公司法的犯罪的规定》，要求严格执行《公司法》，并对制作虚假招股说明书、提供虚假财务报告等犯罪行为予以明确的刑罚处罚。在此基础上，1995 年 9 月发布《关于对公开发行股票公式进行辅导的通知》、

1996年2月发布《关于规范上市公司股东大会的通知》、1996年7月发布《关于规范上市公司行为若干问题的通知》(后被《上市公司股东大会规范意见》取代)、1997年12月发布的《上市公司章程指引》等一系列辅助措施和规定,针对公司组建、股东大会、发行股票、内幕信息和股东权利等明确规范,配合《公司法》的执行和应用。其中《上市公司章程指引》提出“独立董事”的概念和表决权排除制度,将原《公司法》规定的提议临时股东大会所要求的表决权比例由1/4降低至10%。1996年发布《关于加强对上市董事、监事、经理持有本公司股份管理的通知》、《关于严禁操纵证券市场行为的通知》、1997年发布的《市场禁入暂行规定》和1999年发布的《关于上市公司总经理及高层管理人员不得在控股股东单位兼职的通知》和《关于对上市公司大股东出资到位情况进行检查的通知》等对公司内部人可能涉及的内幕交易、持股情况、关联任职情况和责任承担等方面都作出详细规定,严格禁止操纵市场和内幕交易行为。在加强信息披露制度方面,主要包括中国证监会发布的《公开发行股票公司信息披露的内容与格式准则》第四、五、六号《配股说明书的内容与格式(试行)》、《公司股份变动报告的内容与格式(试行)》、《法律意见书和律师工作报告的内容与格式(试行)》和《上市公司配股法律意见书的内容与格式(试行)》,1997年1月份,财政部也推出了我国第一个具体会计准则《关联方关系及其交易的披露》和中国证监会《公开发行股票公司信息披露的内容与格式准则》第七号《上市公告说明书的内容与格式(试行)》等,通过对信息披露制度予以前所未有的重视与管理,加强上市公司对投资者的责任意识和诚信度。在立法方面,1997年对《刑法》的修订标志着我国立法机关第一次以刑事立法形式将内幕交易和虚假陈述信息纳入应当受到刑事处罚的破坏金融管理秩序罪的范畴。

在中小投资保护的初始阶段,我国逐渐形成了以《公司法》为核心的多层次证券监管体系,着重强调对股东权利和内部人行为的规范上,加强上市公司信息披露义务,严格处理内幕交易和虚假陈述的刑事犯罪,从立法、执法层面上加大对中小投资者的保护力。

(二)中小投资者保护的发展建设阶段(1999—2005)

1999 年 7 月 1 日《证券法》作为规范公司证券发行和交易行为、保护中小投资者合法权益的法律开始正式实施,其规定了上市公司应当予以披露的信息内容、界定了内幕信息和内幕交易的界限、收购要约需要满足的条件,明确了证券交易所、中介机构、证券业协会和证券监督管理机构的责任和行为,确保证券的发行和交易能够在公平、公正、公开的环境下进行,以法律形式确认了对中小投资者法律保护的经验和做法,为司法机关对证券案件的受理奠定了法律基础。

2000 年到 2002 年,针对信息披露问题,2000 年 7 月新《会计法》以立法形式明确单位负责人应对本单位的会计资料的真实性和完整性承担法律责任,财政部陆续出台或修订了《企业会计准则》的各项具体准则,中国证监会修订了《年度报告的内容与格式》、《中期报告的内容与格式》、《招股说明书的内容与格式》、《上市公告书的内容与格式》及《上市公司股东持股变动信息披露管理办法》,并陆续推出十余项关于公开发行证券的公司信息披露有关事项。该阶段针对证券市场中小投资者法律保护的实践问题,重点突出上市公司内部人治理的问题,包括中国证监会 2000 年、2002 年和 2003 年先后发布《关于上市公司为他人提供担保有关问题的通知》、《上市公司收购管理办法》、《关于公开发行证券的公司重大关联交易等事项的审核要求》和《关于规范上市公司与关联方资金往来及上市公司对外担保若干问题的通知》等,用以规范和限制公司在重大关联交易中涉及的资金往来和关联担保,确保上市公司财务数据真实、准确、完整,维护中小投资者的合法权益。2002 年 1 月 7 日,证监会发布《上市公司治理准则》首次明确规定了股东代表诉讼权利,即当公司的合法权益受到不法侵害而公司拒绝或怠于通过诉讼追究公司治理机构成员或公司外的第三人对公司所负的义务或责任时,具备法定资格的股东依据法定程序以自己的名义、但为了公司利益且所获赔偿归于公司的一种诉讼形态;同时规定了股东累积投票权和董事责任保险制度等，阐述了投资者权利保护的实现方式以及控股股东和高级管理人应当履行的基本行为准则。

2004年1月7日，由中国证监会发布的《关于规范上市公司实际控制权转移行为有关问题的通知》，进一步规范了转移上市公司实际控制权的行为，制止控股股东与收购人恶意侵害上市公司和其他股东权益的；6月1日施行的《证券投资基金法》规定基金管理人应当履行代表基金份额持有人利益行使诉讼权利或实施其他法律行为[1]。12月7日发布的《关于加强社会公众股股东权益保护的若干规定》规定试行公司重大事项社会公众股股东表决制度，通过鼓励上市公司提供网络投票平台来召开股东大会的形式来保护中小股东的合法权益。在证券公司综合治理方面，2004年1月，国务院发布《关于推进资本市场改革开放和稳定发展的若干意见》，从战略和全局的高度，对我国资本市场的改革与发展作出了全面部署，并对加强证券公司监管、推动证券公司规范经营提出了明确要求。证监会一方面会同有关部门和地方政府紧急组织对高危证券公司的行政处置，化解迫在眉睫的危险，控制个案风险向外部蔓延和冲击；一方面集中力量，深入剖析风险成因，研究整体解决问题的具体方法和配套措施。2004年8月，证监会召开专题性的全国证券监管工作座谈会，在证券监管系统内全面部署和启动了综合治理工作。2005年7月，国务院办公厅转发证监会《证券公司综合治理工作方案》，要求各地区、各部门高度重视、密切配合，共同做好综合治理工作，并成立证券公司综合治理专题工作小组，由证监会、人民银行牵头，公安部、财政部、银监会、最高法院、法制办参加。证券公司综合治理历经三年，于2007年8月31日圆满完成，根据证监会的总结性报告显示，共处置三十一家高风险公司，十九家公司因违法违规被关闭，一百零四家正常经营的公司各项风险控制指标均达标。

---

[1] 肖珉著：《中小投资者法律保护与权益资本成本》，北京大学出版社2009年第一版，第72页。

2005年时任中国证监会主席的尚福林指出，2005年证券期货监管工作的重点之一就是要推动上市公司完善法人治理结构，维护公众股东合法权益。2005年3月29日，闽东电力公司因涉嫌违反证券法律法规，被中国证监会福建监管局立法调查，截至12月16日数据显示，2005年共有107家上市公司(占全部上市公司的7.75%)出现共计177起违规记录。4月8日，证监会公布了《证券期货业信息安全保障管理暂行办法》，用以建立、健全信息安全管理制度和运行机制，加强证券期货行业信息安全保障工作。4月13日时任国务院总理的温家宝主持召开国务院常委会，提出要抓紧采取有力措施，促进证券市场稳定健康发展，证券法的修改应当突入保护社会公众投资者，特别是中小投资者的合法权益。6月9日，因虚假陈述引起的证券民事侵权赔偿纠纷案——大庆联谊民事赔偿案部分执行到位，为后续中小投资者提起民事诉讼争取自身权益，起到了很好的样板作用。7月11日，证监会制定了《上市公司与投资者关系指引》用来规范投资者关系工作。2005年11月3日，中国证监会主席尚福林表示，"十一五"期间我国将继续推进和完善资本市场的基础性制度建设，其中包括诸如集团诉讼制度等保护投资者利益的根本性制度有望建立。2005年12月12日，证监会发布了《会员制证券投资咨询业务管理暂行规定》，旨在于保护投资者合法权益，规范会员制证券投资咨询业务，该规定自2006年1月1日起施行。

2005年下半年，中国证券投资者保护基金(简称"保护基金")成立，注册资本达63亿元，用于防范证券公司风险、保障证券中小投资者的利益。中国证券投资者保护基金管理有限责任公司(简称"保护基金公司")成立，主要职责是保护基金的筹集、管理和使用，包括9名董事，其中董事长由中国证监会推荐、报国务院批准。保护基金主要由五部分构成，一是上海、深圳证券交易所在自身风险基金分别达到规定的上限后，20%的交易经手费纳入基金；二是证券公司按其营业收入的0.5%—5%缴纳，该缴纳部分需在营业成本中列出；三是发行股票、可转债等证券时，申购冻结资金的利息收入；四是依法向有关责任方追偿所得的和证券公司破产清算中的受偿收入；最后一部分是由国外机构、组织和个人等的捐赠所得和其他合法收入。在具体操作中，由中国证监会根据将受处置的证券公司风险状况制定一套风险处置方案，保护基金公司制定基金使用方案并报国务院批准；获批后，由保护基金公司按照方案具体办理发放基金，并在使用基金偿付证券公司债权人后，保护基金公司取得相应的受偿权，参与证券公司清算。这是在证券民事侵权案件中，保护证券公司债权人和中小投资者合法权益的一种有效手段和支持。

（三）中小投资者保护的相对完善阶段（2006 至今）

自 2004 年开始启动的股权分置改革终于接近尾声，2006 年 5 月 17 日股市基本完成“新老划断”恢复 IPO。根据数据显示，截止 2006 年 12 月 26 日，股改市值占比达到 96%，股权分置改革基本完成，A 股市场实现全流通。证券市场呈现出欣欣向荣的景象，多层次资本市场正在逐步建立起来，以证券投资基金为主体的多元化机构投资者队伍开始进入市场，产品逐步创新的同时，也对监管部门如何保护好投资者的合法权益提出了更高的要求。

2006 年后，修订后的新《公司法》和新《证券法》开始实施，进一步强化对中小投资者的保护。包括：规定中小投资者的召集权、提案权，规定了独立董事制度，赋予了中小投资者一定的代位诉讼权，强化了信息披露制度，为保护中小投资者的法律地位奠定了法律基础。多部配套法规也相继出台，2006 年 3 月 16 日，中国证监会发布《上市公司股东大会规则》、《上市公司章程指引》，对关联交易、内部人控制、会计师事务所委任等做出了相关规定。2006 年 5 月，《上市公司证券发行管理办法》、《首次公开发行股票并上市管理办法》，《发行审核委员会办法》相继出台，进一步完善了上市公司的法律规范体系，形成了民事、行政、刑事责任相衔接的多层次的证券法律责任，证券投资者的合法权益将得到根本性的保障。同时由第十届全国人民代表大会常委会第二十二次会议通过的《刑法修正案(六)》对虚假信息披露、操纵证券市场、大股东挪用资金、券商挪用客户资金等证券犯罪行为严厉打击,通过增加证券犯罪的种类、扩大刑事责任的范围来为规范证券市场进一步提供法律保障。这样《刑法修正案(六)》与新证券法、公司法相配套,完善了证券法律责任,起到打击和遏制证券违法犯罪的行为、健全证券市场法制建设、推动证券市场健康发展的积极作用。仅 2006 年一年,中国证监会共制定或修订发布了 51 个部门规章,其中,综合类 8 个、发行类 6 个、登记结算类 2 个、机构类 11 个、上市公司类 9 个、信息披露规范类 7 个、基金类 8 个(据不完全统计)。例如:在发行方面,主要发布了《首次公开发行股票并上市管理办法》、《上市公司证券发行管理办法》、《证券发行与承销管理办法》等;在上市公司监管方面,主要发布了《上市公司股东大会规则》、《上市公司收购管理办法》、《上市公司章程指引(修订)》、《上市公司股权激励管理办法(试行)》、《外国投资者对上市公司战略投资管理办法》、《关于规范上市公司对外担保行为的通知》等;在证券公司监管方面,主要发布了《证券公司风险控制指标管理办法》、《证券公司融资融券业务试点管理办法》、《证券公司融资融券业务试点内部控制指引》等。最高法院和国务院有关部门依据修订后的公司法、证券法,制定或修订发布了 11 个配套的司法解释和规范性文件。例如:最高法院发布了《关于适用若干问题的规定(一)》;财政部发布了《关于施行后有关企业财务处理问题的通知》;国家工商行政管理总局发布了修订后的《公司注册资本登记管理规定》。深圳、上海证券交易所也依据修订后的公司法、证券法和证监会等部委的最新规定,对其业务规则进行了全面的清理。包括深圳证券交易所共新制定和修订了 36 个业务规则,其中,上市类 24 个(包括新的《上市规则》),交易类 12 个(包括新的《交易规则》)。在建立行政执法和解决证券纠纷的机构设置上,2006 年 10 月 25 日,中国证监会宣布成立新一届行政处罚委员会,改变了以往行政处罚委员由各部门和各派出机构选任的做法,而由 7 名从事监管工作多年的专职人员担任,实现了委员的专职化和案件处理的专业化。在仲裁专门机构上，2006 年 12 月 27 日，天津仲裁委证券纠纷仲裁工作站正式挂牌成立，从而开启了又一个投资者维权的通道。2006 年证券投资者保护基金也进入正常运转中并得到了国家大力扶持。

2007 年从法律法规的结构体系看上，主要分为三个层次。第一层次是以《证券法》、《公司法》和《中华人民共和国证券投资基金法》为核心的具有最高法律效力的证券法律；第二层次是由国务院颁布的各项行政法规，效力上仅次于法律，包括 3 月 6 日发布的旨在规范商品期货和金融期货交易行为，保护交易各方合法权益和社会公共利益的《期货交易管理条例》；第三层次是由中国证监会等监督管理机构根据法律和国务院行政法规规定制定的部门规章和规范性文件，包括 2 月 1 日中国证监会发布《上市公司信息披露管理办法》，首次将衍生品纳入信息披露范围、《上市公司发行管理办法》(证监会令第 30 号)等 52 件部门规章和 334 件现行有效的证券期货规范性文件。这些用以规范证券市场的法律法规和相配套的司法解释等，为保障中小投资者合法权益提供了良好的法律基础和保障。2006 年末，国务院办公厅下发了《关于严厉打击非法发行股票和非法经营证券业务有关问题的通知》，通知指出非法发行股票和非法经营证券业务在我国部分地区时有发生，个别地区甚至出现蔓延势头，严重危害社会稳定和金融安全，为了维护证券市场正常秩序和广大投资者的合法权益，要对其予以严厉打击。另一方面，鉴于股市指数大幅上涨的趋势，众多风险意识较差、风险承受能力较低、专业技能有限的中小投资者们在证券市场中屡有发生权益受到侵害的事件。中国证监会针对此现象，加强了对投资者的风险教育工作，包括 5 月份下发的《关于进一步加强投资者教育、强化市场监管有关工作的通知》，要求证券公司、基金管理公司、证券投资咨询机构、期货经营机构和上市公司等必须向投资者充分揭示风险和真实、准确、完整、及时地披露信息；6 月份成立投资者教育办公室以推进投资者教育工作的专项检查和工作落实情况，并要求各地派出机构、行业协会和交易所等自律性组织相继成立有关投资者教育工作的领导小组或机构,基金开展投资者教育工作。通过形式多样的投资者教育工作和对 1500 多家基金销售网点和 92 家证券公司、842 家证券营业部投资者教育工作进行专项检查,中国证监会旨在加强金融机构的投资者保护力度,提高中小投资者的风险意识和风险防范能力。

2007 年也是我国期货行业加强立法建设,全面发展金融期货领域,确保中小投资者有法可依的一个阶段。4 月 12 日中国证监会公布《期货交易所管理办法》和《期货公司管理办法》,4 月 15 日《期货交易管理条例》(国务院令 489 号)正式实施,5 月 8 日中国金融期货交易所公布《沪深 300 股指期货合约》、《交易规则》两项规则及其 8 项实施细则,向社会公开征求意见,6 月公布了《期货从业人员管理办法》(修订草案),公开征求意见等。通过对以往期货规章和规范性文件的梳理和调整,形成了一套较为完善的期货法规制度体系。并设立了期货投资者保障基金,以确保期货公司保证金安全存管和风险监管控制合格。

期货投资者保障基金(简称"保障基金")是在期货公司严重违法违约或风险控制不力等导致保证金出现缺口,可能严重危及社会稳定和期货市场安全时,补偿投资者保证金损失的一种专项基金制度,其法律依据是 2007 年 8 月 1 日起实施的《期货投资者保障基金管理暂行办法》(证监会令第 38 号)。如果期货公司因为严重违法违规或者风险控制不力等因素导致保证金缺口,中国证监会将会根据实际情况决定使用期货投资者保障基金,对不能得到完全清偿的投资者保证金损失部分予以补偿,对个人投资者的保证金损失在 10 万元以下(含)的部分全额补偿,超过 10 万元的部分按照 90%比例补偿;对机构投资者的保证金损失在 10 万元以下(含)的部分全部补偿,超过 10 万元部分按照 80%比例补偿。投资者需要对自己的投资决策和投资收益或损失承当风险与责任,但在因期货公司单方因素导致投资者利益受损时,投资者保障基金就提供了一个法律保障的平台与基础,帮助中小投资者获得保证金补偿。

2008年,中国证券市场形成了包含主板、创业板和场外交易市场在内的多层次股票市场体系,并通过发布相关规章和文件、制定相应交易规则等方式提高上市企业的社会责任意识,加强规范和监管力度。在主板市场方面,2008年4月中国证监会发布了《上市公司重大资产重组管理办法》及其配套工作指引;7月发布《上市公司并购重组财务顾问业务管理办法》加强对财务顾问和并购重组的监管力度;《证券发行上市保荐业务管理办法》强化对保荐机构和保荐人的责任要求,确保保荐人的职业能力和水准,提供获批上市公司的资质水平和诚信度,侧面加强对中小投资者的保障。2008年3月,中国证监会颁布《首次公开发行股票并在创业板上市管理暂行办法》并于5月31日起实施,并修改了现行《中国证监会发行审核委员会办法》和《证券发行上市保荐业务管理办法》等,强化对创业板的管理。在公司治理与对上市公司的监管上,2008年主要体现为三个方面:首先是提高上市公司的独立性,包括对上市公司控股股东和实际控制人行为的监管;其次是加强信息披露制度的要求,包括对上市公司敏感信息内部排查、归集和披露,进一步强调对社会公众的披露义务;最后是防止大股东长期占用公司资金的机制,避免因为大股东滥用控股权,通过自身或其附属企业故意占用上市公司的资金。在市场立法建设上,主要包括:2008年4月,国务院公布的《证券公司监督管理条例》和《证券公司风险处置条例》,中国证监会修订、制定发布的《证券期货规章制定程序规定》等7部规章、41件规范性文件,中国证监会与最高人民法院、最高人民检察院和公安局联合发布的《关于查询、冻结、划扣证券和证券交易结算资金有关问题的通知》等,进一步夯实、规范证券市场基础性法制建设,《关于经济犯罪案件追诉标准的补充规定》明确规定了违反披露信息义务、内幕交易、操纵证券期货市场、证券公司背信运用受托财产等犯罪行为的追诉标准,有益于利益受到侵害的中小投资者维护自身权益、追究证券期货犯罪。另外,2008年1月2日,最高人民法院、最高人民检察院、公安部、中国证监会四部委联合下发了《关于整治非法证券活动有关问题的通知》，这是继国务院办公厅下发《关于严厉打击非法发行股票和非法经营证券业务有关问题的通知》后打击非法证券活动又一重要文件，是打击证券违法、惩治证券犯罪、保护投资者权益的强有力的武器。

2009 年，在对于创业板的规范上，中国证监会从投资者教育角度、信息披露事项、监管报告等方面作出了诸项规定，包括中国证监会颁布了《创业板市场投资者适当性管理暂行规定》，并于 7 月 15 日起开始实施。该规定主要是对参与创业板市场的投资者资质和适当性提出要求，强化中小投资者的风险意识和教育水平，确保证券市场自律机构和证券经营机构切实完成对投资者的风险告知和风险揭示义务；《公开发行证券的公司信息披露内容与格式准则第 30 号——创业板上市公司年度报告的内容与格式》是对创业板公司的信息披露透明度提出具体要求；除对已有上市公司进行日常监管外，中国证监会还要求交易所和证监局在首批公司挂牌后的 3 个月内，对所涉及的上市公司日常监管进行每周“零报告”制度，按照报告公司运行情况、重大媒体报道和主要涉及的监管问题和后续处理情况等。在对金融机构合规管理和风险控制监管方面，2009 年 5 月 26 日，中国证监会发布实施了《证券公司分类监管规定》、8 月 17 日发布《期货公司分类监管规定》分别以证券公司和期货公司的风险管理能力为基础，结合公司市场竞争力和持续合规状况来确定证券公司和期货公司的类别和评级，目的在于按照分类评级结果对不同类别的公司采取相对应的监管政策和措施，提高监管效率和执行力，同时也可以作为未来公司申请设立新增业务或营业网点时的参考和基础。在法律法规的制定方面，2009 年 2 月 28 日，《刑法修正案（七）》及相关司法解释颁布实施，新增“利用未公开信息交易罪”，修改“内幕交易、泄露内幕信息罪”的相关规定，明确了金融从业人员对其“老鼠仓”行为必须承担相应的刑事责任，加强了对证券期货违法犯罪行为的打击力度。2009 年全年，中国证监会共制定、修改规章 8 件、规范性文件 33 件、清理、废止 41 件，进一步完善证券期货法律体系。

2010年中国证监会共制定、修订证券期货规章3件、规范性文件40件，全面清理现行证券期货规章和规范性文件，废止规章、规范性文件36件。该阶段主要是继续提升证券期货法规体系的合理性和可操作性，加强对上市公司的监管，建立信息披露与股价异动监管联动机制、风险导向性的年报现场检查机制、媒体质疑快速反应机制等方式查处信息披露违法违规行为。首先是推进证券投资咨询基础制度的建设，制订发布《证券投资顾问业务暂行规定》和《发布证券研究报告暂行规定》，阐明证券投资咨询业务的基本形式，为具体证券投资咨询业务的开展和发布证券研究报告业务提供了制度规范，加强对证券投资咨询机构日常监管和年检工作和对违法违规机构的处罚力度，并形成了一套集合行政监管、行业自律和公司自我约束为一体的证券评级机构监管机制，实施证券评级机构现场检查。其次是进一步提高对证券公司报送和信息披露行为的规范程度，保障上市公司信息合规、高效、准确的社会公众披露。再次，加强对证券服务机构会计师事务所和资产评估机构执业行为的规范，包括由中国证监会主导的对会计事务所和资产评估机构进行现场检查、资料审核等，提高第三方服务机构的执业水平和信息准确性，确保中小投资者获得的被披露信息的真实完整性。最后，中国证监会、公安部、监察部、国资委和预防腐败局共同发布《关于依法打击和防控资本市场内幕交易的意见》，完善对证券市场的监管框架和力度。

我国证监会官网首页上，最为醒目的一句话是“保护投资者利益，是我们工作的重中之重”。由此可见，我国监管部门对于投资者权益的重视——将加强投资者保护作为监管工作的目标与核心。2011年底，中国证监会投资者保护局正式成立，目前已经开展工作。该投资者保护局属于证监会内设机构，主要负责证券期货市场投资者保护工作的统筹规划、组织指导、监督检查和考核评估。具体工作职能包括八项内容，即拟订证券期货投资者保护政策法规；负责对证券期货监管政策制定和执行中对投资者保护的充分性和有效性进行评估;对证券期货市场投资者教育与服务工作进行统筹规划、组织协调和检查评估;协调推动建立完善投资者服务、教育和保护机制;研究投资者投诉受理制度,推动完善处理流程和运行机制,组织有关部门办理投资者咨询服务事宜;推动建立完善投资者受侵害权益依法救济制度;按规定监督投资者保护基金的管理和运用;组织和参与监管机构间投资者保护的国内国际交流与合作。投保局通过深入调研,了解投资者切实想法,从他们的投资心理和投资行为入手,通过畅通的沟通渠道和机制,深入发掘和掌握投资者交易特性和投资方向,切实保护证券市场上中小投资者的合法权益。同时,保监会和证监会都已经下设保险保障基金和证券投资保护基金,银行业协会下属设立消费者保护委员会,用来全方位保护投资者权益。

2012 年也是证监会加大力度,强化投资者回报、健全投资者保护机制的一年。一方面证监会加强对市场经营主体和经济机构的宣传,鼓励他们自觉服务和主动回报投资者,提高中小投资者的对话权,创造良性互动的投资环境。另一方面,中国证监会组织召开了多次投资者座谈会和市场机构座谈会,集中解答投资者关注的共性问题,并且设立了专门的"投资者保护"频道,建立起与投资者沟通交流的平台和渠道。同时继续加强中小投资者教育工作,提高他们的教育水平和风险防范能力,引导理性投资和消费。证监会指导中证协成立了"证券调解专业委员会"和"证券纠纷调解中心",建立了由中证协主导的证券纠纷调解机制,通过相继颁布的各种制度和规定来完善中小投资者保护机制。该平台不向中小投资者收取任何费用,借助于在线纠纷解决平台的调解,投资者可以更加便捷有效的处理与证券经营机构之间的证券纠纷。同年,证监会还在投资者保护局内设立了"投资者服务办公室",负责证监会"投资者服务热线系统"的投资者投诉处理工作,根据投资者投资方向和投资动态,及时分析和处理投资者的诉求,提供相应的法律支持和法律援助工作。证监会正在探索由专业机构通过持股方式行使和代理行使股东权利,代表或代理中小投资者开展维权诉讼活动，引导中小投资者主动行使自身权利，提高责任意识。

在法制建设方面，2012 年中国证监会积极开展《证券投资基金法》的修订工作，并于 2013 年 6 月 1 日起开始实施。新基金法扩大了法律调整和规范的范围，明确非公开募集基金也属于证监会管辖范畴，加强对基金投资者权益的保护，对原有公开募集基金的规定予以完善，增加了对基金服务机构的规定，为基金行业的有效监管提供有力的法律保障。同期修订了《期货交易管理条例》并于 12 月 1 日起正式实施。从执法力度上看，2012 年中国证监会共受理证券期货违法违规线索 380 件，新增案件调查 316 件(含涉外协查案件 60 件)，向公安机关移送涉嫌案件 33 件。证监会行政处罚委员会共审结各类证券期货违法违规案件 82 件，包括信息披露违法案件 34 件、内幕交易案件 33 件、操纵市场案件 10 件，罚没总额达到 4.37 亿元。

2013 年证券市场中小投资者权益保护具有了顶层设计，即 12 月 27 日国务院办公厅下发的《关于进一步加强资本市场中小投资者合法权益保护工作的意见》，通过九方面八十多项措施全面构架了资产市场中小投资者权益保护的体系，被市场称为中小投资者保护的“国九条”。主要包括健全投资者适当性制度，完善中小投资者分类标准，进一步规范不同层次市场及交易品种的投资者适当性制度安排；优化投资回报制度，建立多元化投资回报体系，完善股份回购制度、研究建立“以股代息”制度；保障中小投资者知情权、健全中小投资者投票机制，包括鼓励上市公司全面使用网络投票方式，提高中小投资者的参与度，针对影响中小投资者权益的重大事项建立中小投资者单独机票机制并披露机票结果，以及以信息披露为中心，确保投资者知情权并可以公平获得信息；建立多元化纠纷解决机制，健全中小投资者赔偿机制，加大监管和打击力度，强化中小投资者教育，完善投资者保护组织体系等，同时中国证监会和其他相关监管机构也在加强对中小投资者的教育力度，敦促证券期货经营机构将投资者教育纳入开户、交易、营销和客户服务的各个环节。该《意见》旨在形成由法律保护、监管保护、自律保护、市场保护和自我保护的综合保护体系，健全证券监管部门、自律组织和市场经营主体的组织机构和保障制度，建立于中小投资者沟通、反馈的便利渠道。另外，在新股发行改革的招股说明书披露方面，2005 年我国市场开始实施预披露制度，按照当时的要求，拟发行企业在发审会召开前 5 天左右预披露相关申请文件。由于预披露时间较短，投资者阅读材料时间不充分，提前预披露时间以增强新股发行透明度、加强公众监督，成为市场的一致呼声。2012 年开始，企业预先披露新股资料的时点显著提前至反馈意见落实后、初审会之前，这一时点大约在企业上发审会前 1 个月左右。2013 年的发行改革实施意见在此基础上进一步要求，发行人招股书申报稿正式受理后，即在证监会网站披露，招股书预披露后，发行人相关信息及财务数据不得随意更改。2014 年 4 月 18 日起，证监会在其网站集中预披露 IPO 在审企业招股说明书(申报稿)，且该批预披露的企业均为未上会的在审企业，可以说，自 2014 年 4 月 18 日起，招股书“受理即披露”的政策真正在我国市场落地了。[1]

三、当前我国证券市场中小投资者保护法律制度的不足

我国证券市场仍然处于发展不完全、不成熟的阶段，在这个过程中我国立法机关、政府部门和学者对立法、执法和监管等方面进行了大量的学习调研工作，并逐步深化投资者保护的理念，加强保护力度。但仍然在立法和执法层面上存在以下问题：

(一) 投资者保护的立法层面

目前关于我国证券市场中小投资者保护的法律体系主要是以《公司法》、《证券法》为核心，以信息披露法、会计审计法和刑法规定为外延的证

[1]《IPO 预披露的三层误读》，载《上海证券报》2014 年 4 月 28 日。

券市场中小投资者保护立法体系。《公司法》中对投资者的知情权、参与权、诉讼权、控股股东的义务与责任、董事、监事和高级管理人员的责任与义务进行了规定;《证券法》主要是建立健全五种制度加强对投资者的保护力度:建立证券投资者保护基金制度、加强对上市公司的监管、完善对证券公司的监控、建立对投资者的损害赔偿制度,以及制定证券投资咨询业虚假信息归责制度[1]。刑法主要是通过对侵害投资者合法权益的当事人处以刑事责任,包括对虚假信息披露方面的“欺诈发行股票、债券罪”和“违规披露、不披露重要信息罪”,对上市公司的董事、监事和高级管理人员的背信行为设定了背信损害上市公司利益罪,证券、期货内幕交易罪和泄露内幕信息罪,编造并传播证券、期货交易虚假信息罪,以及操纵证券、期货市场罪等。同时通过对信息披露的有关管理办法和对披露内容和披露格式的要求,以及审计会计制度规定予以侧面保护。上述这些规定都为促使相关义务人履行法定义务提供了法律保障,保护了中小投资者的合法权益。但比较西方发达国家对投资者保护的力度和制度建设,总体而言我国的投资者保护机制仍然是相对落后,法律法规的制定不够健全、完善。

首先,缺乏一部专门性的金融投资者保护法。金融市场发展日新月异,新型金融工具和经济模式越来越多样化,我国目前现有的法律法规规定已经无法适应市场的迅猛发展。随着市场进入“全流通”时代,上市公司将会更多涉及并购、重组、上市、增发、境外业务等,可能涉及的内幕交易、操纵市场和虚假信息等的表现形式也将更为多样化和隐蔽化,这对现有的《公司法》和《证券法》提出了更高的要求,虽然其为了适应投资者保护的需要进行了相应修订,但从规定的完整性和操作性上仍然有缺陷。2013 年新修订的《消费者权益保护法》虽然在金融领域有所突破,但在规范的可操作性和可行性上仍有困难。《银行业消费者权益保护工作指引》也仅仅是银监会的一个部门规章,缺少更高立法层面上的法律规范。如

---

[1] 潘泳霖:《证券市场投资者保护法律制度研究》,复旦大学硕士论文,2011 年,第 15 页。

果可以指定一部适应当前金融形势发展的“中华人民共和国金融消费者权益保护法”或者由国务院出台“金融消费者权益保护条例”作为金融消费者保护的基本法，借鉴西方发达国家金融消费者专项法案保护的做法，明确金融消费者的概念和权益种类、金融机构与金融消费者的权利义务关系、金融消费者权益保护的范围、救济手段、救济程序，以及建立金融消费争议纠纷解决机制，开拓纠纷解决的渠道和途径，加强金融消费者保护机构的监管力度和调解能力，为保障“金融消费者”弱势群体的合法权益提供切实可行的法律依据。同时，建议最高法院出台相关司法解释，坚决保障金融消费者的合法权益。

其次，我国立法对中小投资者诉讼权的规定不足。西方国家普遍用来保护中小投资者权益的投资者集体诉讼制度，在我国并不能适用，使得中小股东在诉讼时需要承担较重的诉讼成本。我国目前中小投资者普遍使用的诉讼方式包括单独诉讼和代表人诉讼制度。相比较单独诉讼而言，代表人诉讼是一种诉讼成本相对较低的诉讼模式，是指一方或者双方当事人人数众多时，由众多当事人的一方推选出代表人代表本方全体当事人进行诉讼，维护本方全体当事人利益的一种诉讼方式。但对于诉讼结果的承担上看，按照《民事诉讼法》规定，只有在规定期间经过明确登记的投资者才成为共同诉讼的原告当事人，将来才受诉讼判决结果的约束；而没有登记的投资者不是共同诉讼的原告当事人，将来不受诉讼判决结果的约束。也就是说如果投资者没有及时参加代表人诉讼，则无法享受判决结果，只能通过单独诉讼的方式重新主张自己的权利。而西方中小投资者惯用的集体诉讼则是采取“选择退出”的方式，只有当投资者自己明确表示申请退出，才不能被视为原告当事人、不受判决结果的约束。这样就可以最大限度的保护中小投资者的利益。对于股东派生诉讼，我国《公司法》第一百五十一条规定了“董事、高级管理人员有本法第一百五十条规定的情形的，有限责任公司的股东、股份有限公司连续一百八十日以上单独或者合计持有公司百分之一以上股份的股东，可以书面请求监事会或者不设监事会的有限责任公司的监事向人民法院提起诉讼”，该要求对原告持股比例或持股时间都设定了很多限制，使得一般中小股东无法达到该比例或时间要求，而无法满足提起股东派生诉讼的标准。在具体诉讼中，代位诉讼的股东很可能需要支付高额的诉讼费用，例如在“中期期货案”〔1〕中两小股东按照法院要求需要缴纳 83 万元的巨额诉讼费用，严重影响股东提起诉讼的积极性。即使诉讼成功，归于公司整体的赔偿再按照一定股权比例进行分摊，原告股东所获得的赔偿就很微小了；而鉴于相比较大股东而言，原告股东的取证能力有限、信息来源有限，很可能面临败诉的风险，就需要承担高额的诉讼费用。当原告股东代位诉讼的成本与收益不相符会削弱他们提起诉讼的动力和积极性。

最后，根据 2013 年国务院发布的《国务院办公厅关于进一步加强资本市场中小投资者合法权益保护工作的意见》中第五条和第六条规定的多元化纠纷解决机制和健全中小投资者赔偿机制，我国应当着重建立完善的证券违法民事责任体系。目前我国相关法律主要侧重对证券市场的侵权行为追求刑事和行政责任，刑事责任强调惩罚性，以限制人身自由为主；而行政责任侧重处罚性，是行使行政权力的体现。而对于证券市场的中小投资者来说，强调补偿性的民事责任更具有实际效用。例如 2012 年 10 月 25 日发生的万福生科造假事件，证监会首次开出约计 8165 万元全部处罚金额的天价罚单，但实际上责任人通过违法交易所获得的利益要远远多于损失。如果可以通过民事责任对违法参

---

〔1〕中期期货案：原告苏州新发展、兖矿集团与被告宏达集团、宏达股份均系中国中期期货经纪有限公司的股东，“宏达系”是中期期货的第一大股东并且公司高管之间存在交叉现象。2004 年中国证监会北京监管局发现中期期货存在与“宏达系”大股东之间存在抽逃注册资本、股东占用公司资金等多项问题，但由于股东关联关系，中期期货怠于履行诉讼义务，面临可能被停业整顿或吊销营业许可资格，中小股东利益将受到损害，故原告两小股东以股东代表诉讼为由，向宏达集团、宏达股份等关联公司和关联人提起诉讼。2005 年 12 月 8 日北京市高级人民法院判令被告青岛宏达、宏达集团偿还第三人中期期货公司 1.64 亿元及利息，原告苏州新发展和兖矿集团两位小股东胜诉，并交纳 83 万元的诉讼费用。

与人进行损失追偿，就可以避免责任人违法成本过低的问题，从而减少违法违规行为的发生。按照《意见》中的“多元化纠纷解决机制”解释，打通司法系统、各种专业的仲裁庭以及自律组织在民事层面解决证券纠纷的通道，建立以证监会为起点、多种争议解决机制共同作用的争议解决体系，有利于明晰机构职能，促进各个机构专业化转型，提高纠纷解决效率。[1]

(二) 投资者保护的执法层面

中小投资者民事执法经历了一个从无到有的过程，直到 2002 年 1 月，最高人民法院下发《关于受理证券市场因虚假陈述引发的民事侵权纠纷案件有关问题的通知》才确定了中国法院正式受理投资者民事纠纷案件，保障了中小投资者可以获得民事执法的保护。自 2002 年—2003 年，仅一年期间，就有 10 家上市公司被起诉，各地法院受理了超过 900 件因虚假陈述引发的民事侵权案件。在 2003 年 1 月最高法院进而颁布了《关于审理证券市场因虚假陈述引发的民事赔偿案件的若干规定》，详细规定并解释了因虚假陈述引起的民事侵权责任，为中小投资者提起法律诉讼提供了法律依据。截至 2008 年年底，大约有 10000 名投资者作为原告，向约计 43 家涉及虚假陈述而被处罚或制裁的上市公司提起了诉讼，起诉标的达到 8—9 亿元人民币。这在很大程度上激发了证券市场上中小投资者的维权热潮和积极性，很好地保护了投资者的权利和利益。

在我国证券市场中小投资者保护法律体系执法方面，主要是以刑法、民法和行政法规定为主要内容，主要执法主体是法院和证监会。虽然近年来证监会加大了证券违法违规案件的查处力度，加大对证券违法违规行为的行政处罚，但证券违法违规行为具有专业性和复杂性的特点，

---

〔1〕中国证监会网站：http://www.csrc.gov.cn/pub/newsite/tzzbh1/gbtbyjzt/201401/t20140121_242905.htm《中证资本市场发展监测中心：保障中小投资者合法权益　明确证券市场参与者民事责任》。

刑事执法上存在很大难度，大幅度降低了对证券违法违规行为的操作力度和打击威慑性。对于证券侵权行为的民事责任追究上，目前我国司法实践中要求受理前证监会及其派出机构进行调查和行政处罚生效，也即对证券民事侵权纠纷案件设置了前置程序。这就导致从正式立案到行政处罚生效，周期长度不定，短则三五月，长则数年，大大降低了证券民事维权的效率和效力。

司法独立性不高也是影响投资者保护的重大因素。在备受关注的云南绿大地造假上市案中，昆明市官渡区人民法院一审判决认定，2004年至2007年，被告人何学葵、蒋凯西等采用伪造合同、发票、工商登记资料等手段，虚增营业收入2.96亿元。上市后，2008年虚增收入8564.68万元，2009年虚增收入6856.1万元。据判决结果，原董事长何学葵犯欺诈发行股票罪，判处有期徒刑三年，缓刑四年；被告人原财务总监蒋凯西犯欺诈发行股票罪，判处有期徒刑三年，缓刑四年。一审判决引发社会舆论一片哗然。上海证券交易所总经理张育军也表示，“例如最近两年比较罕见的一个股票欺诈案件绿大地，法院对其发行人只罚款了400万元罚金，定刑量刑显然和证券法、公司法以及刑事法的要求都有差距。投资人的民事救济权利同样没有得到有力保护，这就使得投资人权利难以保护，趋向非理性投资，带来进一步损失，加剧对政府的抱怨，甚至有时危害社会稳定”。在社会各界讨伐下，昆明市中级人民法院对绿大地欺诈发行股票案作出二审判决，公司原实际控制人何学葵被判处有期徒刑10年。

中国证监会作为主管机关，主张从源头上保护证券市场中小投资者的权益，包括以中小投资者保护为核心的修订证券法，增设“投资者保护”专章，强化对中小投资者权益保护的民事赔偿责任；推动期货法的制定进程和证券期货投资者保护法的产生，健全完善中小投资者权益保护的法律体系；加大对违法违规行为的查处力度，明确对中小投资者权益侵权行为的责任认定，加强证券市场中小投资者维权行为的可操作性和可行性。

四、附表：证券市场中小投资者保护重要法律法规司法解释索引

序号	名称	层级	颁布时间
1	中华人民共和国公司法	法律	2013年12月28日修订通过，2014年3月1日起施行
2	中华人民共和国证券法	法律	2005年10月27日修订通过，2006年1月1日起施行
3	中华人民共和国消费者权益保护法	法律	2013年10月25日通过，2014年3月15日起施行。
4	中华人民共和国会计法	法律	1985年1月21日颁布，1999年10月31日修订通过。
5	证券投资基金法	法律	2012年12月28日修订通过，2013年6月1日起施行。
6	中华人民共和国刑法	法律	1979年7月1日通过，2011年2月25日第八次修正
7	关于进一步加强证券市场宏观管理的通知	规范性文件	1992年12月17日
8	股份制企业试点办法	部门规章	1992年5月15日
9	深圳市股份有限公司暂行规定	地方规章	1992年2月19日
10	深圳市内部股份证管理暂行办法	地方规章	1992年2月26日

（续表）

序号	名称	层级	颁布时间
11	深圳市上市公司监管暂行办法	地方规章	1992年4月4日
12	上海市股份有限公司暂行规定	地方规章	1992年6月1日
13	股票发行与交易管理暂行条例	行政法规	1993年4月22日
14	公开发行股票公司信息披露实施细则(试行)	部门规章	1993年6月10日
15	招股说明书的内容与格式	部门规章	1997年1月6日
16	禁止证券欺诈行为暂行办法	行政法规	1993年9月2日
17	关于惩治违反公司法的犯罪的规定	法律	1995年2月28日
18	关于加强对上市公司董事、监事、经理持有本公司股份管理的通知	规范性文件	1996年4月22日
19	关于严禁操纵证券市场行为的通知	规范性文件	1996年10月31日
20	关于印发〈上市公司章程指引〉的通知	规范性文件	1997年12月16日
21	证券市场禁入暂行规定	部门规章	1997年3月3日
22	关于上市公司总经理及高层管理人员不得在控股股东单位兼职的通知	规范性文件	1999年5月6日
23	关于对上市公司大股东出资到位情况进行检查的通知	规范性文件	1999年6月14日

（续表）

序号	名称	层级	颁布时间
24	企业会计准则—关联方关系及其交易的披露	部门规章	1997 年 7 月 1 日
25	关于上市公司为他人提供担保有关问题的通知	部门规章	2000 年 6 月 6 日
26	上市公司收购管理办法	部门规章	2006 年 5 月 17 日通过，2006 年 9 月 1 日起施行
27	关于公开发行证券的公司重大关联交易等事项的审核要求	规范性文件	2002 年 9 月 5 日
28	关于规范上市公司与关联方资金往来及上市公司对外担保若干问题的通知	规范性文件	2003 年 9 月 8 日
29	关于规范上市公司实际控制权转移行为有关问题的通知	规范性文件	2004 年 1 月 7 日
30	于发布《关于加强社会公众股股东权益保护的若干规定》的通知	规范性文件	2004 年 12 月 7 日
31	国务院关于推进资本市场改革开放和稳定发展的若干意见	规范性文件	2004 年 1 月 31 日
32	证券期货业信息安全保障管理暂行办法	部门规章	2005 年 5 月 16 日
33	国务院办公厅转发证监会关于证券公司综合治理工作方案的通知	规范性文件	2005 年 7 月 29 日
34	上市公司与投资者关系工作指引	部门规章	2005 年 7 月 11 日

（续表）

序号	名称	层级	颁布时间
35	关于发布《会员制证券投资咨询业务管理暂行规定》的通知	规范性文件	2005年12月12日颁布，2006年1月1日起施行。
36	关于发布《上市公司股东大会规则》的通知	规范性文件	2006年3月16日
37	关于印发《上市公司章程指引（2006年修订）》的通知	规范性文件	2006年3月16日
38	上市公司证券发行管理办法	部门规章	2006年5月6日
39	首次公开发行股票并上市管理办法	部门规章	2006年5月17日
40	中国证券监督管理委员会发行审核委员会办法	部门规章	2006年5月9日
41	证券发行与承销管理办法	部门规章	2006年9月17日
42	证券公司融资融券业务试点内部控制指引	部门规章	2006年6月30日
43	证券公司融资融券业务试点管理办法	部门规章	2006年7月3日
44	证券公司风险控制指标管理办法	部门规章	2006年7月5日通过，2006年11月1日起施行。
45	关于规范上市公司对外担保行为的通知	规范性文件	2006年1月1日起施行
46	外国投资者对上市公司战略投资管理办法	部门规章	2005年12月31日
47	上市公司股权激励管理办法（试行）	部门规章	2005年12月31日

（续表）

序号	名称	层级	颁布时间
48	上市公司章程指引(2006 年修订)	部门规章	2006 年 3 月 16 日
49	上市公司收购管理办法	部门规章	2006 年 5 月 17 日通过，2006 年 9 月 1 日起施行
50	公司注册资本登记管理规定	部门规章	2005 年 12 月 27 日
51	关于《公司法》施行后有关企业财务处理问题的通知	规范性文件	2006 年 3 月 15 日
52	期货交易管理条例	行政法规	2007 年 3 月 6 日
53	上市公司信息披露管理办法	部门规章	2007 年 1 月 30 日
54	关于严厉打击非法发行股票和非法经营证券业务有关问题的通知	规范性文件	2006 年 12 月 21 日
55	关于进一步加强投资者教育、强化市场监管有关工作的通知	规范性文件	2007 年 6 月 19 日
56	期货交易所管理办法	部门规章	2007 年 4 月 9 日
57	期货公司管理办法	部门规章	2007 年 4 月 9 日
58	期货投资者保障基金管理暂行办法	部门规章	2007 年 8 月 1 日
59	上市公司重大资产重组管理办法	部门规章	2008 年 3 月 24 日通过，2008 年 5 月 18 日起施行
60	上市公司并购重组财务顾问业务管理办法	部门规章	2008 年 6 月 3 日

（续表）

序号	名称	层级	颁布时间
61	证券发行上市保荐业务管理办法	部门规章	2008 年 8 月 14 日
62	首次公开发行股票并在创业板上市管理暂行办法	部门规章	2009 年 5 月 1 日
63	证券公司监督管理条例	行政法规	2008 年 4 月 23 日
64	证券公司风险处置条例	行政法规	2008 年 4 月 23 日
65	证券期货规章制定程序规定	部门规章	2008 年 10 月 21 日
66	最高人民法院、最高人民检察院、公安部、中国证监会关于查询、冻结、扣划证券和证券交易结算资金有关问题的通知	行政法规	2008 年 1 月 10 日
67	关于印发《最高人民检察院、公安部关于经济犯罪案件追诉标准的补充规定》的通知	行政法规	2008 年 3 月 5 日
68	最高法、最高检、公安部、证监会《关于整治非法证券活动有关问题的通知	行政法规	2008 年 1 月 2 日
69	创业板市场投资者适当性管理暂行规定	部门规章	2009 年 6 月 30 日
70	证券公司分类监管规定	部门规章	2009 年 5 月 26 日
71	期货公司分类监管规定	部门规章	2011 年 4 月 12 日
72	证券投资顾问业务暂行规定	行政法规	2010 年 10 月 12 日
73	发布证券研究报告暂行规定	部门规章	2010 年 10 月 12 日

（续表）

序号	名称	层级	颁布时间
74	关于依法打击和防控资本市场内幕交易意见	行政法规	2010 年 11 月 16 日
75	国务院办公厅关于进一步加强资本市场中小投资者合法权益保护工作的意见	规范性文件	2013 年 12 月 27 日
76	关于受理证券市场因虚假陈述引发的民事侵权纠纷案件有关问题的通知	最高人民法院司法解释	2002 年 1 月 15 日
77	关于审理证券市场因虚假陈述引发的民事赔偿案件的若干规定	最高人民法院司法解释	2003 年 1 月 9 日
78	关于办理内幕交易、泄露内幕信息刑事案件具体应用法律若干问题的解释	最高人民法院、最高人民检察院司法解释	2012 年 9 月 28 日
79	国务院办公厅关于进一步加强资本市场中小投资者合法权益保护工作的意见	规范性文件	2013 年 12 月 27 日

第三篇　我国保险市场消费者保护历史发展述评

作者：王　鑫

在我国现代经济发展中，保险已经与银行、证券等并驾齐驱，成为市场经济条件下有效进行风险管理和资产配置的基本手段，是经济社会的重要组成部分。但随着保险行业的迅速发展，社会公众所具备的保险基础知识和技能都明显滞后；社会发展日新月异，保险产品也日趋呈现多样化和复杂化趋势，增加了社会公众理解保险知识和识别保险风险的难度，导致社会大众普遍无法正确理解保险合同条款，在权益受到侵害的时候无法有效利用法律手段维护自身的合法权益。近年来保险领域“销售误导”、“理赔难”等问题更是频繁出现，退保率呈渐增趋势，日益严重的保险消费纠纷削弱了保险业赖以生存的基础。

任何行业的生存和发展都离不开消费者的认可和支持，保险行业更是如此。只有明确规范保险经营者应当履行的义务，制定清晰详尽的诉求解决方案和反馈机制，切实保护保险消费者的正当权益，才能促进社会公众对保险行业的信任和信心，维护保险业的持续稳定发展。

一、保险消费者及权益界定

我国保险立法条文中虽然提及“投保人、被保险人和受益人”，但并没有任何明文规定“保险消费者”的定义，所以进行保险消费者权益保护的研究，就必须首先明晰“保险消费者”的概念和属性，从而确定保险消费者应当享有的权利和承当的义务。

（一）保险消费者的概念界定

1. 消费者的概念与特点

“概念乃是解决法律问题所必需的和必不可少的工具，没有限定严格的专门概念，我们便不能清楚地和理性地区思考法律问题。”[1]，所以消费者概念的界定是研究保护消费者权益的基础问题。《元照英美法辞典》中定义为：“消费者是：(1)为个人或家庭需要，购买商品或服务并再无出售等商业目的的自然人；(2)消费品的购买者或最终使用者，以转卖为目的的除外，但包括消费者在默示或书面担保条款（或服务合同）的使用者或有关法律规定商品担保人或服务合同应对之负责的使用者”；《中华人民共和国消费者权益保护法》第二条规定“消费者为生活需要购买、使用商品或者接受服务，其权益受本法保护”。虽然我国并未明确说明消费者是否包含法人或单位，但根据消费者保护法的立法本意为“保护弱者，打击强者，保护外行，打击内行”的指导思想，法人或单位在消费行为中完全可以利用自身在经济水平和信息掌控上的优势来取得与商品或服务提供商的议价能力，从而获得对自己有利的地位。如果将消费者的范围扩展为包括法人或其他单位，则有违立法本意，所以我国学界主流观点认为法人或单位不应成为消费者，这个观点也与各国立法和实践基本符合。根据上述定义，我们可以认为消费者是“为了满足个人或他人生活需要购买、使用商品或服务的个人”，并应当具备三个要素：(1)主体是自然人；(2)消费行为是购买、使用商品或接受服务；(3)消费的目的是为满足某种生活需要。

2. 保险消费者属性分析

根据上述对消费者概念和属性的分析，保险领域中涉及的投保人、被

---

〔1〕[美]E. 博登海默，邓正来译：《法理学——法律哲学与法律方法》，中国政法大学出版社 2004 年版，第 504 页。

保险人和受益人应当属于保险消费者，而“保险消费者”是消费者概念在保险消费领域的延伸。

在保险关系中，与保险经营者发生权利义务关系的主体主要包括投保人、被保险人和受益人。因为世界各国监管体制的不同，对于“保险消费者”这一概念缺乏统一的定义，但从监管实际来看，对于“保险消费者”的监管范围普遍存在两种观点：一是以日本和我国台湾为代表，金融消费者包括自然人、法人和其他组织。我国台湾地区“金融消费者保护法”第四条规定：“本法所称金融消费者，指接受金融服务业提供金融商品或服务者。但不包括下列对象：一、专业投资机构；二、符合一定财力或专业能力之自然人或法人。”《日本金融商品销售法》中规定，本法保护的对象为资讯弱势一方当事人，因此该法适用对象，不仅限于自然人的消费者，即使是法人和其他组织，只要不具备金融专业知识，均属于该法的保护范围。另外一种观点是以美国、英国为代表，将金融消费者的定义限定为自然人（个人）。美国《多德—弗兰克华尔街改革与消费者保护法案》中称“金融消费者为个人或其代理人、受托人或代表，适用的领域包括各类金融产品或服务”。而英国《消费者保险法：前合同披露和误述》中规定“消费者保险限于由个人签订的保险合同”。由上述定义可知，世界各国并未对保险消费者是否包含法人或其他单位达成一致，但其核心都在于保护在保险行为中处于劣势地位的一方当事人，确保其合法权益不受损害。

第一，消费者的主体资格。投保人、被保险人和受益人都是与保险经营者义务相对应的权利人。《中华人民共和国保险法》中第 10 条对投保人规定为，“投保人是指与保险人订立保险合同，并按照保险合同负有支付保险费义务的人”。被保险人是指其财产或人身利益受保险合同保障，享有保险金请求权的人。受益人是指人身保险合同中由被保险人或者投保人指定的享有保险金请求权的人。

投保人、被保险人和受益人与保险经营者通过签订保险合同，形成保险服务消费权利义务关系，无论权利主体是自然人还是法人或其他单位都不影响法定权益的内容，都应当受到法律的保护。现实中，投保人以法人或其他组织的形式签订团体保险，被保险人和受益人是自然人的现象也十分普遍。如果投保人、被保险人或受益人都是自然人身份，他们普遍不具备保险专业知识，在交易中处于劣势地位，因此应当属于法律保护的范畴。现实中由于保险产品所具备的专业性和复杂性，保险公司在信息占有和经济条件上又普遍优越于交易对手方，所以相对于大多数保险公司而言，即使投保人是法人或其他单位，他们也处于交易劣势地位。为了防止保险公司侵害投保人正当权益的事件发生，应当将法人和其他组织也纳入“保险消费者”的范畴，但应当排除以法人或其他组织形式出现的专业保险投资人。

第二，从消费行为上看，投保人与保险人订立保险合同就是一种购买保险产品或保险服务的行为。消费者以向保险公司支付保费为对价，来换取人身或财产受到保障的服务。这种保险交易行为符合消费行为的特征，属于经营者与消费者之间的买卖关系。

第三，从消费目的看，购买保险行为的目的主要是为了满足生活需求。随着我国经济的迅猛发展和物质水平的大幅提升，人们已经不仅仅满足于吃饱穿暖，而是对生活质量有了更高的要求。保险的目的就是为了转移、分散风险，增加社会对人身和财产安全的保障，这种行为从本质上来说并不是为了满足生产经营的需要而产生，而是通过使用自身财产购买保险商品或服务从而增强生活保障，在本质是也为了满足生活需求。

综上所述，保险消费者的概念应当是“为了满足生活需要而购买保险产品或接受保险服务的个人或法人组织”，投保人购买的行为也符合消费者的三个要素特征，所以应当认为投保人、被保险人和受益人属于“保险消费者”，属于消费者概念在保险业领域的延伸和发展。

（二）保险消费者的相关权利

1. 消费者权利内容

消费者的权利内容是探讨保险消费者权利内容的基础。根据消费者主权说的观点，“消费者在决定某个经济体系所经营商品的种类和数量上起着支配和主导的作用”。[1] 1898 年美国成立了世界上第一个全国性的消费者组织——全国消费者同盟，并于 20 世纪 60 年代达到顶峰。随着生产经营的多样化和经济的蓬勃发展，生产者、经营者和消费者之间的矛盾也逐渐扩大。1962 年 3 月 15 日美国总统肯尼迪首次提出了消费者权利的概念，并将其概况为“四权论”，即“获得安全保障的权利”、“获得正确信息的权利”、“自由选择商品的权利”和“意见被尊重的权利”，而后尼克松总统又对其进行完善和补充，增加了“方便救济的权利”。1985 年 4 月 9 日，联合国大会批准通过了《保护消费者准则》，确定消费者应当享有的八项权利，即得到必需的物质和服务借以生存的权利、享有公平的价格待遇和选择的权利、安全保障权、获得足够资料的权利、寻求咨询的权利、获得公平赔偿和法律帮助的权利、获得消费者教育的权利和享有健康环境的权利。

《中华人民共和国消费者权益保护法》第二章中规定了消费者享有的主要权利，包含安全权、知情权、自主选择权、公平交易权、获得赔偿权、消费者结社权、受教育权、人格尊严权和监督权等。

2. 保险消费者权利内容分析

保险消费者购买或使用保险产品或保险服务，应当享有与其他生活消费领域中一般消费者一样的权利，但结合其自身特点，保险消费者的权利应当具有以下特点：

一是保险消费者信息知情权。保险消费者信息知情权是指保险消费者购买保险产品或服务时了解相关信息的权利。[2] 保险消费者了解保险产品和保险服务的基本信息和情况是进行保险消费的基础，是保险消费者教育的重点内容。只有对保险产品或服务有充分的了解，保险消费者才能根据自己的需要作出正确判断，防范保险经营者隐瞒或伪造保险交易信息。保险经营者设计保险商品或服务，掌握大量专业信息，而保险

〔1〕[美]格林沃尔德主编：《现代经济词典》，商务印书馆 1983 年版，第 100 页。

〔2〕王和：《让消费者拥有知情权》，载《中国保险报》2011 年 4 月 8 日第 4 版。

消费者在专业度、经济水平和信息水平都与之有较大差距，所以确保保险消费者的信息知情权是至关重要的。

二是保险消费者自主选择权。保险消费者的自主选择权与我国《消费者权益保护法》第9条第2款中的规定基本一致，并在保险领域得以细化。保险消费者的自主选择权主要体现为消费者有权自主选择是否购买保险产品或服务，以及如何购买和向谁购买，任何单位或个人都无权强制保险消费者购买或者替代保险消费者做出决定。

三是保险消费者信息安全权。保险消费者信息保密与安全权可以视为个人隐私权的一部分，保险经营者及其工作人员有义务保护保险消费者的个人信息资料，并应当对侵犯保险消费者信息安全与保密的行为承担相应的法律责任。从信息内容上看，保险消费者信息保密与安全权主要分为身份信息保密与安全权、保险财务信息安全与保密权等[1]。身份信息是指保险机构在办理业务过程中根据有关实名制的法律规定或出于业务联系的需求而要求保险消费者提供的有关身份与联系方式的信息。保险财务信息是指保险机构在办理业务过程中记录或了解的保险消费者的财产信息，包括保险单号码、交易密码或印鉴等财产登记和管理信息，保险消费者资产和负债基本情况等财产信息[2]。但在现实中，尽管有关执法机关严格监督检查，但仍有保险公司或其工作人员频繁售卖保险消费者的个人信息和材料，严重侵犯了保险消费者信息保密和安全权。

四是保险消费者受教育权。保险消费者能正确识别保险产品或服务，防范风险的前提就是需要具备一定的保险产品知识了解度、风险识别能力、权利保护意识和维权手段等。对比于专业精准的保险机构，保险消费者在知识水平、经济能力、学习能力和时间上都占弱势地位。有关保险监管部门和保险经营者有义务向保险消费者传达相应的消费教育和维权

〔1〕徐静：《消费者安全权的保护现状与法律对策》，载《商场现代化》2008年第19期，第269—270页。

〔2〕杨永杰：《保险消费者权益法律保护研究》，中南大学2012年硕士论文，第9页。

内容，包括与保险消费有关的法律法规内容、开展保险知识和保险消费知识普及教育、提高保险消费者对保险产品或服务的认知度、以及维权手段和渠道，例如向保险监管部门提出投诉建议、向司法机关起诉、向保险业协会或同业机构反映情况、向新闻媒体或其他消费者维权组织举报等维权意识教育。

五是保险消费者的求偿权，即被保险人或受益人依法要求保险人依照合同约定给付保险金的权利。对于保险人而言，支付保险金无疑等于增加其成本支出，出于自身最大利益考虑，保险人经常会尽可能拖延向被保险人或受益人支付保险金的时间或者寻求各种理由减少支付的金额，这就会损害到被保险人或受益人按照合同约定要求及时便捷获取保险金的正当权益，影响到保险消费者购买保险目的的实现。

与保险消费者享有权利相对应的就是保险消费者的义务，包括缴纳保费的义务、如实告知的义务、出险通知的义务、出险施救的义务、危险增加的通知义务、提供证明材料的义务和退赔违法所得的义务。

（三）保险消费的特殊性

保险消费虽然属于一般消费在保险领域的延伸和发展，但鉴于保险产品或服务的特殊性，保险消费也呈现出一些特异性。

首先是保险交易双方的双向信息不对称。非对称信息理论最早是由美国经济学家乔治·阿克洛夫于1970年提出，是指市场交易中的一方占有的交易信息多于另一方，在交易中处于信息优势地位，而另一方则处于信息劣势地位，从而导致双方掌握的交易信息不对等[1]。这个问题普遍存在于经营者与消费者之间，也是消费者保护法旨在保护消费者弱势地位的根本原因。这点在保险行业领域也是非常突出，而其特异性主要在于信息不对称的“双向性”。一方面保险人拥有充分专业的保险知识，在就保险合同条款的解读上可能出现故意隐瞒事实真相、故意误导保险消费者的行为；但在

---

〔1〕郭丹著：《金融服务法研究：金融消费者保护的视角》，法律出版社2010年版，第9页。

另一方面，投保人也可能故意不告知保险人其真实的健康状况或财务情况，出现隐瞒和欺诈行为。但目前随着规范手段的日趋完善，保单已经采取格式化形式，保险公司在业务专长、技术水平和信息掌控上也有了长足发展，但保险消费者对于越来越复杂的保险合同和条款却更加无法清楚理解，消费者受到保险经营机构欺诈、隐瞒、误导等事件频繁发生，加剧了其客观上的弱势地位，所以法律应当给予保险消费者必要的倾斜式保护。

其次保险标的的无形性。有形产品其本身与风险无关，只有当消费者使用产品时才可能因为产品缺陷导致财产损失或人身伤害。而在保险交易活动中，保险消费者接受的是无形的产品或服务，在消费者接受该产品或服务时，很难通过外观分辨出质量优劣或好坏，这就需要依赖于保险经营者披露说明的信息。在保险消费者没有专业知识或获取信息量有限的情况下，保险标的物的无形性就加重了购买风险。

再次是保险消费过程和结算的不同。一般消费行为都是在完成支付结算、购买商品或服务后，取得完全的所有权和使用权。而保险消费者的消费却是，在保险合同有效期内如果合同约定的保险事件或事故没有发生，那么保险公司无需赔付；如果发生合同约定的风险事件，则保险公司需要进行保险金给付或损失赔偿。而在结算方式上，保险消费者是按照合同约定给付在前，而保险公司的赔付在后，两者的时间间隔可能会很长，尤其是在寿险领域或养老保险领域。这也会加剧保险消费者的投保风险和对未来结果的把控。

最后是保险消费的公共利益性。“保险之旨趣，乃根据危险分散之法则，亦即相互性之原理，将集中少数人之危险，由多数人分担其损失，富有人人为我，我为人人之旨意，可谓人类社会以协同协力为基础之各种社会经济制度中，最为普遍而有效的一种制度。”〔1〕保险最基本的功能就是分散风险和补偿损失，保险消费者通过购买、使用保险产品或保险服务转移

---

〔1〕陈云中著：《保险学》，五南图书出版公司 1985 年版，第 7 页。

对未来的不确定性，在面临财产损失、损害或身体伤害、伤残或死亡等情况下，可以通过保险人的赔偿或给付来降低风险、弥补损失，发挥保险行业“社会生活减震器”的作用。

二、我国保险市场消费者保护法律制度的历史发展

中国资本主义形式的保险业是伴随着帝国主义对中国通商贸易和经济侵略的产生而来。1805 年英、印商人在广州成立的“谏当保安行”即广州保险协会，是外商在我国最早设立的保险公司。1865 年 5 月 25 日，上海义和公司保险行成立，是我国第一家民族保险企业，打破了外国保险公司在中国保险市场的垄断局面。随着思想的开放和自主发展意愿的增强，1912 年到 1925 年我国陆续有 39 家保险公司成立，到 1936 年时全国已有 40 家保险公司、126 家分支机构。新中国成立后，统一的国家保险机构——中国人民保险公司于 1949 年 10 月 20 日在北京成立，并逐步发展。但由于历史原因，从 1958 年起国内保险业务全部停办，我国现代意义上保险行业直到 1979 年十一届三中全会后才正式恢复。

由于我国现代保险业起步比较晚，相关法律法规随之逐步建立起来，对保险消费者权益保护的法律法规也日趋完善。保险消费者权益保护法律体系的建设不仅巩固了保险业的稳定发展，更加与国家法治社会建立的理念和进程相一致。我国保险市场消费者权益保护法律体系的建立主要分为三个阶段，1980 年—1994 年为初步建立阶段，1995 年—2002 年属于规范化发展阶段，从 2002 年至今属于逐步完善阶段。

（一）保险消费者保护的初步建立阶段（1980—1994）

1981 年 12 月 13 日，第五届全国人大第四次会议通过了《中华人民共和国经济合同法》，其中第 25 条对财产保险合同做出了规定，包括保险合同规定的内容、保险方义务、被保险财产发生损失时求偿权等问题。鉴于此时《中华人民共和国保险法》尚未颁布实施，故《中华人民共和国经济合同法》成为我国真正意义上最早的保险法律条文。

1982 年 12 月 27 日，国务院批复通过《中国人民保险公司章程》，中国人民保险公司董事会、监事会经过国务院批准，于 1983 年 7 月 28 日正式成立，成为市场独家经营的国有保险公司。1983 年 9 月《中华人民共和国财产保险合同条例》获批，逐渐增强了保险市场参与者的信心，市场化脚步也逐渐加快。1984 年 12 月，全国保险工作会议通过《改革保险管理体制，加快发展我国的保险事业》的决议，提出分级核算、自负盈亏，[1]采取一系列改革措施来改进利润流程，下放业务经营自主权等。

1985 年 3 月 3 日，国务院颁布了《保险企业管理暂行条例》，规定国家保险业监管机构为中国人民银行，为我国保险监管提供了主要法律依据，是第一部针对保险经营活动颁布实施的行政法规。本条例规定，只要符合相应条件，经过国家保险管理机构（中国人民银行）批准，并向工商行政管理机关申请营业执照，就可以设立相应的保险机构，开展保险业务。

1987 年以前，我国保险市场上只有中国人民保险公司独家经营。1987 年交通银行成立了保险部，并于 1991 年 4 月组建中国太平洋保险公司，成为中国第二家全国性的保险公司。1988 年 4 月，平安保险公司在深圳蛇口区成立，成为我国第一家股份制保险公司，并于 1992 年 6 月更名为中国平安保险公司，形成与中国人民保险公司和太平洋保险公司三足鼎立的局面，打破了中国人民保险公司的独家垄断。

1992 年后，随着市场经济改革的进行，外国保险公司重新进入我们的视野。同年 9 月美国友邦成立上海分公司，随后日报东京海上日动也在上海成立了分公司。外国保险公司的进入不仅激发了本土保险公司的竞争意识，更提高了保险服务的质量与要求，从一定程度上对于保险业消费者权益保护具有促进作用。

1993 年 10 月 31 日，我国第八届全国人大常委会第四次会议通过了《中华人民共和国消费者权益保护法》，后于 2009 年修正。消费者权益保

---

〔1〕《中国保险史》编委会，中国金融出版社 1998 年版，第 438 页。

护法是一部保护一般消费者合法权益、促进市场经济发展和社会和谐的最重要的法律依据之一。同年，国务院下发《关于金融体制改革的决定》，提出对“保险业、证券业、信托业和银行业要实行分业经营”，从而避免混业经营下的管理缺失和权力真空问题。在金融分业经营原则的指引下，1994 年 5 月，中国人民银行在非金融机构管理司专门设立保险处，专门负责对保险业等非银行金融机构的监管。[1]

在保险消费者保护初步发展阶段，主要是依据《保险企业管理暂行条例》和《财产保险合同条例》进行管理，国家保险业监管主体主要是中国人民银行，财政部负责监督保险业的财务会计制度，国家计委制定国家保险业发展规划思路等。通过严格的审批制原则，宏观上由监管部门制定保险事业发展的方针政策，并在细节上以市场准入、基金保险条款审核、保险费率规范等为重点，对保险公司进行市场行为监管。

（二）保险消费者保护的规范化发展建设阶段（1995—2002）

1995 年 6 月 30 日，《中华人民共和国保险法》经第八届全国人大常委会第十四次会议通过并于 10 月 1 日起正式实施，成为我国第一部保险基本法。该部法律要求财产保险和人身保险分业经营，为加强保险行业的监督管理、维护保险当事人的合法权益、促进保险业平稳健康发展等提供了全面的法律依据和法律保障，标志着我国保险行业法律体系的正式形成。同年 7 月，中国人民银行保险司正式成立，专门负责对中资保险公司进行监督管理。

根据国务院作出的深化金融体制改革的决定，银行业、证券业和保险业实行分业经营、分业监管原则。1998 年 11 月 18 日，中国保险业监督管理委员会（简称保监会）正式成立，至此保险业监督管理的职能从中国人民银行分离出来，由国务院直属事业单位保监会担当，成为全国商业保险的主管机关，根据国务院授权履行行政管理职能，依照法律、法规统一

---

〔1〕吴定富：《中国保险业发展改革报告（1979—2003）》，中国经济出版社 2004 年版，第 82 页。

监督管理保险市场。其主要职责是"拟定有关商业保险的政策法规和行业发展规划;依法对保险企业的经营活动进行监督管理和业务指导,维护保险市场秩序;依法查处保险企业违法违规行为,保护被保险人的利益;培育和发展保险市场,推进保险业改革,完善保险市场体系,促进保险企业公平竞争;建立保险业风险的评价和预警系统,防范和化解保险业风险,促进保险企业的稳健经营和业务的健康发展。[1]"保险监管机构的独立化有利于规范保险行为,维护保险消费者的正当权益。

中国保监会正式成立后,为了顺应市场经济和保险业稳定发展的需要,先后颁布了《保险业监管指标》、《保险公司管理规定》、《保险公司最低偿付能力及监管指标管理规定》、《中华人民共和国外资保险公司管理条例》等一系列规章制度,提出"市场行为监管和偿付能力监管并重"的监管目标模式,并对已有保险监管制度和相关法律规范进行了修订、完善和梳理。中国保监会从偿付能力监管入手,构建以完善责任准备金管理制度、最低偿付能力额度、保险公司监管指标、风险预警机制等各方面相结合的偿付能力监管制度,保护保险消费者的正当权益。其中 2001 年 1 月 3 日颁布的《保险公司管理规定》中,分别对经营财产保险、短期人身保险及长期人身保险的保险公司最低偿付能力额度标准作出规定,限制保险公司实际偿付能力低于法定最低偿付能力额度的事件发生。2001 年 1 月 23 日由中国保监会颁布的《保险公司最低偿付能力及监管指标管理规定》,是一部专门性就偿付能力监管制定的系统性规章,主要分为六章,包括总则、最低偿付能力及管理、财产保险公司监管指标、人寿保险公司监管指标、监管指标的使用和附则等,详细说明和解释了财产保险公司、人寿保险公司的各项责任准备金评估标准和监管指标办法。

(三) 保险消费者保护的逐步完善阶段(2002 至今)

2002 年 10 月 28 日,第九届全国人大常委会第十三次会议修订了

---

〔1〕周道许:《中国保险业发展若干问题研究》(上册),中国金融出版社 2006 年版,第 213 页。

《中华人民共和国保险法》,应当我国加入世界贸易组织后保险行业面临的新要求、新格局和新挑战,重点加大对投保人、被保险人和受益人的保护。包括:要求保险公司提取一定数额的各项责任准备金,确定保障被保险人利益的原则;确定保险行业的表见代理原则,即即使保险代理人超越代理权限代为办理保险业务,只要投保人有合理理由相信其具有保险代理权并已订立保险合同支付对价,则保险人应当按照签署的合同约定承担保险责任等。本次对保险法的修订,体现了更加严格的市场监管,对保险机构的设立实施也提出了更高的要求。首先是设立保险公司的门槛。根据法律规定,设立保险公司,其注册资本的最低限额为人民币 2 亿元,并且必须是实缴货币资本;其次是保险公司的组织形式。设立保险公司只能采用股份有限公司和国有独资公司两种形式,暂时不允许通过其他形式设立保险公司;再次是严格限制保险经营的范围。保险公司不得兼业人身保险和财产保险,商业保险所可能涉及的主要险种的保险费率和基本保险条款都必须由保险监管部门制定,其他险种的保险费率和保险条款可以由保险公司自行拟定并报监管部门备案;保险资金的使用范围仅限于国债和金融债券,严格限制保险资金进入股票、不动产等投资领域。

2003 年 3 月 24 日,中国保监会颁布实施《保险公司偿付能力额度及监管指标管理规定》,以“最低偿付能力额度”、“实际偿付能力额度”替代了《保险公司最低偿付能力及监管指标管理规定》中的“最低偿付能力”和“实际偿付能力”概念,既坚持了指标监管,又加强对偿付能力额度的控制;规定了保险公司应提交偿付能力和监管指标报告,保证报告的真实性和完整性,加强对保险公司的监督管理,提升我国保险偿付能力监管制度的市场化、国际化和专业化程度,推动保险公司改善经营管理,提高保险业抵御风险的能力,维护保险消费者的利益,促进保险行业健康、稳定、持续的发展。最高法院于 12 月公布了《关于人民法院审理保险纠纷案件若干问题的解释(征求意见稿)》,目的在于解决因保险合同法的规定过于原则性从而导致的各地法院判案标准不统一的问题，“正确适应《中华人民共和国保险法》，公正、及时审理保险纠纷案件，保护保险活动当事人的合法权益”。

2004 年 4 月，保监会全国组织系统逐渐形成，标志着我国保险监管进入专业化、独立化和规范化发展的新阶段。《保险法》总则第一条规定“保护保险活动当事人的合法权益”，体现出保监会工作重心逐步向保险消费者权益保护方面倾斜，维护保险活动中各方当事人地位的平衡发展。2004 年 12 月 11 日，我国保险业入世过渡期结束，实现全面对外开放。

2005 年 1 月 1 日，我国第一部《保险保障基金管理办法》颁布实施，对保险保障基金的管理使用原则、缴纳保障基金的办法和对保障基金的管理、监督和使用、涉及的法律责任等问题作出具体规定，正式确立我国保险保障基金制度，对我国保险业发展具有重大意义。保险保障基金是指由保险公司缴纳形成的，按照集中管理、统筹使用原则，在保险公司被撤销、被宣告破产及中国保监会在保险业面临重大危机，可能严重危及社会公共利益和金融稳定的情形下，用于向保单持有人或者保单受让公司等提供救济的法定基金。〔1〕 这是在保险公司偿付能力出现不足，可能损害或影响到保单持有人利益时的最重要的救济手段。2005 年 10 月 18 日至 21 日，国际保险监督官协会年会在奥地利首都维也纳召开，会议主题为：保险监管的三大支柱——偿付能力、公司治理和市场行为。当时我国保监会主席吴定富先生发言，提出我国保险监管管理的基本原则为“统筹规划、夯实基础、加强监管”，参照并结合国际上保险业监管的规则，构建具有中国特色的保险监管制度。构筑以公司内控和治理结构监管为基础，以偿付能力监管为核心，以现场检查为重要手段，以资金运用监管为关键环节，以保险保障基金为屏障的防范保险业风险的“五道防线”，促进中国保险业稳定、持续、协调、健康发展。〔2〕

---

〔1〕 强强：《中国现行保险监管法律制度研究》，吉林大学 2010 年博士论文，第 71 页。

〔2〕 强强：《中国现行保险监管法律制度研究》，吉林大学 2010 年博士论文，第 60 页。

我国保险监管逐渐从以市场行为监管为主，到向市场行为和偿付能力监管并重过渡的阶段。2006 年初，中国保监会发布《关于规范保险公司治理结构的指导意见》，引入保险公司治理结构监管的概念，从而基本形成了偿付能力监管、公司治理结构监管和市场行为监管的"三支柱"现代监管框架，强调对保险机构履行赔偿义务或给付责任的监管，要求保险公司建立确保董事会和高级管理层可以对保险公司生存、发展负有主要责任的内部管理体系，规范保险公司的市场行为，鼓励诚信经营。

2007 年 8 月，中国保险业偿付能力监管标准委员会成立，标志着我国偿付能力监管标准建设进入新阶段。该委员会是偿付能力监管标准的专业性咨询机构，主要负责提供专业化咨询服务，包括对我国选择何种偿付能力监管的模式，如何设定监管框架，法规规章和重要的规范性文件是否适当等问题提供意见和建议，推动偿付能力监管制度建设。

2008 年 6 月 30 日，中国保监会颁布出台了《保险公司偿付能力管理规定》。该规定是在原有《保险公司偿付能力额度及监管指标管理规定》的基础上，结合我国当前保险行业的实际发展状况进行了进一步修订和完善，将保险监管的重点转向督促保险公司有效改善偿付能力，实现审慎稳健的经营。包括(1)个案监管。针对个别偿付能力不足的保险公司，并不是一刀切进行关闭，而是帮助保险公司综合分析其股权结构、风险负担能力和业务状况和构成等，根据实际情况，分类指导其引入战略投资者、并购重组、上市、发行次级债或定向增资等方式该改善当前面临的偿付能力不足的现状；(2)限制性监管措施。在为偿付能力不足的保险公司充分提供第 1 条中提及的服务后，如果改善偿付能力不积极、不配合或者措施不力等，那么将限制这些保险公司开展业务、设立分支机构或分红等经营行为，直至其偿付能力得到有效改善；(3)动态偿付能力监控。对保险公司偿付能力进行预测分析和实时监控，预先识别偿付能力处于或即将处于警戒区域的公司，帮助他们及时发现问题并制定有针对性的偿付能力改善计划，监督其改善和落实；(4)辅助性监管措施。对待偿付能力不足的保险公司，加大力度改善和监管其业务内容，帮助他们提升赢利能力、完善现有不足之处；同时对这些偿付能力不足的保险公司分支机构的费率执行情况和数据真实性加大监督检查，不放松对分支机构的监督管理。同年9月11日，中国保监会颁布了新的《保险保障基金管理办法》。相比较2005年的管理办法，本次管理办法包括7章内容，即保险保障基金的概念，管理体制的基本框架，保险保障基金公司的主要业务和董事会构成，保险保障基金的来源、缴纳范围和比例，保险保障基金救助的情形、程序、比例和金额，保监会和其他有关部门对保险保障基金和保险保障基金公司的管理等内容。其创新点主要在于：首先，管理体制更加完善。新管理办法明确规定由专门设立的保险保障基金公司依法集中管理、统筹使用保险保障基金；其次，强调对保单持有人权益保护的基本救济原则；再次，合法确定救助范围。将国务院确定由国家财政承担最终风险的政策性业务排除在保险保障基金救助范围之外，明确规定企业年金的风险和收益都应当由年金所有者承担，保险保障基金不再参与该部分的救助；将投资型财产保险、投资型意外伤害保险等投资型非寿险业务内容纳入救助范围，规定缴纳比例；最后是拓宽资金运用的范围。使用市场化的手段和方式管理保险保障基金，在资金运用上增加对中央银行票据、中央企业债券、中央级金融机构发行的金融债券等形式的投入，提出保证安全性、流动性和收益性的资金运用原则。

2009年2月28日，第十一届全国人大常委会第七次会议第二次修订了《中华人民共和国保险法》(以下称为“新《保险法》”)，明确加强对保险消费者的权益保护，并将保险消费者法律保护的理念法制化，是一部具有时代特色的较为全面的新型保险法。(1)新《保险法》增设不可抗条款、借鉴禁止反言制度。第16条第3款规定“前款规定的合同解除权，自保险人知道有解除事由之日起，超过三十日不行使而消灭。自合同成立之日起超过二年的，保险人不得解除合同”。在载明投保人未履行如实告知义务时保险人享有合同解除权的同时，也对保险人的解除权行使方式加以限制，便于保护寿险合同等合同期限较长的保险消费者权益的保护。第16条第6款规定“保险人在合同订立时已经知道投保人未如实告知的情况的，保险人不得解除合同”，也是遵循了合同法禁止反言制度，在保险人明知情况下限制其合同解除权的行使，强化对保险消费者权益的保护。(2)新《保险法》对保险人提供的格式合同内容作出限制性规定、保险人单方拟定的格式合同中若有免除保险人依法应当承担的法律义务的条款，或加重投保人、被保险人责任，或排除投保人、被保险人、受益人依法享有的权利的条款应当无效。(3)严格规定保险人订立合同时的说明和提示义务。新《保险法》第17条规定，“订立保险合同，采用保险人提供的格式条款的，保险人向投保人提供的投保单应当附格式条款，保险人应当向投保人说明合同的内容。对保险合同中免除保险人责任的条款，保险人在订立合同时应当在投保单、保险单或者其他保险凭证上作出足以引起投保人注意的提示，并对该条款的内容以书面或者口头形式向投保人作出明确说明；未作提示或者明确说明的，该条款不产生效力”。本条款明确要求保险人享有向投保人明确说明的责任和义务，保险公司除需要证明其已经在保险条款上做出“足以引起投保人注意的提示”外，还需要证明其通过“书面或口头形式向投保人做出明确说明”，才能对自身责任予以免除，充分体现了对保险消费者知情权的重视和保护。(4)对被保险人利益予以特别保护。新《保险法》第43条规定“投保人故意造成被保险人死亡、伤残或者疾病的，保险人不承担给付保险金的责任。投保人已交足二年以上保险费的，保险人应当按照合同约定向其他权利人退还保险单的现金价值。受益人故意造成被保险人死亡、伤残、疾病的，或者故意杀害被保险人未遂的，该受益人丧失受益权”。其中第二款增加了对“受益人”享有受益权的规范，既保护了无辜受益人正当权益得到维护，又限定了实施非法行为的受益人。(5)进一步明确保险理赔的程序、时限等，解决理赔难的问题。首先，规定保险人认为被保险人等提供的证明材料不完整的，应当“及时一次性书面”通知被保险人等补充，避免造成保险人以此为借口拖延理赔；其次，明确核实理赔的期限和通知义务，规定保险人收到被保险人索赔请求后应当及时作出核定；最后，对不属于保险责任的，要求保险人说明拒赔理由。(6)修改关于保险标的转让的限制规定。在财产保险合同中，保险标的转让所对应的权利义务应当由受让人自然继承，保险合同继续有效；只有在保险标的转让后，其危险程度显著增加的，保险人才可以要求增加保险费或者解除合同。[1]

2011 年 2 月，中国保监会下发《关于积极做好服务保险消费者有关工作的通知》，要求各保监局、机关各部门加强研究如何有效保护保险消费者利益、解决突出问题等，并主动曝光一批侵害保险消费者正当权益的典型案件，加强社会公众对保险公司的监督力度。4 月 18 日，中央编办批复保监会成立保险消费者权益保护局，成为金融监管部门成立的第一个消费者权益保护机构。10 月 14 日，保监会印发《关于设立保险消费者权益保护局及对部分内设机构职责、处室设置进行调整的通知》，标志着保险消费者权益保护局正式成立。同年 11 月 10 日，浙江省保险行业协会与浙江省省消保委联合出台《关于进一步做好保险消费者权益保护工作的通知》，成立浙江省保险消费者权益保护中心，开创了引入第三方机构参与保险消费者权益保护工作的新思路。通过对保险消费者权益保护工作的系列调研，2011 年保险行业监管部门逐项规范现实中出现的违法违规问题，加强执法力度，强调“保险消费者是保险业生存发展的根基”，“保护保险消费者利益是保险监管的天职，是衡量监管工作成效的重要标准”。截至 2011 年底，全国保险市场主体呈现多元化、业务范围多样化的趋势，包括 158 家中资、外资保险公司，2550 家左右专业保险代理公司、保险经纪公司和保险公估公司等保险中介机构。

2012 年 1 月 4 日，为了加大向社会公众宣传保险知识、普及保险教育的工作，保险知识大讲堂网络版在保监会网站上正式上线，内容详尽清

---

[1] 杨子强、辛树人主编：《金融消费者权益保护指引》，中国市场出版社 2011 年版，第 309 页。

晰，从保险运作的基本原理、保险操作的具体流程到保险消费者维权方式等方面进行了全面的阐述。1 月 9 日，全国保险监管工作会议召开，项俊波主席明确提出健全保险监管机制、切实保护保险消费者利益等内容，将保险消费者权益保护放在监管工作的重点。2 月 8 日保监会正式发布《关于做好保险消费者权益保护工作的通知》，要求各级保险公司机构公布保险消费者投诉维权电话号码等；4 月 26 日，中国保监会保险消费者投诉维权热线 12378 正式开通，畅通保险消费者维权通道，旨在更好维护保险消费者的合法权益。2012 年上半年，中国保监会发布了大量关于规范人身保险和商业保险方面的行政规章，包括 1 月 12 日印发的《关于加强农业保险理赔管理工作的通知》、1 月 17 日印发的《中国保监会关于加强和改进财产保险理赔服务质量的意见》、2 月 14 日印发《关于人身保险业综合治理销售误导有关工作的通知》，加大对销售误导的惩处力度，切实保护保险消费者合法权益；2 月 16 日保监会召开综合治理寿险销售误导工作会议、2 月 22 日，召开基层保险公司销售人员综合治理销售误导座谈会等；2 月 23 日，保监会印发《关于加强机动车辆商业保险条款费率管理的通知》，3 月 5 日印发《中国保监会关于综合治理车险理赔难的工作方案》，3 月 8 日印发《关于加强机动车辆商业保险条款费率管理的通知》等，进一步完善商业车险条款费率管理，提高服务质量；3 月 13 日《保险消费者权益保护工作简报》创刊，提供了一个全行业特别是监督管理部门与广大保险消费者工作交流与意见反馈的平台；3 月 14 日和 15 日，保监会分别发布《关于开展“3.15”保险服务承诺活动的通知》并在新浪微博上开通了官方微博——保险消费者知识园地，一方面要求保险公司注重向社会公众作出承诺并予以履行，另一方面利用互联网信息传递的便捷和时效优势，通过大型门户网站与广大保险消费者普及保险知识、进行消费风险提示、提供信息互动的交流平台等。3 月 19 日，保监会下发《关于建立保险消费者权益保护工作社会监督员制度的通知》，借助各保监局社会监督员的作用，加强社会监督的力度，更好维护保险消费者的合法权益，同时《保监局局长接待日工作办法》的建立，也为保险消费者向保险监督机构反馈意见提供了诉求渠道，避免受理程序繁冗和工作人员人为懈怠等原因造成沟通难的问题。4 月 12 日、23 日，保监会分别在杭州、兰州等地召开保险纠纷调处机制工作座谈会，并与保险行业协会联合召开保险纠纷调处机制工作会议，要求至 2012 年 9 月底前，各保监局所在地必须建立保险纠纷调处机构；11 月 4 日，保监会指导中国保险行业协会与各会员公司签署《保险公司参与保险纠纷调处机制自律公约》，并在 12 月 24 日，由最高人民法院与中国保监会联合印发《关于在全国部分地区开展建立保险纠纷诉讼与调解对接机制试点工作的通知》，决定在全国 31 省(区)联合开展建立保险纠纷诉讼与调解对接机制试点工作，促进依法、公正、高效、妥善化解矛盾纠纷。

2013 年国务院办公厅发布《关于进一步加强资本市场中小投资者合法权益保护工作的意见》(以下简称《意见》)确定了对中小投资者权益保护的纲领性文件。该《意见》围绕中小投资者权益保护内容提出了九方面八十多项政策措施，针对长期以来突出存在的中小投资者权利缺失问题，提出加强收益回报权、知情权、参与监督权和求偿权等基本权利内容，构建资本市场中小投资者权益保护的制度框架。总体来看，2013 年前三季度，保监会及各保监局接收各类涉及保险消费者权益的投诉总量为 15080 件，反映投诉事项 16016 个，其中 12378 热线电话投诉 11998 件，占投诉总量 79.56%，已经成为保险消费者最主要的表达诉求的渠道，信件投诉 1533 件，占投诉总量 10.17%，网络投诉 807 件，占 5.35%，来访投诉 742 件，占 4.92%；保监会机关和各保监局实际办结各类涉及保险消费者权益投诉 14297 件，办结率达到 94.81%，帮助消费者维护经济利益总计 23766.97 万元，其中包括合同纠纷类投诉 11587 件，诉求解决率为 67.66%；涉嫌侵害消费者权益的违法违规投诉 3493 件，给予有关公司和责任人警告 28 次，罚款 314.8 万元，对 117 人进行监管谈话，下发监管函 109 份；受理涉及保险消费者权益的投诉复查申请 22 件，包括 17 件人身险公司复查件和5件财产险公司复查件。

根据全国保险监管工作会议的精神，2014年保险消费者权益保护工作将坚持稳中求进、改革创新，坚持“抓服务、严监管、防风险、促发展”，以完善制度机制为基础，以实施预防性保护、过程性保护和救济性保护为主要内容，以监督坚持、信息披露和社会监督为重要手段，着力解决关系保险消费者切身利益的突出问题，着力提高保险消费投诉处理工作水平，着力防范和化解行业矛盾纠纷，切实保护好保险消费者合法权益，维护和改善保险行业形象，促进保险业持续健康发展。[1] 主要侧重从八个方面提升对我国保险消费者的保护力度，一是针对理赔难的问题，强调销售端责任，要求保险公司将受理理赔所涉及各个环节的流程、标准、手续和单据证明等材料予以公示，并书面告知消费者，确保保险消费者的知情权得到保护；并且监督保险公司严格按照法律规定和合同约定，在法定赔付时限内切实履行赔付义务。二是防范销售误导，通过完善销售误导的治理机制、加强保险产品的信息披露力度和强化责任追究机制，要求保险公司认真执行对保险消费者的风险承受能力评估测试，加强信息披露内容，包括与消费者利益切身相关的重要信息，如保障范围、免责条款、预期收益等可能影响保险消费者作出决定的内容，并且严格落实销售人员的说明告知义务，清晰明确的向保险消费者做出产品说明，做好销售回访工作。三是进一步完善保险纠纷调处和“诉调对接”机制，根据最高人民法院和中国保监会《关于在全国部分地区开展建立保险纠纷诉讼与调解对接机制试点工作的通知》，完善行业与审判机关沟通协调渠道和信息共享机制，引导保险公司通过调解解决与保险消费者之间的矛盾冲突，促进社会和谐。四是提高保险消费投诉处理工作水平，如推广12378投诉维权热线的社会影响力，提高热线工作人员的业务知识和问题处理能力，鼓励保险消费者随时反映问题、提出诉求，要求保险公司及时处理消费者需求并加大对投

[1] 引自中国保险监督管理委员会《2014年保险消费者权益保护工作要点》。

诉处理工作的督办、检查和考核力度，高效及时地处理各类问题，防范重大和群众行投诉事件发生的可能性。五是加大对损害消费者权益违法违规行为的查处力度，保护消费者个人信息和隐私，打击非法使用、泄露消费者个人信息的行为。六是提升保险公司的服务质量和水平，规范保险公司服务工作内容、流程和服务评价体系建设，推进诚信服务建设，确保保险公司在合法合规前提下扩大增值服务种类、创新业务渠道和手段，为保险消费者提供全面、多元、快捷、优质的保险服务。七是做好公众教育工作，借助广播、电视、报刊、网络等方式向社会工作普及保险知识和消费风险揭示，倡导科学理性的保险消费观念，提高公众风险防范意识和维权能力。

三、当前我国保险消费者保护法律制度的不足

保险具有公共利益的属性，所涉及的社会群体广泛，保险市场的交易动态和规则调整都会产生很大影响；同时基于保险产品或服务的特殊性，保险消费者在购买、接受保险产品或保险服务的时候很容易处于劣势地位，受到保险经营者的不公正对待，所以尤其需要法律法规予以保护。我国对保险消费者权益的保护立法起步较晚，虽然新《保险法》等多次强调加强对保险消费者权益的保护，但在立法、执法和市场整体环境上面仍有欠缺。

（一）立法层面

我国保险业法律制度建设不健全，体现为立法分散、分业监管。目前我国保险领域的法律体系主要是以保险法为核心，辅以其他行政法规和行为准则，缺乏针对保险消费者的专门立法，也缺乏对保险消费者主体地位的确定。虽然“保险消费者”一词频繁出现于监管部门的文件、期刊杂志和网络宣传中，但事实上我国一直缺乏保险消费者明确的法律概念与主体地位。我国 1993 年颁布的《中华人民共和国消费者权益保护法》只是对消费者在一般商品和服务领域中涉及的消费行为进行了规范，但随着经济发展逐渐加快、保险合同和保险交易行为日趋呈现复杂性和多样性、以及保险消费者的特异性特征，都导致保险消费者真难简单纳入一般

性生活消费中，无法通过《消费者权益保护法》得到切实有效的保护。另外，诸如《民法通则》、《合同法》等民事法律规范，虽然适用于大多数民事法律行为，但其规范的主要对象是普遍的民事法律关系，对于明显具有特殊性的保险消费行为，很难提供有效的法律依据和保障；另外，我国保险行业立法重心在保险消费者保护层面上有缺失。《保险法》等一系列保险领域法律法规，从本质上讲更侧重对保险交易行为的规范、对保险市场的维护和稳定、对保险市场的风险防范等，而并非以倾斜式立法原则着重保护保险消费者，导致投保人、被保险人和受益人在权益受到侵害的时候缺乏明确的法律依据进行维权。同时，对于保险消费者在接受保险产品或保险服务时面临的保险消费者信息知情权、保险消费者信息安全权和受教育权等方面还缺乏强有力的明确规定，整体上看，保险业监管涉及的法律法规和规范性文件等普遍存在立法针对性不足和法律层级较低，缺乏适用性的问题。

（二）监管方面

首先是偿付能力监管规定不足。偿付能力监管是指“通过国家立法对保险公司的偿付能力进行监督管理，确保保险公司具有足够的偿付能力，以防范经营风险并保护被保险人的利益”。[1] 在保险交易中，投保人需要与保险经营者先签订保险合同，保险公司将事先收取保险费、建立保险基金，对未来可能发生的保险事故承担保险金给付义务。保险合同的对价主要是依据经验而对未来可能发生的损失和费用进行评估，但因为风险本身具有不确定性，并且人们对风险的预计必然与现实存在偏差，所以保险合同当事人不可能准确判断风险的发生。一旦保险公司对风险的评估过低，则可能导致保险合同对价低于实际成本，对保险公司自有资产造成较大压力。长此以往，很可能发生保险公司资不抵债的情况，甚至发生破产，那么保险消费者必将难以取得保险合同中约定的保险费，其合法

---

〔1〕汪祖杰等:《现代保险学疑难问题剖析》，经济科学出版社 2008 年版，第 165 页。

权益受到损害。我国过去对于偿付能力的监管主要采取严格监管模式，谨慎控制保险经营的各个环节；随着市场经济的发展和法治化的进行，逐渐从市场行为和偿付能力监管并重过渡到对偿付能力监管的方向。虽然中国保监会已经发布多项规定和通知用以规范保险公司的偿付能力，但其重点仍然放在保险费率和手续费等问题上，而对保险公司内部控制、风险承受能力、经营稳定性等监管不足，动态监管容易滞后，监管重点不突出，这导致在发生实际违规行为时，保险监管部门发现延迟并且惩处效率不足、实效不高，阻碍了保险消费者主张其合法权益。

其次在信息不对称的问题上，保险公司常常利用其信息和经济等方面的优势地位获取不当利益，利用其对产品的熟悉度和专业度，在理赔条款上设置重重障碍或者向保险消费者混淆概念、虚假宣传，以高提成等诱导工作人员将有风险的保险产品或服务包装成保本保息的理财产品误导保险消费者，或者通过其他手段增加成本等。金融产品发展日新月异，普通百姓对于纷繁复杂的格式保险产品名称与内容，很难获得充分有效的信息，也缺乏维权意识和对维权渠道的了解。这就需要我国保险监管部门加大教育力度，拓宽保险消费者获取信息的渠道和途径，并且确保保险公司发布信息的真实性和完整性。对于保险公司等信息的供给方，应当要求保险公司信息披露内容符合标准化和规范化。2012 年度保险公司信息披露报告抽查中发现，各公司在风险管理信息披露中，仍然是形式主义地在理论层面上罗列和描述，并未真正结合当前市场环境和变化提出针对性的分析报告和意见。同时在信息披露的形式和信息披露的内容上，各家保险公司也缺乏统一标准，常常各自为政。

再次是保险信息教育的途径上，保险监管部门应当利用当前普遍使用的沟通方式，增进与保险消费者的交流与信息传递，把各种监管局局长接待日落到实处，可以通过主流媒体宣传教育、设立知识讲堂、宣传保险实际案例等方式扩大宣传力度，帮助保险消费者“能看、真懂和会用”。

最后，针对保险消费者权益保护的职能部门主要是保险监管机构和消费者协会。我国保险监管体制是采用保监会监管和行业协会自律管理相结合的模式，监管机构虽然近年来一直不断加大监督管理的力度和重视，但面对逐年上升的保险产品服务引起的投诉和纠纷，难以进行有效和及时的妥善解决。目前保险纠纷可以采取的解决途径仍然主要是通过投诉、信访、协商、调解、仲裁、诉讼等方式，尚未形成完善有效的保险纠纷协调处理模式。

（三）保险消费者保护市场环境

行业自律制度主要是通过行业协会来实现，保险行业协会就是实现行业自律监管的重要手段，有助于在横向和纵向上规范保险市场。我国保险行业协会成立于2001年，是作为协调会员和社会公众关系的一种纽带和桥梁。但对比其他保险法制发达国家，我国的保险行业协会组织在保险市场权威性方面相差甚远，缺少法律赋予的更多权利和社会认同感，普遍存在行业协会作用发挥不完全、不能适应保险业市场发展的问题。

保险消费者自我维权意识上也有很大问题。保险消费者作为保险交易的主体，理应对自身权利主动、积极地妥善保护。但现实中，一方面由于保险合同所涉及条款过于晦涩难懂、专业性过强，导致保险消费者难以真正理解；另一方面也由于保险消费者自身维权意识单薄，对待侵权事件得过且过或怠于主张权利，纵容了保险公司的不当行为，助长了保险机构的侵权行为，不利于对保险消费者权益的保护。

在经济全球化的时代发展和要求下，保险消费者权益保护的问题愈发引起人们的重视和关注。面对复杂多变的金融形势和金融产品蓬勃发展的格局，如果忽视对保险消费者权益的保护，势必会影响金融行业赖以生存和发展的基础，破坏经济市场的稳定性和持续性。保险行业具有很强的公众性和社会性，更加与我们每天的生活息息相关，保险监管机构加强对保险市场主体行为的监管，是有效维持保险行业稳定发展和维护保险消费者正当利益和公众利益的需要。保险监管部门只有顺应市场发展，完善现有保险监管法律体系，及时解决现实面临的突出问题，严厉打击保险行业违法违规等侵权行为，切实有效的保护保险消费者的合法权益，才能推动保险市场的健康发展。

四、附表：保险市场消费者保护重要法律法规司法解释索引

序号	名称	层级	颁布时间
1	中华人民共和国消费者权益保护法	法律	2013年10月25日通过，2014年3月15日起施行。
2	中华人民共和国保险法	法律	1995年6月30日通过，2002年10月28日第一次修正，2009年2月28日第二次修订。
3	中华人民共和国经济合同法	法律	1981年12月13日通过，1982年7月1日起施行。
4	中华人民共和国合同法	法律	1999年3月15日通过，1999年10月1日起施行。
5	中华人民共和国财产保险合同条例	行政法规	1983年9月1日发布
6	保险企业管理暂行条例	行政法规	1985年4月1日生效
7	国务院关于金融体制改革的决定	行政法规	1993年12月25日发布
8	关于印发《保险业监管指标》的通知	规范性文件	1998年9月11日发布
9	中华人民共和国外资保险公司管理条例	行政法规	2001年12月12日发布，2002年2月1日起施行。
10	保险公司偿付能力额度及监管指标管理规定	部门规章	2003年3月24日发布
11	保险公司管理规定	部门规章	2004年3月15日通过，2004年6月15日起施行。

（续表）

序号	名称	层级	颁布时间
12	保险保障基金管理办法	部门规章	2005年1月1日起施行，2008年9月11日修订。
13	关于印发《关于规范保险公司治理结构的指导意见（试行）》的通知	规范性文件	2006年1月5日发布
14	保险公司偿付能力管理规定	部门规章	2008年7月10日发布
15	关于积极做好服务保险消费者有关工作的通知	规范性文件	2011年2月23日发布
16	关于设立保险消费者权益保护局及对部分内设机构职责、处室设置进行调整的通知	规范性文件	2011年10月14日发布
17	关于进一步做好保险消费者权益保护工作的通知	地方性文件	2011年11月10日发布
18	关于做好保险消费者权益保护工作的通知	规范性文件	2012年2月8日发布
19	关于加强农业保险理赔管理工作的通知	规范性文件	2012年1月12日发布
20	关于加强和改进财产保险理赔服务质量的意见	规范性文件	2012年1月17日发布
21	关于人身保险业综合治理销售误导有关工作的通知	规范性文件	2012年2月14日发布

（续表）

序号	名称	层级	颁布时间
22	关于加强机动车辆商业保险条款费率管理的通知	规范性文件	2012 年 2 月 23 日发布
23	关于综合治理车险理赔难的工作方案	规范性文件	2012 年 3 月 5 日发布
24	关于加强机动车辆商业保险条款费率管理的通知	规范性文件	2012 年 3 月 8 日发布
25	关于建立保险消费者权益保护工作社会监督员制度的通知	规范性文件	2012 年 3 月 19 日发布
26	关于在全国部分地区开展建立保险纠纷诉讼与调解对接机制试点工作的通知	规范性文件	2012 年 12 月 18 日
27	关于进一步加强资本市场中小投资者合法权益保护工作的意见	规范性文件	2013 年 12 月 25 日发布

第四篇　我国信托领域个人合法权益保护历史发展述评

作者:史广龙

一、信托领域个人合法权益保护评述概述

(一) 信托领域的个人与金融消费者

我国消费者保护法规定,消费者为生活消费需要购买、使用商品或者接受服务,合法权益受法律保护。从法律条文的文义出发,包括信托等领域在内的金融消费者理所当然属于消费者的范畴。有观点认为,信托领域的委托人往往同时又是受益者,鉴于目前法律规定了较高的投资门槛,这些个人投资者具有较高的风险承受能力与投资经验,不应作为普通金融消费者看待。上述观点错误地将信托关系中的委托人与受益者等同于信托理财产品的投资者。尽管我国营业信托主要由信托公司经营,但是信托法对于信托关系中受托人并没有特别的限制。如果将信托单纯地理解为营业信托,则显然忽略了更为普遍的民事信托。在民事信托领域,信托公司等金融机构虽然并不必然是受托人,但是仍然可以提供信托相关的咨询服务。即便是在营业信托领域,也完全没有必要将个人投资者排除在金融消费者保护的范围之外。金融消费者之所以需要特别保护,一是相对于经营者而言消费者往往处于非常不利的弱势地位,缺少可以与

经营者进行谈判的平等地位，在经营者和消费者之间存在交易地位不平等问题。二是由于商品和服务往往具有较强的专业性，消费者缺乏足够的经验与知识去判断，在经营者和消费者之间存在信息不对称问题。上述两种问题同样存在于信托理财产品领域。信托理财产品的投资者相对于信托公司而言，缺乏足够的谈判资本，也对信托投资计划的具体内容缺乏足够的了解。

将信托产品的投资者排除在金融消费者之外，则相当于将信托产品的个人投资者推向了完全自担风险的境地，这与信托法律关系中受托人应具有高度谨慎义务的要求相背离。在实际操作中，信托理财产品合同往往由信托公司提供，格式条款的提供者可以通过法律手段将自己的责任限制在非常有限的空间之内，同时将风险转嫁给信托理财产品的投资者。这与普通理财产品投资者面临的情况并没有本质的区别。如果认为银行理财产品的投资者应属于金融消费者的范畴，仅仅将信托理财产品的投资者排除在金融消费者范畴之外，则完全违背了同等事物同等对待的基本法律原则。在信托法律关系被日益广泛应用的今天，不应将信托领域的个人投资者排除在金融消费者范畴之外。在信托领域，如果信托相关服务是由专业的经营者提供，无论经营者是信托公司还是其他金融机构，都应该视同金融消费者。即便在金融消费者保护上采取分类分级区别保护的方式，也不应对于大额银行理财产品的购买者与信托理财产品的投资者在保护程度上存在差别待遇。特别是在目前信托理财产品的营销模式更为灵活，各种金融机构理财产品日益倚重信托通道的情况下，对于不同金融机构发售的理财产品仅仅根据交易相对方的性质进行差别保护，不仅可能助长监管套利的趋势，更可能直接侵害信托领域个人投资者的利益，影响各类金融机构之间的公平竞争。

（二）信托领域个人合法权益保护的评述维度

相对于其他领域，信托领域个人合法权益保护更为复杂。首先，我国是传统的成文法国家，在法律发展过程中较多地继受了德国等大陆法系国家的法律制度,与植根于英美法系传统的信托制度存在天然的制度性隔阂,法律适用者在援引信托法保护个人合法权益过程中,往往容易不经意间偏离信托法律关系,造成法律适用的混乱。其次,信托法虽然涵盖了民事信托、营业信托和公益信托,但是民事信托与公益信托在整个信托业中的比重依然十分有限,营业信托占据主导地位。信托公司发展迅猛主要得益于其具有通道功能,能够打通银行、证券、保险三大金融行业的隔阂。由于信托公司与银行、证券公司、保险公司之间合作的结构日益复杂,准确界定法律关系非常困难。最后,我国的信托业的发展经历了长期的政府调控,金融监管部门在个人合法权益保护领域能够发挥很大的作用。然而,监管者的思路主要集中于风险处置,限制其他金融机构与信托公司开展通道性业务,信托领域个人合法权益保护一直缺乏充分的制度性保障。

鉴于信托领域个人合法权益保护存在上述复杂的背景,对于信托领域个人合法权益保护历史发展的评述不应局限于专门的个人合法权益保护规范,更应该将各个历史阶段信托领域的制度性成果融入到系统性的思维体系之中,发掘信托领域个人合法权益保护在不同时期的重点。概括起来,我国信托领域个人合法权益保护主要包括三个维度:一是信托公司组织结构与治理规范。由于历史上多次严重损害信托领域投资者合法权益的重大事件都源于信托公司跨界经营与风险管理失控问题,关注信托公司组织结构与治理规范的演变有助于澄清信托公司发展所倚重的信托责任如何在中国异化为严重的“委托—代理”问题,以及监管部门的解决思路。二是信托领域个人合法权利保障制度。在营业信托占据主导地位的中国信托业,信托法律关系中委托人与受益人往往合二为一,成为具有盈利性质的个人投资者,这在信托理财产品方面表现的尤为突出。对于个人投资者权益保护法律制度进行分析,需要借助于信托法等基本法律制度,也需要考虑信托公司开展各种业务活动的监管规则。三是监管部门对于信托行业的监管。信托行业一直以来都受到严格的监管,在整个立法发展进程中经历了多次行业整顿，而每次行业整顿前都存在大量严重侵害信托领域个人合法权益的情形，监管政策的转变虽然未必直接以个人权益保护为出发点，但是却在事实上产生了有益的效果。

需要特别指出的是，以上三个维度并非毫无关联。本文在对具体法律制度的分析中，不可避免地可能同时存在着三个维度之间的交错。同时，这种分析方法更侧重于对于制度发展历程的分析，因此不可能毫无遗漏，做到面面俱到，但是它或许可以帮助我们抓住信托领域个人合法权益保护最为主要的脉络，避免遗漏最为重要的方面。运用上述方法，对信托领域个人合法权益保护发展轨迹进行评述，有助于澄清从改革开放后信托业重新启动至今，政府、机构与个人三者之间的复杂关系，也将对如何综合运用金融监管资源，充分发掘信托公司动力，进一步加强信托领域个人权利保护提供有益的历史线索。

二、信托行业个人合法权益保护发展轨迹

(一)恢复起步阶段(1979—1982)

1. 信托业的起步

改革开放之初，在我国经济总量中，国有经济占据绝对的垄断地位。十一届三中全会虽然确定了经济体制改革的大方向，但是如何在当时的金融体制下，进行新的开拓与探索尚缺乏合适的途径。1979 年 1 月，在邓小平与工商界和民主党派人士座谈过程中，荣毅仁提出创办新型国际信托公司的基本设想，获得了包括邓小平在内的其他领导的肯定与支持。1979 年 10 月，中国国际信托公司正式成立，标志中国信托业重新起航。信托公司的起步阶段的定位，具有明显的经济体制改革试验品的特征：一是在银行之外开拓政府向海外融资的新渠道，成为政府对外窗口；二是在计划经济之外引入市场的力量，推动金融体制改革。中国国际信托公司的成立起到了很强的示范效应，各地方政府试图通过信托公司绕过控制严格的银行体系，将银行资金转移至信托公司框架下运作。随后，中国人

民银行下发了《关于积极开办信托业务的通知》，肯定了信托公司的积极作用，信托投资公司数量在短期内迅速膨胀。截止 1982 年底，各类信托公司猛增到 620 多家，中国信托业进入了第一次蓬勃发展期。

2. 信托业第一次整顿

由于中国信托业从产生之初就具有银行业替代品的特征，随着信托业的发展，挤占银行业务问题也越来越严重。地方政府出现了将存在银行帐户的专项基金存款，转作地方"信托存款"，由地方负责支配的问题。国务院认为"这样做，实际上把银行统一管理、运用的一部分信贷资金转作地方资金，不符合加强计划管理的精神，势必要扩大基本建设规模，影响信贷收支的平衡，对国民经济的进一步调整十分不利"。[1] 从上述表述中可以看出，国务院 1982 年对信托业第一次整顿主要考虑的因素是中央与地方财政之间的统分关系，在加强信贷资金由银行统一管理的大格局下，地方政府试图利用信托公司划转信贷资金无法获得中央政府的支持。为了切实实现各种改造资金的专款专用，中央政府切断了地方政府设立信托公司的通路，并在《国务院关于整顿国内信托投资业务和加强更新改造资金管理的通知》中规定"除国务院批准和国务院授权单位批准的信托投资公司外，各地区、各部门不得办理信托投资业务。已经办的，由各省、自治区、直辖市人民政府限期整顿。信托投资业务一律由央行或央行指定的专业银行办理"。

尽管在信托业发展的初期，尚未形成任何实质意义上的个人权利保护法律制度，但是这一阶段的积累对日后信托业个人权利保护制度产生了深远的影响。(1)信托公司未明确基本营业范围。信托公司作为金融机构的组织形式而出现，设立的基本目的在于促进改革，但是并没有明确的发展思路。信托行业究竟应该往哪个方向发展，监管层并没有明确的概念，这导致后期信托公司挤占各类其他金融机构业务。此外，由于营业

---

〔1〕《国务院关于整顿国内信托投资业务和加强更新改造资金管理的通知》(一九八二年四月十日)。

范围不确定,个人与信托公司之间的权利义务关系也很难厘定。(2)信托公司成为资金融通的渠道。最初的信托公司主要由地方政府设立,是地方政府将专用的信贷资金转为地方资金的通道。事实上,信托公司后期发展始终依赖于此,成为各类金融机构之间、地方政府与金融机构之间融通资金的渠道。信托业的发展吸引了众多个人投资者,然而,投资者获益并不是靠信托公司作为受托人的业务能力,而是依靠通道功能产生的收益。(3)信托公司运营高度受制于行政。从第一家信托公司成立,到大量信托公司关停,政府始终发挥着决定性的作用。中央政府对信托功能的肯定,是行业存在的基础,对信托活动的担忧,是行业整顿的缘由。最终,信托业并未像其他金融机构一样,逐步走向自律监管与外部监管的结合,而严重依赖于外部的金融监管。同时,信托领域个人合法权益的保障一直缺乏私法层面的救济。

(二)改革试验阶段(1983—2000)

1. 信托业第二次整顿

作为中国国际信托公司的创办者,荣毅仁于 1983 年致函中央政府,就中国国际信托投资公司当时工作中存在的困难和问题以及如何进一步发挥该公司的作用与中央交流了意见。随后,国务院通过《国家计划委员会关于解决中国国际信托投资公司几个有关问题的会议纪要》肯定了中国国际信托公司可以参与利用外资进行新建和技术改造项目,并具有一定的经营自主权,可以发挥投资公司的作用。1983 年国务院作出了《关于中国人民银行专门行使中央银行职能的决定》,规定"国际信托公司的业务活动接受人民银行的管理和监督"。人民银行最终获得了对于信托公司的监管权。在 1984 年召开的"全国支持改造信贷信托会议"和"全国银行改造座谈会"上,中国人民银行对信托业务的作用重新给予积极肯定,并指出"凡是有利于引进外资、引进先进技术,有利于发展生产,搞活经济的各种信托业务都可以办理"。随后,信托公司开始发放信托贷款,并进行了信托投资项目,引发了货币市场信贷失控和货币投放失控,对经济过热起到了推波助澜的作用。从1985年初开始，信托业进入了第二次整顿时期。总体而言，这一时期对于信托公司的经营范围仍然没有明确的界定，中央层面更多的是从经济发展功能角度出发，希望可以通过信托公司手段促进外资引进和技术更新。中国人民银行作为信托公司的直接监管机构，主要职责在于行使中央银行的职能，保障信托领域个人合法权益并不是工作重点。

2. 信托业第三次整顿

随着信托公司清理逐步深入，中国人民银行为了加强对金融信托投资机构的管理，在1986年4月颁布了《金融信托投资机构管理暂行规定》，成为第一个针对信托投资公司的政府规章。暂行规定在以下三个方面进行了尝试：(1)明确信托投资公司为独立法人，但是可以同专业银行存在隶属关系；(2)金融信托公司实施严格的牌照管理制度，由中国人民银行及其下属机构负责审核；(3)信托公司可以从特定机构吸收一年期以上的存款，并按照委托人要求进行信托投资与信托贷款。1986年12月颁布的《中国人民银行金融信托投资机构资金管理暂行办法》又进一步规定，信托机构的投资或者贷款分为委托和信托两类，前者由委托人提供资金并承担风险，后者由信托公司自行筹资并承担风险。此外，信托公司的存款业务必须缴纳存款准备金。上述规定一方面促使信托公司比较早地在金融改革中具有了自负盈亏的法人地位，并且与关联机构进行了法律上的分割，另一方面也承认了信托贷款的合法性，导致信托公司在相当长一段时间内可以成为银行贷款的替代方式，为信托公司的混乱经营埋下了伏笔。1986至1989年，伴随着我国利率市场化改革的突破性进展，信托公司可以利用利率优势，从事信托贷款业务，获得高收益。同时，银行由于受到严格的信贷规模限制，迫切需要通过信托公司的渠道转移资金。银行与信托公司合作，导致信贷规模放大，经济过热，通胀严重。根据1988年《中共中央、国务际关于清理整顿公司的决定》以及《中共中央、国务院关于进一步清理整顿公司的决定》，《国务院关于进一步清理整顿金融性公司的通知》于1989年正式颁布实施，这不仅引发了信托公司的第三次清理整顿，也确立了信托行业新的标准：(1)信托业与银行业实行分业管理；(2)信托公司与其他金融机构纳入整个国家信用计划；(3)建立信托投资公司的风险安全管理制度，规定信托投资公司的资产负债比例。

3. 信托业第四次整顿

随着信托业与银行实行分业管理制度的确立，人民银行发布通知，要求信托投资公司等金融机构只有在获得中国人民银行批准和核发的《经营金融业务许可证》之后才能经营业务。由此，中国人民银行确立了信托公司的牌照管理制度。随着全国经济治理整顿的结束，信托业逐步重新恢复了活力，特别是在邓小平南下视察之后，伴随着开发区、房地产和集资的持续升温，信托公司作为资金渠道的功能获得越来越多的重视。信托公司数量不断增加，经营不规范问题日益突出。为此，中国人民银行在1993年初颁布了《金融信托投资公司委托贷款业务规定》。委托贷款被定义为信托公司作为受托人，按照委托人的意愿，用委托人的资金，以信托公司的名义发放的贷款。同时，信托公司不得接受银行及其他金融机构(保险公司、基金会除外)的委托办理委托贷款业务。上述规定旨在将银行信贷业务与信托公司委托贷款进行分离。从1993年6月开始，中央政府再次开展大规模的宏观调控与金融秩序整顿。信托业首当其中，成为整顿的对象。1995年5月25日，国务院批准了《中国人民银行关于中国工商银行等四家银行与所属信托投资公司脱钩的意见》，确定了银行与信托公司脱钩的基本方针：(1)银行不再保留信托投资公司，包括信托投资公司所属分支机构以及银行的信托部、证券部；(2)银行不再经营信托投资业务；(3)银行除承销国债和代理发行债券外，不再办理证券业务；(4)信托投资公司名称中不再含“银行”字样；(5)转让出去的信托投资公司的人事管理等均移交给地方或其他有关单位；(6)不再保留信托投资公司与银行之间的行政挂靠关系。这次清理切断了银行与信托公司之间的联系，为分业经营与分业管理奠定了基础，有利于风险控制。除此之外，禁止信托公司名称中包含“银行”字样，有利于个人投资者了解两者之间的区别，维护其合法权益。

4. 信托业第五次整顿

中国人民银行虽然将银行与信托公司隔离，但是信托公司仍然可以从事包括信托贷款在内的类银行业务。此外，信托业与证券业存在非常大的重叠关系，为资金在双方之间的往来提供的便利。从1996年开始，监管层开始大量处罚信托投资公司拆借巨额资金申购股票，干扰了证券市场秩序，损害了投资者利益的行为。但是证监会的举措并没有有效遏制信托资金流入股市的问题。同时，由于信托公司在脱离银行业务之后，并没有后续的业务发展方向，许多信托投资公司风险控制缺位，投资损失造成了大量的不良资产，部分信托公司出现了严重的支付危机。针对上述情况，在第五次清理过程中，中国人民银行主要根据各信托公司的资产状况与经营业务领域，确定三条道路：资产状况良好符合条件的信托公司可以保留或者整合；资产状况良好但从事非信托业务的公司转为银行或财务公司；资产状况不好的信托公司应关停破产。此外，监管层推动实行证券业与信托业分离：如果证券营业部比较多，可单独组建证券公司；如果比较少，可由两家或两家以上公司联合组建；实在不具备条件的，可以将证券部出让。在第五次整顿期间，人民银行并未颁布精确设计的监管制度，但是这次改革起到了承前启后的作用，经过长期的改革试验，监管层基本确定了信托业区别于银行与证券业的主业方向。获保留的信托公司允许从事的业务包括资金信托、财产信托、有价证券信托、遗嘱信托及企业购并重组、财务顾问、项目融资等中介业务、国债承销业务，此外，也可从事投资、贷款业务，但只能用自有资金累计的80%。

(三)规范发展阶段(2001—2006)

1.《信托投资公司管理办法》的颁布与信托业整顿的持续

信托业第五次整顿区别于以往经验最主要的特点在于，监管层在清理信托公司的过程中，进行了大量的制度性建设，为中国信托业的发展奠定了坚实的基础。中国的信托业逐渐从缺乏主业范围,依赖行政指导的发展阶段,过渡到规范发展时期。这一阶段以 2001 年 1 月 10 日发布中国人民银行行令(2001)第 2 号,《信托投资公司管理办法》正式实施为标志。《信托投资公司管理办法》在吸收改革开放以来中国信托业发展经验的基础上,大胆创设了新的制度,监管层希望能够达到加强对信托投资公司的监督管理,规范信托投资公司的经营行为,促进信托投资公司的健康发展的目的,并在事实上起到了保护个人投资者合法权益的目的。

(1) 申明信托法律关系。一是界定信托法律关系性质。信托是指"委托人基于对受托人的信任,将其财产权委托给受托人,由受托人按委托人的意愿以自己的名义,为受益人的利益或者特定目的,进行管理或者处分的行为"。由此,委托人与受益人的合法权益正式纳入监管层的视野,并进一步明确,受益人和委托人可以是同一人,也可以不是同一人,为信托业走向财富管理打开了通路。二是明确信托财产独立性。信托财产是指"信托投资公司因接受信托而取得的财产。信托投资公司因信托财产的管理、处分或者其他情形而取得的财产,也属于信托财产。信托财产不属于信托投资公司的自有财产,也不属于信托投资公司对受益人的负债。信托投资公司终止时,信托财产不属于其清算财产"。信托财产的内涵得到了确认,并将信托财产排除在信托公司的破产清算范围之外,为保护信托法律关系中的个人合法权益奠定了基础。

(2) 强化信托机构管理。一是完善组织形式。信托投资公司在组织结构上可以采取有限责任公司或者股份有限公司的形式。据此,信托投资公司需要设立相应的内部治理结构,有利于实现利益相关者之间的制衡。二是设定准入门槛。信托公司的设立需要人民银行的批准,非经批准任何单位和个人不得经营信托业务,或者使用"信托投资"字样。此外,信托公司的设立要满足基本的条件,包括公司章程、入股资格、注册资本、管理人员、组织结构、风险控制、营业设施等都要满足要求。三是完善监管框架。信托公司发生重大变化,包括更改名称、变更资本、变更住所、改变形式、调整业务、更换管理层、调整股权结构、修改章程、合并分立等，除了需要经过股东会通过之外，还要获得人民银行的批准。通过这种方式，人民银行对于信托公司情况的掌握进入了公司内部的微观层面。四是确立退出路径。信托投资公司因违法违规经营、经营管理不善等原因，不能支付到期债务，不撤销将严重损害社会公众利益、危害金融秩序的，由中国人民银行根据国务院有关规定予以撤销。信托投资公司不能支付到期债务，经中国人民银行同意，由人民法院依法宣告破产。

(3) 明确信托业务范围。信托公司可以开展以下义务：受托经营资金信托业务；受托经营动产、不动产及其他财产的信托业务；受托经营国家有关法规允许从事的投资基金业务，作为基金管理公司发起人从事投资基金业务；经营企业资产的重组、购并及项目融资、公司理财、财务顾问等中介业务；受托经营国务院有关部门批准的国债、企业债券承销业务；代理财产的管理、运用与处分；代保管业务；信用见证、资信调查及经济咨询业务；以自有财产为他人提供担保；中国人民银行批准的其他业务。除此之外，信托公司还可以开展公益信托业务。信托公司在经营业务过程中，可以根据市场需要，按照信托目的、信托财产的种类或者对信托财产管理方式的不同设置信托业务品种。上述规定有利于实现信托与银行、证券、保险业务之间的隔离，防止金融风险的交叉传递与感染。

(4) 确立信托经营规则。一是信托合同必须采用书面形式。信托投资公司接受信托，应当采取包括信托合同、遗嘱等书面文件形式，并载明以下必要条款：合同各方的名称与住所；信托目的；信托财产的范围、种类及状况；信托当事人的权利和义务；信托财产管理中风险的揭示和承担；信托财产的管理方式及信托利益的分配方式；信托投资公司的报酬；信托财产税费的缴纳和有关管理费用的核算；信托期限和信托的终止；信托终止时信托财产的归属；信托当事人的违约责任及纠纷仲裁方式；委托人和受托人认为需要载明的其他事项。信托合同强制采用书面形式有利于确定当事人之间权利义务关系，为通过法律途径维护个人合法权益提供基础。二是信托公司应该履行信托义务。信托投资公司应当以受益人的最大利益为宗旨处理信托事务，并谨慎管理信托财产。信托投资公司经营信托业务，不得有下列行为：利用受托人地位谋取不当利益；将信托财产挪用于非信托目的的用途；承诺信托财产不受损失或者保证最低收益；以信托财产为自己或他人债务提供担保；将信托资金投资于自己或者关系人发行的有价证券；将信托资金贷放给自己或者关系人；将不同信托账户下的信托财产进行相互交易；以信托资金购买自有财产或者以自有资金购买信托财产；法律、法规和中国人民银行禁止的其他行为。上述规定主要着眼于规范当时信托市场的乱象，起到了维护信托领域个人权益的效果。三是信托公司运营应该符合规范。首先，信托投资公司应当为委托人、受益人以及处理信托事务的情况和资料保密；其次，信托投资公司应当妥善保存处理信托事务的完整记录并定期报告；再次，信托投资公司违反信托目的或者因违背管理职责、管理信托事务不当致使信托财产受到损失的，应予以赔偿。

(5) 信托业务监管自律。一是建立内部控制制度。信托公司应建立、健全本公司的各项业务管理制度和内部控制制度，对公司董事会负责的内部审计部门，对本公司的业务经营活动进行审计和监督。这一做法有助于防范信托公司内部管理风险。二是建立财务会计制度。信托投资公司应当按照国家有关规定建立、健全本公司的财务会计制度，真实记录并全面反映其业务活动和财务状况。公司年度财务会计报表，应当经具有相应资格的注册会计师审计。三是建立行业资格制度。中国人民银行对信托投资公司的信托从业人员实行信托业务资格考试制度。考试合格的，由中国人民银行颁发信托从业人员资格证书；未经考试或者考试不合格的，不得经办信托业务。此外，中国人民银行对信托投资公司的高级管理人员实行任职资格审查制度。未经中国人民银行任职资格审查或者审查、考核不合格的，不得任职。信托业务的监管与自律可以提升信托公司运营的规范性，提高信托从业人员素质，防范信托公司财务风险，起到保障个人合法权益的效果。

(6) 原有业务清理规范。《信托投资公司管理办法》规定对于未经中国人民银行批准，擅自设立信托投资公司或者擅自经营信托业务的，按照《非法金融机构和非法金融业务活动取缔办法》，予以取缔，并予以处罚。由于所有新设立的信托投资公司必须满足强制性要求，清理与新设都具有明确的标准，可以将不符合条件，可能严重危害个人合法权益的信托公司清理出局。

2.《信托法》正式实施与信托法律关系的确定

在我国信托业发展的相当长的一段历史时期内，信托法律关系主要由公法性规范调整。信托业在这一时期内被局限在营业信托领域，民事信托始终未被纳入调整范围。虽然公法性的规范在将信托投资公司塑造为可以与银行、证券、保险比肩的第四类金融机构方面奠定了机构框架，积累了监管经验，但是，长期依赖公法规范的做法也扭曲了信托法律关系。在经营范围上，颠倒了信托业务的主次关系，使得信托业发展方向混乱，容易引发经营风险。在信托财产来源上，片面强调信托资金，忽略了其他来源的可能，大大缩小了信托业的生存空间，影响了个人对于信托的利用。这些问题虽然在《信托投资公司管理办法》颁布实施后有所改善，但是并未完全解决，更为重要的是信托法律关系长期以来没有法律加以调整，当事人之间的权利义务难以准确厘定，全社会对于公布实施《信托法》的呼声越来越高。

事实上，信托法的起草经历了相当长的历史时期，最早可以追溯至1993年。虽然信托法的草案在1996年12月24日已经由全国人大财经委提交给全国人大常委会，但是由于相关立法机构在信托法的体系与机构上存在较大争议而多次搁置。最终，《信托法》在2001年4月28日通过，标志着信托领域个人权益保护进入了新的历史时期。

(1) 开放信托设立。信托法规定，信托的设立必须满足目的合法、财产合法、书面形式三个基本条件。由于立法者在信托法中规定的信托法律关系已经超出了营业信托的范围，因此在合同基本内容上仅要求载明以下要素:信托目的;委托人、受托人的姓名或者名称、住所;受益人或者受益人范围;信托财产的范围、种类及状况;受益人取得信托利益的形式、方法。除此之外,信托合同还可以载明信托期限、信托财产的管理方法、受托人的报酬、新受托人的选任方式、信托终止事由等事项。信托合同内容日益宽松,有利于信托法律关系中的个人与信托机构订立的合同更具有针对性,也为信托公司开发差异化信托产品满足个人投资者需求创造了条件。

(2) 保护信托财产。受托人因承诺信托而取得的财产是信托财产。受托人因信托财产的管理运用、处分或者其他情形而取得的财产,也归入信托财产。信托财产受到法律严格保护。一方面,信托财产与委托人未设立信托的其他财产相区别。设立信托后,委托人死亡或者依法解散、被依法撤销、被宣告破产时,委托人是唯一受益人的,信托终止,信托财产作为其遗产或者清算财产;委托人不是唯一受益人的,信托存续,信托财产不作为其遗产或者清算财产;但作为共同受益人的委托人死亡或者依法解散、被依法撤销、被宣告破产时,其信托受益权作为其遗产或者清算财产。另一方面,信托财产与属于受托人所有的财产相区别。受托人死亡或者依法解散、被依法撤销、被宣告破产而终止,信托财产不属于其遗产或者清算财产。此外,信托财产原则上不得强制执行。由于信托财产可以获得法律上的充分保障,有利于维护委托人与受益人的利益。

(3) 保障委托人权利。一是委托人的知情权。委托人有权了解其信托财产的管理运用、处分及收支情况,包括查阅、抄录或者复制与其信托财产有关的信托账目以及处理信托事务的其他文件,并有权要求受托人作出说明。二是委托人的决定权。因设立信托时未能预见的特别事由,致使信托财产的管理方法不利于实现信托目的或者不符合受益人的利益时,委托人有权要求受托人调整该信托财产的管理方法。若受托人违反信托目的处分信托财产或者管理运用、处分信托财产有重大过失的,委托人有权解任受托人。三是委托人的请求权。受托人违反信托目的处分信托财产或者因违背管理职责、处理信托事务不当致使信托财产受到损失的，委托人有权通过法律途径撤销处分并请求赔偿。

(4) 设定受托人义务。一是受托人应当遵守信托文件的规定，为受益人的最大利益处理信托事务。受托人管理信托财产，必须恪尽职守，履行诚实、信用、谨慎、有效管理的义务。二是受托人不得利用信托财产为自己谋取利益，否则所得利益归入信托财产。三是受托人必须将信托财产与其固有财产分账管理，不得将信托财产转为其固有财产，原则上受托人也不得将其固有财产与信托财产进行交易或者将不同委托人的信托财产进行相互交易。四是受托人必须保存处理信托事务的完整记录，每年定期将信托财产的管理运用、处分及收支情况，报告委托人和受益人。五是受托人违反信托目的处分信托财产或者因违背管理职责、处理信托事务不当致使信托财产受到损失的，在未恢复信托财产的原状或者未予赔偿前，不得请求给付报酬。

(5) 维护受益人利益。一是受益人自信托生效之日起享有信托受益权。二是受益人可以放弃信托受益权。全体受益人放弃信托受益权的，信托终止。三是受益人不能清偿到期债务的，原则上其信托受益权可以用于清偿债务。四是受益人的信托受益权可以依法转让和继承，但信托文件有限制性规定的除外。

(6) 信托的变更与终止。一是确定信托变更或解除的基本条件。当受益人对委托人有重大侵权行为；受益人同意；或者信托文件有特别规定时，委托人可以变更受益人或者处分受益人的信托受益权，也可以解除信托。当受益人对其他共同受益人有重大侵权行为时，委托人仅能变更受益人或者处分受益人的信托权益。二是确定信托终止的法律后果。信托终止的，信托财产归属于信托文件规定的人；信托文件未规定的，在信托财产归属上，受益人或者其继承人优先于委托人或者其继承人。信托财产的归属确定后，在该信托财产转移给权利归属人的过程中，信托视为存续，权利归属人视为受益人。

3. 国务院办公厅对于信托法实施的安排

2001 年底颁布的《国务院办公厅关于〈中华人民共和国信托法〉公布执行后有关问题的通知》规定，“人民银行、证监会分别负责对信托投资公司、证券投资基金管理公司等机构从事营业性信托活动的监督管理”。由此，从事普通营业信托业务的信托投资公司由人民银行监管，而从事证券信托业务的证券投资基金管理公司则由证监会监管。此外，“未经人民银行、证监会批准，任何法人机构一律不得以各种形式从事营业性信托活动，任何自然人一律不得以任何名义从事各种形式的营业性信托活动”。上述规定确立了信托公司与证券投资资金管理公司在普通营业信托与证券投资信托领域的垄断地位。

4.《信托投资公司管理办法》在 2002 年的修订

随着《信托法》的实施，原先的《信托投资公司管理办法》已经不能适应新形势的发展需要，中国人民银行于 2002 年修订了《信托投资公司管理办法》。一是删除了清理整顿的内容。1999 年开始的信托投资公司第五次整顿，已经清理了大批信托公司，经营管理状况较好的信托投资公司得以保留并重新注册，没有必要再持续清理。二是申明信托业务底线。信托公司不得以任何形式吸收或变相吸收存款；不得发行债券，不得以发行委托投资凭证、代理投资凭证、受益凭证、有价证券代保管单和其他方式筹集资金，办理负债业务；不得举借外债不得承诺信托资金不受损失，也不得承诺信托资金的最低收益；不得通过报刊、电视、广播和其他公共媒体进行营销宣传。信托投资公司违反上述规定，按非法集资处理，有利于强化对于信托投资公司的监管，降低业务风险，维护个人合法权益。三是确定集合管理信托资金基本思路。信托投资公司集合管理、运用、处分信托资金时，接受委托人的资金信托合同不得超过 200 份（含 200 份），每份合同金额不得低于人民币 5 万元（含 5 万元）。由此，信托门槛大幅度降低，个人可以充分利用信托工具理财。

5.《信托投资公司资金信托业务管理暂行办法》颁布

为了规范信托投资公司资金信托业务的经营行为，保障资金信托业务各方当事人的合法权益，中国人民银行在《信托法》、《信托投资公司管理办法》等基础上，制定了《信托投资公司资金信托业务管理暂行办法》并于 2002 年颁布实施，成为专门调整信托投资公司资金信托业务的制度性规范。

(1) 明确界定资金信托业务。资金信托业务是指委托人基于对信托投资公司的信任，将自己合法拥有的资金委托给信托投资公司，由信托投资公司按委托人的意愿以自己的名义，为受益人的利益或者特定目的管理、运用和处分的行为。根据这一概念界定，普通自然人可以广泛利用信托工具，管理个人财产。为了防止信托关系滥用，该办法同时规定，信托投资公司集合管理、运用、处分信托资金时，接受委托人的资金信托合同不得超过 200 份(含 200 份)，每份合同金额不得低于人民币 5 万元(含 5 万元)。

(2) 重申信托财产归属问题。信托投资公司办理资金信托业务取得的资金不属于信托投资公司的负债；信托投资公司因管理、运用和处分信托资金而形成的资产不属于信托投资公司的资产。上述规定有利于保护信托财产，实现委托人与受益人的合法权益。

(3) 明确信托法律关系各方责任。办理资金信托业务时，除了要签订书面协议，信托投资公司还应在风险申明书中载明，信托投资公司依据信托文件的约定管理、运用信托资金导致信托资金受到损失的，其损失部分由信托财产承担；信托投资公司违背信托文件的约定管理、运用、处分信托资金导致信托资金受到损失的，其损失部分由信托投资公司负责赔偿。不足赔偿时，由信托财产承担。这一规定可以防止信托公司不实宣传，提醒委托人注意风险。

(4) 划定资金信托业务底线。信托投资公司办理资金信托业务时，不得以任何形式吸收或变相吸收存款；不得发行债券，不得以发行委托投资凭证、代理投资凭证、受益凭证、有价证券代保管单和其他方式筹集资金，办理负债业务；不得举借外债；不得承诺信托资金不受损失，也不得承诺信托资金的最低收益；不得通过报刊、电视、广播和其他公共媒体进行营销宣传。

6. 信托公司与集合资金信托业务透明度的提升

随着中国银监会的成立，对于信托公司的监管权从中国人民银行转移至银监会。银监会首先在 2004 年颁布了《中国银行业监督管理委员会关于进一步规范集合资金信托业务有关问题的通知》，针对信托公司集合资金信托业务设定专门的监管标准。

（1）确定集合资金信托业务推介标准。信托投资公司办理集合资金信托业务时，应设立集合信托计划，并在集合信托计划开始推介前，逐一向注册地银监局报告。异地推介集合信托计划的，每个集合信托计划最多只能同时在信托投资公司注册地银监局辖内（城市不限）和另一个银监局辖内不超过两个城市推介，而且接受异地推介的资金信托合同，每份合同金额不得低于人民币一百万元（含一百万元）。信托投资公司不得委托非金融机构推介集合信托计划。

（2）规定委托人适当性原则。信托投资公司办理集合资金信托业务时，应当就委托人的资产状况（或个人收入）、收入稳定状况、投资经验、对金融风险的熟悉程度、风险承受能力、对信托制度和相关法规的了解程度进行尽职调查，并将有关材料妥善保管，以备监管部门检查。

（3）明确信托公司的尽职调查义务。信托投资公司办理集合资金信托业务，应对信托资金拟投向的项目进行尽职调查，出具独立的尽职调查报告。无具体运用项目要求或信托投资公司代为确定用途的集合信托计划，应在信托资金运用于特定项目前，对该项目履行尽职调查程序。在尽职调查报告中，除进行项目可行性分析、项目风险审查和内部风险控制机制评估外，还应披露该项目是否涉及关联方交易。涉及关联方交易的，应进一步披露关联关系的性质，可能发生的关联交易金额、占集合信托计划的比例、定价政策和依据、公允市场价格水平等。

（4）建立银信合作基本框架。信托投资公司可与商业银行建立业务合作关系，由商业银行代为向投资者推介集合信托计划，但不得由商业银行代理信托投资公司与委托人签订信托合同。在商业银行网点放置集合资金信托计划推介材料或其他信息披露材料时，必须进行风险提示，在材料的显要位置注明商业银行不对材料内容的真实性负责，以及集合信托计划风险由委托人和受益人承担。

(5) 设定信息披露标准。信托公司应按照《中国银行业监督管理委员会关于信托投资公司集合资金信托业务信息披露有关问题的通知》(银监发〔2004〕90 号)的要求，向委托人、受益人和监管部门履行信息披露义务。若集合信托计划完全向机构委托人推介的，经委托人同意，信托投资公司可以适当减少披露内容，但被减少的信息披露内容必须在信托合同中逐一列明。由此，委托人可以获得有关集合资金信托业务的标准化信息。

(四)高速成长阶段(2007 至今)

1. 信托公司监管规则的清理与信托业第六次整顿

从 2007 年开始，中国银监会主持修订了《信托公司管理办法》与《信托公司集合资金信托计划管理办法》，并清理了多个监管文件，信托行业的“第六次整顿”正式拉开了序幕。与以往主要是依靠行政命令的清理整顿方式不同，此次清理更加侧重于门槛的确立和规则的设定，将不符合业务要求的信托公司排除或者淘汰。

(1) 严格信托公司经营范围。信托公司可以申请经营的业务包括：资金信托；动产信托；不动产信托；有价证券信托；其他财产或财产权信托；作为投资基金或者基金管理公司的发起人从事投资基金业务；经营企业资产的重组、购并及项目融资、公司理财、财务顾问等业务；受托经营国务院有关部门批准的证券承销业务；办理居间、咨询、资信调查等业务；代保管及保管箱业务；以及银监会批准的其他业务。上述规定将信托公司的业务限定在信托的范畴之内，隔绝了信托公司直接从事信贷以及证券业务的可能。

(2) 限制信托公司投资比例。信托公司不得以固有财产进行实业投资,但中国银行业监督管理委员会另有规定的除外。信托公司不得开展除同业拆入业务以外的其他负债业务,且同业拆入余额不得超过其净资产的 20%。中国银行业监督管理委员会另有规定的除外。信托公司可以开展对外担保业务,但对外担保余额不得超过其净资产的 50%。

(3) 将受益人利益放在突出位置。信托公司管理运用或者处分信托财产,必须恪尽职守,履行诚实、信用、谨慎、有效管理的义务,维护受益人的最大利益。除此之外,信托公司在处理信托事务时应当避免利益冲突,在无法避免时,应向委托人、受益人予以充分的信息披露,或拒绝从事该项业务。

(4) 确定合格投资者基本标准。合格投资者,是指符合下列条件之一,能够识别、判断和承担信托计划相应风险的人:投资一个信托计划的最低金额不少于 100 万元人民币的自然人、法人或者依法成立的其他组织;个人或家庭金融资产总计在其认购时超过 100 万元人民币,且能提供相关财产证明的自然人;个人收入在最近 3 年内每年收入超过 20 万元人民币或者夫妻双方合计收入在最近 3 年内每年收入超过 30 万元人民币,且能提供相关收入证明的自然人。除此之外,单个信托计划的自然人人数不得超过 50 人,合格的机构投资者数量不受限制。

(5) 严格禁止关联交易。信托公司在从事固有业务时不得向关联方融出资金或转移财产;不得向关联方提供担保;不得以股东持有的本公司股权作为质押进行融资。同时规定信托公司开展关联交易,应以公平的市场价格进行,逐笔进行事前报告,并按照有关规定进行信息披露。上述规定有利于防止信托公司向关联方或变相向关联方输送利益,降低经营风险发生的可能性,保障个人合法权益。

2. 确定银信合作与信证合作基本框架

(1) 为规范银行与信托公司开展业务合作的经营行为,保护银信合作相关当事人的合法权益,《银行与信托公司业务合作指引》颁布实施。一是银信理财合作的基本要求为坚持审慎原则;银行、信托公司应各自独立核算,风险隔离;信托公司应当勤勉尽责独立处理信托事务,银行不得干预信托公司的管理行为;二是建立与银信理财合作相适应的管理制度,包括但不限于业务立项审批制度、合规管理和风险管理制度、信息披露制度等,并建立完善的前、中、后台管理系统。三是银行开展银信理财合作,应当及时、准确、充分、完整地向客户披露信息,揭示风险。信托公司开展银信理财合作,及时、准确、充分、完整地向银行披露信息,揭示风险。上述规则的建立初步确定了银信合作领域个人合法权益保护的基本框架。

(2)《信托公司证券投资信托业务操作指引》确定了信托公司证券投资信托业务个人权益保护的基本准则。一是规定信托公司从事证券投资信托业务必须具有足够的人力、物力资源以及完善的公司治理结构、内部控制和风险管理机制。二是必须具有严格的风险管理制度。三是信托资金要有商业银行托管。四是信托公司应当对证券投资信托委托人进行风险适合性调查,了解委托人的需求和风险偏好,向其推介适宜的证券投资信托产品,并保存相关记录。五是信托公司拟推出的证券投资信托产品应当具备明确的风险收益特征,并进行详尽、易懂的描述,便于委托人甄别风险,同时声明"信托公司、证券投资信托业务人员等相关机构和人员的过往业绩不代表该信托产品未来运作的实际效果"。六是信托公司办理证券投资信托业务,应当及时、准确、完整地进行信息披露。七是信托公司开展证券投资信托业务不得以任何方式承诺信托资金不受损失,或者以任何方式承诺信托资金的最低收益;不得为证券投资信托产品设定预期收益率;不得不公平地对待其管理的不同证券投资信托;不得利用所管理的信托财产为谋取不正当利益或进行利益输送;不得从事内幕交易、操纵证券交易价格及其他违法违规证券活动等。

3. 适时修改规则以及防范信托业风险

(1)《信托公司集合资金信托计划管理办法》将"单个信托计划的自

然人人数不得超过 50 人，合格的机构投资者数量不受限制”，修改为“单个信托计划的自然人人数不得超过 50 人，但单笔委托金额在 300 万元以上的自然人投资者和合格的机构投资者数量不受限制”。这一规定在保护中等规模个人投资者利益的同时，也为高净值客户利用信托计划提供了便利。

(2) 提示信政合作风险。2009 年《中国银监会办公厅关于信托公司信政合作业务风险提示的通知》明确，部分信政合作业务也存在着项目管理不够严谨，担保、抵押等行为不够规范，个别业务环节存在法律瑕疵等问题，为此应加强风险控制。虽然上述通知的主要目的在于控制信托行业风险，但是客观上有助于防止风险事故的发生，切实保护个人权利。

(3) 2010 年《中国银监会办公厅关于加强信托公司房地产信托业务监管有关问题的通知》中申明，商业银行个人理财资金投资于房地产信托产品的，理财客户应符合《信托公司集合资金信托计划管理办法》中有关合格投资者的规定。此外，信托公司开展房地产信托业务应建立健全房地产贷款或投资审批标准、操作流程和风险管理制度并切实执行；应进行项目尽职调查；应严格落实房地产贷款担保，确保担保真实、合法、有效；应加强项目管理，密切监控房地产信托贷款或投资情况。

4.《信托公司净资本管理办法》颁布与实施

随着各种形式的信托理财产品越来越多，管理资产规模越来越大，如何有效控制风险，维护个人合法权益逐渐成为监管层考虑的重点。2010 年《信托公司净资本管理办法》的实施标志着我国信托业的监管进入了新的时期。银监会在公布了具体的净资本计算以及风险资本计算标准后，进一步规定信托公司净资本不得低于人民币 2 亿元。信托公司应当持续符合净资本不得低于各项风险资本之和的 100%，与净资本不得低于净资产的 40%的风险控制指标。

三、信托领域个人合法权益保护法律制度的不足

信托业在我国的金融体系中具有特殊的地位。如果说信托制度在改革开放后的最初发展阶段源于中央高层着眼于充分利用外资的考虑，信托公司经历的历次整顿则说明了信托业真正的优势与症结都在于信托公司具有通道功能，能够沟通银行、证券、保险三大金融行业，在我国分业经营、分业监管的体制下形成了间接的混业格局。从我国信托领域个人投资者保护的三个维度(信托公司组织结构与治理规范、信托个人投资者合法权利保障、监管部门对于信托行业的监管)出发，如果说信托公司在经过历次整顿，特别是在引入净资本管理之后运营风险有所降低，信托领域个人投资者保护却随着信托业的通道功能日益频繁地在资产管理领域被广泛应用而愈发脆弱。

(一) 信托公司组织结构与治理规范

信托公司作为我国法定从事信托业务的金融机构实际上基本上垄断了信托业务。由于银行、证券、保险三大金融机构都处于比较严格的监管体系之下，无法自行绕过监管制度从事高收益的经营活动。信托投资公司尽管管理资本越来越庞大，但是由于受到法律限制，无法面对公众开展信托业务，迫切需要其他金融机构的客户群体。由此，银行等金融机构往往愿意通过收购信托牌照直接控制信托公司，或者通过协议方式与信托公司开展合作，将一部分风险较高的业务转移到银行表外，在保证获取比较高的收益的同时，将风险转移给信托公司及信托产品的投资者。在这样的运营模式之下，信托公司由于缺乏客户资源，没有足够的谈判能力，在金融机构合作过程中逐渐丧失了独立性，单纯充当通道，整个交易结构与法律关系都由银行等强势金融机构设计，一旦发生风险事故之后，往往处于非常尴尬的境地：如果严格按照合同执行，信托公司作为受托人理应履行信托义务，但是实际上，信托公司很难充分介入银行等金融机构设计的交易之中，由信托公司承担责任在事实上并不公平。近年来发生的众多集合信托理财产品的兑付危机很多都是在这样的大背景下发生。由于

合同上的法律关系与事实上的交易结构并不吻合，无论是银行还是信托公司都在交易环节存在诸多违反合同条款的行为或者违规行为，它们迫于客户压力往往不得不刚性兑付。然而，随着损失规模的不断扩大，银行等金融机构至少在法律层面可以按照合同中的有利条款撇清自身责任，在这样的情况下，集合信托理财产品的个人投资者将很难获得充分的保障。

（二）信托个人投资者合法权利保障

尽管信托法颁布之处的设计初衷是为民事信托与营业信托提供统一的私法层面的制度基础。然而，这些年民事信托发展缓慢的事实至少在一定程度上说明，我国的经济社会发展水平与遗产继承税收制度尚未达到可以支撑民事信托成为普通民众广泛应用的法律制度手段的程度。类似于信托法这样一般性的民事立法虽然可以涵盖营业信托领域的基础性法律关系，但是已经非常难以适应当前通道性信托业务的格局。在我国当前的金融体系与金融结构下，如果仍然固守信托法的体系与结构，将在事实上疏离于信托业的真实运行状态。如果立法者不能在信托法中对于营业信托进行更为严密的规定，至少应该对于信托公司的主要交易结构与权利义务关系在行政法规层面进行规范。然而，非常遗憾的是，信托法的修订迟迟没有纳入全国人大的议程，信托机构组织和运行的基本规范也没有以行政法规的形式颁布实施。随着信托业资产管理规模越来越大，因法律不完备造成的个人投资者权利受损害的情况将越来越普遍。无论是坐拥大量客户资源的商业银行，还是提供通道服务的信托公司，本质上都是提供金融服务的商业组织，期待这些机构以自律性公约的形式向个人投资者让利并不现实。另一方面，信托领域的个人投资者往往对于集合信托理财产品的复杂性缺乏认识，也很难具有了解信托法律关系的专业知识，难以在签订合同的过程中，充分注意条款中规定的法律关系，自觉维护合法权益。

（三）监管部门对于信托行业的监管

从信托业历次整顿的情况来看，监管层关注的焦点始终在于信托公司从事的业务类型是否与银行、证券等传统金融机构存在交叉与重叠关系，并因此而将本应受到严格管制的资金通过信托手段转移至较少受到监管层关注的领域，从而引发或者积聚金融风险。在这样的监管思路指引之下，监管层颁布的监管规则尽管已经涉及到了在信托公司与其他金融机构合作中应该如何规范操作，避免金融风险在金融机构之间交叉传染，但是并没有对于个人合法权利的保护给予充分重视。银监会作为同时监督银行与信托公司的金融监管部门也没有在2013年8月30日颁布的《银行业消费者权益保护工作指引》中对信托领域个人投资者合法权益保护做出规定，至今也没有任何信息表明监管层由于认为信托公司不属于传统的银行业，而决定制定《信托业消费者权益保护指引》。目前，信托业随着管理资产规模的膨胀已经成为仅次于银行业的金融机构，但是信托领域个人合法权益保护的问题却被监管层非常遗憾地彻底忽略了！

四、附表：信托领域个人权益保护重要法律法规规章等索引

序号	名称	颁布日期
法律		
1	中华人民共和国信托法	2001.04.28
2	中华人民共和国消费者权益保护法（2013年修订）	2013.10.25
3	中华人民共和国合同法	1999.03.15
司法解释		
4	最高人民法院关于适用《中华人民共和国合同法》若干问题的解释（一）	2009.04.24
5	最高人民法院关于适用《中华人民共和国合同法》若干问题的解释（二）	1999.12.19

（续表）

序号	名称	颁布日期
行政法规		
6	国务院关于整顿国内信托投资业务和加强更新改造资金管理的通知	1982.04.10
7	国家计划委员会关于解决中国国际信托投资公司几个有关问题的会议纪要	1983.03.15
8	国务院批转中国人民银行关于中国工商银行等四家银行与所属信托投资公司脱钩意见的通知	1995.05.25
9	国务院办公厅转发中国人民银行整顿信托投资公司方案的通知	1999.02.07
10	国务院办公厅关于《中华人民共和国信托法》公布执行后有关问题的通知	2001.12.29
部门规章与规范性文件		
11	中国银行业监督管理委员会关于印发《信托投资公司信息披露管理暂行办法》的通知	2005.01.18
12	中国银行业监督管理委员会关于印发《信托公司治理指引》的通知	2007.01.22
13	信托公司管理办法	2007.01.23
14	信托公司集合资金信托计划管理办法	2007.01.23
15	中国银监会关于实施《信托公司管理办法》和《信托公司集合资金信托计划管理办法》有关具体事项的通知	2007.02.14
16	中国银行业监督管理委员会、国家外汇管理局关于印发《信托公司受托境外理财业务管理暂行办法》的通知	2007.03.12
17	中国银监会办公厅关于调整信托公司受托境外理财业务境外投资范围的通知	2007.07.19

（续表）

序号	名称	颁布日期
18	中国银监会办公厅关于外资银行发售人民币信托类理财产品有关事项的通知	2008.06.18
19	中国银监会关于印发《信托公司私人股权投资信托业务操作指引》的通知	2008.06.25
20	中国银监会关于印发《银行与信托公司业务合作指引》的通知	2008.12.04
21	中国银监会办公厅关于进一步加强信托公司银信合作理财业务风险管理的通知	2008.12.09
22	中国银行业监督管理委员会关于印发《信托公司证券投资信托业务操作指引》的通知	2009.01.23
23	信托公司集合资金信托计划管理办法(2009 修订)	2009.02.04
24	中国银行业监督管理委员会关于修改《信托公司集合资金信托计划管理办法》的决定(2009)	2009.02.04
25	中国银监会关于支持信托公司创新发展有关问题的通知	2009.03.25
26	中国银监会办公厅关于信托公司信政合作业务风险提示的通知	2009.04.14
27	中国银监会关于信托公司开展项目融资业务涉及项目资本金有关问题的通知	2009.09.03
28	中国银行业监督管理委员会关于加强信托公司结构化信托业务监管有关问题的通知	2010.02.05
29	中国银监会办公厅关于加强信托公司房地产信托业务监管有关问题的通知	2010.02.11
30	信托公司净资本管理办法	2010.08.24
31	中国银监会办公厅关于信托公司房地产信托业务风险提示的通知	2010.11.12
32	中国银行业监督管理委员会关于印发信托公司净资本计算标准有关事项的通知	2011.01.27

（续表）

序号	名称	颁布日期
33	中国银监会非银部关于做好信托公司净资本监管、银信合作业务转表及信托产品营销等有关事项的通知	2011.06.16
34	中国银监会关于印发信托公司参与股指期货交易业务指引的通知	2011.06.27
35	中国银行业监督管理委员会、财政部关于规范金融资产管理公司投资信托和理财产品的通知	2011.09.28
36	中国银行业监督管理委员会银行监管四部关于金融资产管理公司开展信托增信及其远期收购等业务风险提示的通知	2012.01.17
37	中国银监会办公厅关于信托公司票据信托业务等有关事项的通知	2012.02.21

资料来源：作者整理

第五篇　非正规金融领域消费者权益保护历史发展述评

作者：史广龙

一、非正规金融领域消费者权益保护概述

非正规金融概念实际上源于正规金融与非正规金融的二元划分，最早可以追溯至经济合作组织（OECD）在1985年有关解决发展中国家二元金融体系的工作报告。[1] 正规金融是指由有组织的金融机构活动，非正式金融机构是正式金融之外的、非组织化的金融机构活动。[2] 上述二元划分的方法，有助于澄清正式金融与非正式金融之间的相互依存与补充的复杂关系，因此在研究发展中国家金融体系中获得广泛应用。近年来，我国经济发展迅猛，金融体系与金融结构经历了深刻的变革。在经济发展过程中，非正规金融机构与正规金融体系相互补充，在满足社会多层次、多样化金融需求的过程中，发挥了重要作用。然而，非正规金融体系

[1] Danis Kessler, Anne Lavigne and Pierre-Antoine Ullmo, Ways and Means to Reduce Financial Dualism in Developing Countries: the State of the Art. Working Paper Nov. 1985. OECD Development Centre

[2] Dimitri Germidis, Denis Kessler and Rachel Meghir, Financial Systems and development: What role for the formal and informal financial sectors? Organization for Economic (April 1991) p. 40.

规模越来越大,形式越来越复杂,在发展过程中暴露出了诸多问题,在一定程度上损害了金融消费者的利益,亟待引起重视。

(一) 非正规金融领域消费者保护应纳入金融消费者保护范畴

近年来,随着美国在金融危机之后建立专门的保护机构,金融消费者保护运动在包括中国在内的发展中国家受到了越来越多的重视。中国的一行三会纷纷建立起了专业性的金融消费者保护机构,颁布了金融消费者保护文件,最新修订实施的《消费者权益保护法》也在一定程度上承认了金融消费者的基本权利。然而,非正规金融领域的消费者保护问题一直没有引起监管层的足够重视。

按照消费者权益保护法的规定,消费者为生活消费需要购买、使用商品或者接受服务,其权益受该法保护。无论是从法律规定的含义出发,还是探究消费者权益保护法的宗旨,都不应将非正规金融领域消费者排除于消费者权益保护法的范畴之外。实际上,非正规金融机构的运营与正规金融机构比较起来具有非常不同的特点,从非正规金融机构购买产品或者接受服务的个人受到侵害的可能性更大,非正规金融领域消费者保护应引起更多的重视。

(1) 非正规金融机构往往缺乏严格的监管规则,容易从事非法金融活动。我国金融市场实行严格的分业经营、分业监管。金融监管部门按照银行(含信托)、证券、保险三大类,针对不同类型的金融机构分别设定了严格的业务经营与风险管理体系。部分非正规金融机构为了商业利益,不惜违反法律法规,擅自进入监管部门实行严格准入门槛和牌照管理的金融业务领域。由于非正规金融机构缺乏足够的管理能力与业务素质,容易引发风险或者造成对方损失,金融消费者往往无法获得如同在正规金融机构购买产品或者接受服务一样的保护。

(2) 非正规金融机构由于缺乏明确的监管机构,容易从事高风险行为。长期以来,我国的金融监管资源主要用于对正规金融机构的监管,缺乏对于非正规金融机构的重视。尽管近年来,P2P 网络贷款、典当行、私募股权基金等非正规金融机构发展迅猛，但是这些非正规金融机构的监管规则相对比较模糊，从事非正规金融机构业务的企业为了提高收益，容易进行具有高风险性的经营活动，无形之中增加了购买产品或者接受服务的个人遭受损害的可能。

(3) 非正规金融机构由于准入门槛较低，激烈竞争导致违规行为。不同于实行严格市场准入标准和牌照发放的正规金融机构，非正规金融机构的设立往往只需要比较低的资本金，在经营场地、人力资源等方面的要求也远低于正规金融机构。由于非正规金融机构设立相对比较容易，从事的业务类型基本雷同或者一致，它们之间的竞争往往比正规金融机构之间更为激烈，为了在竞争中胜出，容易发生非正规金融机构采用不实宣传等非法手段，侵害金融消费者利益的情况。

(二) 非正规金融领域个人合法权益保护的评述维度

基于非正规金融机构不同于正规金融机构的显著特点，笔者认为对于非正规金融领域消费者权益保护发展轨迹的评述至少可以从以下四维度出发。

(1) 非正规金融机构业务的合法性维度。由于我国实行严格的正规金融机构准入制度，任何非正规金融机构都不可以从事专属于正规金融机构才能从事的业务领域。金融消费者如果参与非正规金融机构的非法金融活动，除了面临由于非正规金融机构自身运营不当造成的商业风险之外，还容易卷入违法犯罪活动。

(2) 非正规金融机构本身的准入与运营维度。尽管非正规金融并没有像正规金融机构一样的高准入门槛，但是随着越来越多的非正规金融机构以各种形式被纳入监管框架之内，小额贷款公司、典当行、融资租赁公司等已经建立了相对明确的行业准入制度。除此之外，为了防范非正规金融领域的金融风险，监管部门也针对不同类型的非正规金融机构颁布了相应的风险控制标准。金融消费者如果从不满足准入门槛要求，或者超越风险控制标准的非正规金融机构购买产品或者接受服务，将面临着很大的财产损失风险。

(3) 非正规金融机构与金融消费者的关系维度。无论是《消费者权益保护法》还是《合同法》,这些基本法律只能为非正规金融领域金融消费者保护提供基础性的法律保障,无法针对非正规金融机构每一种业务类型准确设定合同双方之间的权利义务关系。因此,在非正规金融领域,行政法规、政府规章和规范性文件发挥着非常重要的作用。

(4) 非正规金融机构的监管维度。非正规金融机构并不是由统一的监管部门进行监管,各个部门之间由于没有隶属关系,信息的沟通和交流存在一定障碍。同时,非正规金融监管部门在监管非正规金融机构业务活动的同时,也承担着促进行业健康发展的责任。非正规金融领域消费者保护往往并不是监管部门的考虑重点。从非正规金融机构的监管维度对于金融消费者保护问题进行考察,有助于追踪行政执法层面非正规金融领域消费者保护思想发展轨迹的逐步转变。

上述四个维度并非完全独立,它们之间不可避免地存在一定的交叉关系。考虑到非正规金融体系的复杂性,在对非正规金融领域消费者权益保护轨迹进行分析的过程中,不可能将每一项有利于消费者保护的制度都归入具体的维度之内。毋宁说,这些评述维度提供了一种系统性的思考方法,有助于我们在对复杂的制度演变进行分析的过程中,抓住非正规金融领域消费者保护的主要问题或者问题的主要方面。

二、非正规金融领域消费者权益保护发展轨迹

(一) 非法金融机构

1998年7月13日,国务院公布了《非法金融机构和非法金融业务活动取缔办法》,成为打击非法金融活动最为主要的行政法规。(1)界定非法金融机构与非法金融活动。非法金融机构,是指未经中国人民银行批准,擅自设立从事或者主要从事吸收存款、发放贷款、办理结算、票据贴现、资金拆借、信托投资、金融租赁、融资担保、外汇买卖等金融业务活动

的机构。非法金融业务活动，是指未经中国人民银行批准，擅自从事非法吸收公众存款或者变相吸收公众存款；以任何名义向社会不特定对象进行的非法集资；非法发放贷款、办理结算、票据贴现、资金拆借、信托投资、金融租赁、融资担保、外汇买卖等活动。(2)确定严格的牌照管理制度。未经中国人民银行依法批准，任何单位和个人不得擅自设立金融机构或者擅自从事金融业务活动。对非法金融机构和非法金融业务活动，工商行政管理机关不予办理登记。对非法金融机构和非法金融业务活动，金融机构不予开立账户、办理结算和提供贷款。非法金融机构和非法金融业务活动由中国人民银行予以取缔。(3)明确从事非法金融活动风险自担原则。因非法金融业务活动形成的债权债务，由从事非法金融业务活动的机构负责清理清退。因参与非法金融业务活动受到的损失，由参与者自行承担。上述规定，一方面为取缔非法金融机构，打击非法金融活动，维护金融消费者合法权益提供了制度保证，另一方面也确定了金融消费者参与违法金融活动造成损失应该风险自担，有利于培养金融消费者远离非法金融活动的风险意识。为了将《非法金融机构和非法金融业务活动取缔办法》落到实处，解决清理过程中存在的问题，国务院颁发了《国务院关于〈非法金融机构和非法金融业务活动取缔办法〉第二十九条有关问题的紧急通知》，人民银行也作出了《中国人民银行关于取缔非法金融机构和非法金融活动中有关问题的通知》。

1999年颁布的《中国人民银行关于取缔非法金融机构和非法金融业务活动中有关问题的通知》对于非法集资进行了更进一步的阐释。非法集资是指单位或者个人未依照法定程序经有关部门批准，以发行股票、债券、彩票、投资基金证券或其他债权凭证的方式向社会公众筹集资金，并承诺在一定期限内以货币、实物及其他方式向出资人还本付息或给予回报的行为。它具有如下特点：(1)未经有关部门依法批准，包括没有批准权限的部门批准的集资以及有审批权限的部门超越权限批准的集资；(2)承诺在一定期限内给出资人还本付息。还本付息的形式除以货币形式为主外，还包括以实物形式或其他形式；(3)向社会不特定对象即社会公众筹集资金；(4)以合法形式掩盖其非法集资的性质。清晰的概念界定不仅有利于相关部门准确执法，也有利于金融消费者及时识别非法集资，避免发生损失。此外，为了防止清理整顿过程中出现突发事件，《中国人民银行关于取缔非法金融机构和非法金融活动有关问题的答复》进一步规定，对那些不能支付到期债务、发生挤提而影响社会安定的非法金融机构，各部门应研究、提出停业整顿方案，报经县级以上地方政府批准后组织实施。

2001 年颁布的《中国人民银行办公厅关于以高利贷形式向社会不特定对象出借资金行为法律性质问题的批复》对于民间借贷与非法发放贷款进行了区分。民间个人借贷应是个人以其本人合法收入的自有资金出借给另一特定的个人，目的是帮助解决借入人一时的生产、生活需要，出借人为此获取一定利息回报，但出借人一般并不将此作为经常性的牟利手段。若利率超过最高人民法院《关于人民法院审理借贷案件的若干意见》中规定的银行同类贷款利率的四倍，超出部分的利息不予保护，但行为性质仍为民间个人借贷，而不是《非法金融机构和非法金融业务活动取缔办法》中所指的非法发放贷款。《非法金融机构和非法金融业务活动取缔办法》中的非法发放贷款行为是指未经金融监管部门批准，以营利为目的，向不特定的对象出借资金，以此牟取高额非法收入的行为，往往表现为经常性地向不特定的单位或个人出借资金，出借款项一般笔数多、累计金额大，多个借贷行为累计持续时间较长，客观上已形成一种非法金融业务活动。这一区分一方面有助于保护民间借贷关系下双方的合法权益，另一方面提高了普通金融消费者对于非法发放贷款行为的识别能力。同时，随着民间融资的发展，《中国人民银行关于取缔地下钱庄及打击高利贷行为的通知》进一步要求人民银行各分支行要会同有关部门，采取各种有效方式向广大群众宣传国家金融法规和信贷政策。特别是在地下钱庄和高利贷比较活跃的地方，要选择典型案例，宣传地下钱庄非法高利融资的危害性，教育广大群众增强风险防范意识，自觉抵制高利借贷活动，防止上当受骗。

随着非法集资问题愈演愈烈，2007 年 7 月《国务院办公厅关于依法惩处非法集资有关问题的通知》正式下发，对于非法集资的主要特征进行了归纳：一是未经有关监管部门依法批准，违规向社会（尤其是向不特定对象）筹集资金。如未经批准吸收社会资金；未经批准公开、非公开发行股票、债券等。二是承诺在一定期限内给予出资人货币、实物、股权等形式的投资回报。三是以合法形式掩盖非法集资目的。为掩饰其非法目的，犯罪分子往往与受害者签订合同，伪装成正常的生产经营活动，最大限度地实现其骗取资金的最终目的。为了及早识别非法集资，维护正常的经济社会秩序，保护人民群众的合法权益，通知还要求主管部门充分利用报刊、电视、广播、互联网等传媒手段，加大对典型案件的公开报道力度，提示风险，提高社会公众的风险意识和识别能力，引导其远离非法集资。随后，2008 年《中国银监会办公厅关于做好当前处置非法集资工作有关问题的紧急通知》进一步要求各银监局加大对非法集资社会危害性和法律知识的宣传教育，切实提高社会公众的风险意识和辨别能力，并根据非法集资活动情况和特点，经常对社会公众进行风险提示，加强非法集资广告和变相广告的监管，积极协调有关部门进行查处。2009 年《财政部关于坚决制止财政违规担保向社会公众集资行为的通知》叫停了政府融资平台公司由财政担保，向行政事业单位职工等社会公众集资，用于开发区、工业园等的拆迁及基础设施建设的行为。

（二）小额贷款公司

从 2004 年起，中央一号文件一直强调涉农金融创新，促进农业发展。然而，由于农业发展受气候条件和价格波动影响大，农民缺乏抵押物申请银行贷款，农业发展所急需的小额贷款供应一直非常有限。此外，个体经营者和中小企业难以从商业银行获得贷款，融资难问题一直是困扰中国民营经济可持续发展的关键性问题。小额贷款公司是将金融业的服务功能扩张到农户、个体经营者和小微企业，实现普惠金融的有益尝试。小额贷款领域金融消费者保护主要体现在对于农户以及个人小额借款权益的维护。

2005 年起，中国人民银行和中国银监会等部门在中西部的山西、四川、贵州、陕西和内蒙古五个省级行政单位各选择一个县(区)启动“小额贷款公司”试点工作，扩大向农户、个体经营者和微小企业提供贷款服务。在积累一定经验的基础上，中国人民银行与银监会于 2008 年颁布了《关于小额贷款公司试点的指导意见》，对于小额贷款公司的发展与个人合法权益的维护具有里程碑式的作用：(1)调低准入门槛，控制持股比例。小额贷款公司的注册资本来源应真实合法，全部为实收货币资本，由出资人或发起人一次足额缴纳。有限责任公司的注册资本不得低于 500 万元，股份有限公司的注册资本不得低于 1000 万元。单一自然人、企业法人、其他社会组织及其关联方持有的股份，不得超过小额贷款公司注册资本总额的 10%。上述规定一方面保证了小额贷款公司的经营具有充足的资本，为自然人、法人或者其他组织设立小额贷款公司打开方方便之门，另一方面也可以防范单一股东持股比例过高，滥用控制权利，掏空公司的行为。(2)坚持小额分散，合理控制风险。小额贷款公司在坚持为农民、农业和农村经济发展服务的原则下自主选择贷款对象。小额贷款公司发放贷款，应坚持“小额、分散”的原则，鼓励小额贷款公司面向农户和微型企业提供信贷服务，着力扩大客户数量和服务覆盖面。同一借款人的贷款余额不得超过小额贷款公司资本净额的 5%。在此标准内，可以参考小额贷款公司所在地经济状况和人均 GDP 水平，制定最高贷款额度限制。(3)面向市场运作，设立利率上限。小额贷款公司按照市场化原则进行经营，贷款利率上限放开，但不得超过司法部门规定的上限，下限为人民银行公布的贷款基准利率的 0.9 倍，具体浮动幅度按照市场原则自主确定。有关贷款期限和贷款偿还条款等合同内容，均由借贷双方在公平自愿的原则下依法协商确定。上述规定有利于保证小额借款人的合法权益。(4)建立防范制度,全面覆盖风险。只有合理控制小额贷款的风险,才能保证小额贷款公司可以持续地为农户、个体经营者和中小企业提供资金支持。为此,小额贷款公司应按照有关规定,建立审慎规范的资产分类制度和拨备制度,准确进行资产分类,充分计提呆账准备金,确保资产损失准备充足率始终保持在100%以上,全面覆盖风险。(5)接受社会监督,杜绝非法集资。小额贷款公司应接受社会监督,不得进行任何形式的非法集资。从事非法集资活动的,由省级人民政府负责处置。对于跨省份非法集资活动的处置,可由省级人民政府请求处置非法集资部际联席会议协调处置。其他违反国家法律法规的行为,由当地主管部门依据有关法律法规实施处罚;构成犯罪的,依法追究刑事责任。

为了拓展小额贷款公司的发展空间,为小额贷款公司的进一步发展打开方便之门,使得更多的农民、个体工商户和小微企业可以从中获益,2009年《中国银监会关于印发〈小额贷款公司改制设立村镇银行暂行规定〉的通知》正式下发,小额贷款公司改制设立村镇银行,除满足《村镇银行管理暂行规定》第二章、第三章、第四章规定外,还须满足下列条件:(1)代表三分之二以上表决权的股东同意小额贷款公司改制设立村镇银行,并对小额贷款公司的债权债务处置、改制工作作出决议。(2)公司治理机制完善、内部控制健全、经营状况良好、信誉较高,且坚持支农服务方向,包括最近四个季度末涉农贷款余额占全部贷款余额的比例均不低于60%。(3)已确定符合条件的银行业金融机构拟作为主发起人。(4)省级政府主管部门推荐其改制设立村镇银行,同时对其公司治理、内部控制、经营情况等方面进行评价。(5)未设村镇银行的县(市)及县(市)以下地区的小额贷款公司原则上优先改制。(6)银监会规定的其他审慎性条件。上述规定虽然为小额贷款公司转为村镇银行提供了出路,但是从实际效果来看,全国范围内尚未有小额贷款公司成功专为村镇银行。

小额贷款公司由于规模所限,并且主要是向农户和个人提供贷款,具有较高的风险性,如果它们可以充分利用央行的征信系统,将大大提高工作效率,降低贷款风险。《中国人民银行办公厅关于小额贷款公司接入人民银行征信系统及相关管理工作的通知》于 2011 年正式颁布实施,小额贷款公司除了可以接入人民银行征信系统之外,还应该履行报送和查询数据的义务,特别是不应侵犯信息主体的权益。小额贷款公司办理业务,除了对于已经发放贷款进行管理外,经被查询人书面同意,可以向征信系统查询信息。贷款终止后,不得再查询信息报告。此外,为了促进普惠金融的发展,加大对"三农"发展的支持力度,财政部于 2012 年发布《关于开展小额贷款公司涉农贷款增量奖励试点的通知》,决定在天津、辽宁、山东、贵州等 4 省(市)按照《财政县域金融机构涉农贷款增量奖励资金管理办法》的相关标准,开展小额贷款公司涉农贷款增量奖励试点。

(三) 典当行

典当行在我国的发展具有悠久的历史。改革开放之后,典当行业逐步恢复,在缓解个体户、城乡居民临时资金短缺方面起到了一定的作用,但是也出现了很多的问题,主要表现为随意提高质押利率,以及开办存款业务,严重扰乱了金融秩序。有鉴于此,1993 年《中国人民银行关于加强典当行管理的通知》明确典当行是以实物质押形式,为个体工商户和城乡居民提供临时性贷款的非银行金融机构,其主管机关是中国人民银行。任何地方政府和其他部门不得批准设立典当行。各地人民银行应对辖区内典当行的数量、审批机关、质押的利率、当期、当品、业务规模等进行一次全面清查,在清查的基础上,提出撤并留具体意见。1995 年公安部出台了《典当行业治安管理办法》,对赃物和违禁品的典当等不法行为加强了管理。

中国人民银行对于典当行业的监管主要是根据 1996 年颁布的《典当行管理暂行办法》,它同时也是《典当管理办法》出台前,最为重要的典当行业政府规章,对于金融消费者的保护主要体现在以下方面:(1)规范典当行的设立条件。典当行的设立应该经过中国人民银行的批准,实收货币股本金最低限额为人民币 500 万元,并具备必要的人力资源与办公场所等。上述规定有助于将不具有经营条件的典当行排除在外。(2)确定当物估值与收费标准。当物应当按照现值估价,并按照估价的50%—90%确定当价。典当行的当物,应当在保险公司进行保险。质押贷款的月利率,可以国家规定的同档次流动资金贷款利率为基础上浮50%。典当的费用包括服务费、保管费和保险费等,其月综合费率最高不得超过当价的45‰。(3)确定当物保护机制。由于在典当期限内,出当人的当物由典当行控制与支配,为了保护出当人的利益,防止典当行滥用占有权利,典当行在当期内不得出租、使用当物。当物在典当期限内发生遗失或者损毁的,典当行应按照典当时的估价赔偿。

2001年《典当行管理办法》对典当行业规范做了细化,对于金融消费者保护起到了推动作用。(1)明确利率与费用标准。典当当金利率,按中国人民银行公布的银行机构同档次法定贷款利率及浮动范围执行。典当当金利息不得预扣。典当综合费用包括各种服务及管理费用。质押典当时,月综合费率不得超过当金的45‰。房地产抵押典当时,月综合费率不得超过当金的30‰。(2)加强对当物的保护。典当行在当期内不得出租、质押、抵押和使用当物。质押当物在典当期内或者续当期内发生遗失或者损毁的,典当行应当按照估价金额的120%进行赔偿。遇有不可抗力导致质押当物损毁的,典当行不承担赔偿责任。(3)明确绝当物品的处置。典当行应当由专人妥善保管质押当物。在绝当物品的处理上,当物估价金额在3万元以上的,典当行可以按《中华人民共和国担保法》有关规定处理,也可以双方事先约定绝当后由典当行委托拍卖行公开拍卖;当地无拍卖行的,应当在公证部门监督下公开拍卖。拍卖收入在扣除拍卖费用及当金本息后,剩余部分应当退还当户,不足部分向当户追索。绝当物估价金额不足3万元的,典当行可以自行变卖或者折价处理,损溢自负。2003年《商务部关于加强典当业监管工作的通知》进一步要求加强对当票购领使用、当物估价、息费收取、绝当物处理的监督与管理,对于有违规行为又不按要求进行整改的,应当责令其停业整顿。

商务部成立之后,全面接管了典当行业的监管工作,进一步规范了利率与费用标准。2005 年实施的《典当管理办法》规定，典当当金利率，按中国人民银行公布的银行机构 6 个月期法定贷款利率及典当期限折算后执行。典当当金利息不得预扣。典当综合费用包括各种服务及管理费用。动产质押典当的月综合费率不得超过当金的 42‰。房地产抵押典当的月综合费率不得超过当金的 27‰。财产权利质押典当的月综合费率不得超过当金的 24‰。当期不足 5 日的，按 5 日收取有关费用。为了将监管办法落实到位，《商务部公安部关于贯彻实施〈典当管理办法〉有关问题的通知》中明确了监管分工。商务主管部门要严格按照《典当管理办法》，规范典当行经营行为，建立并落实定期检查、不定期抽查、行业统计和重大事项报告等制度，实行动态监管和全过程监督。对于超业务范围经营和超过规定标准收取利息、费用等违规行为，应当及时查处。公安机关对典当业的治安管理实行归口管理。日常治安管理工作由公安机关治安部门负责。

2012 年《商务部关于印发〈典当行业监管规定〉的通知》建立了从商务部—省级商务主管部门—地市级商务主管部门—区县级商务主管部门的五级监管体制，将健全权力与监管责任逐层落实，为典当行的规范发展和金融消费者权益的维护打下了制度基础。各级地方商务主管部门初步建立了日常监管的现场检查和约谈制度、行业重大事件信息通报机制、风险预警机制和突发事件应急处置预案，充分利用会计师事务所等专业机构，开展有针对性的现场检查。各级商务主管部门加强了对典当企业资金来源和运用的监管，重点对非法集资、吸收或者变相吸收存款、超范围经营、故意收当赃物、违规办理股票典当业务等违规违法行为加强监督检查，发现上述违法违规行为立即纠正、处理，对包括非法集资吸储行为等重大事项，须在 24 小时内报告商务部。

（四）融资租赁

中国的现代租赁业开始于 20 世纪 80 年代的改革开放时期。为了解决资金不足和从国外引进先进技术、设备和管理的需求，在荣毅仁先生的倡导下，融资租赁作为增加引进外资的渠道，被从日本引进中国。近年来，融资租赁发展迅猛，在农业生产领域，为农户提供农用机械的融资租赁金融服务，在个人消费领域，开始发展个人汽车融资租赁业务。融资租赁领域消费者合法权益的维护具有悠久的历史，其中，最高人民法院的司法解释起到了主导性作用。

1996 年《最高人民法院印发〈关于审理融资租赁合同纠纷案件若干问题的规定〉的通知》对融资租赁合同基本法律关系进行了解释，建立了保护承租人利益的基本法律制度。(1)对融资租赁合同进行了初步界定。融资租赁合同是指出租人根据承租人对租赁物的特定要求和对供货人的选择，出资向供货人购买租赁物，并租给承租人使用，承租人按约定币种支付租金，在租赁期满时，按约定的办法取得租赁物所有权的协议。(2)明确了非融资租赁公司订立合同的法律后果。出租人不具有从事融资租赁经营范围的，融资租赁合同无效。(3)保护融资租赁期间承租人对于租赁物的使用权。在融资租赁合同有效期间内，出租人非法干预承租人对租赁物的正常使用或者擅自取回租赁物，而造成承租人损失的，出租人应承担赔偿责任。(4)确定了因出租人原因造成租赁物存在质量或数量问题的法律后果。出租人根据租赁合同的约定完全是利用自己的技能和判断为承租人选择供货人或租赁物的、出租人为承租人指定供货人或租赁物的、出租人擅自变更承租人已选定的供货人或租赁物的等原因导致租赁物质量、数量等存在问题，在对供货人索赔不着或不足时，出租人应承担赔偿责。

2004 年《商务部、国家税务总局关于从事融资租赁业务有关问题的通知》对于融资租赁行业的市场准入确定了基本的框架，并明确规定融资租赁试点企业不得吸收存款或变相存款；不得向承租人提供租赁项下的流动资金贷款和其他贷款；不得进行有价证券投资、金融机构股权投资；不得从事同业拆借业务；以及未经中国银行业监督管理委员会批准的其他金融业务。2006 年《商务部、国家税务总局关于加强内资融资租赁试点监管工作的通知》进一步明确各省级商务、税务主管部门要高度重视内资融资租赁试点工作，加强组织领导，建立健全监管机制。各地商务主管部门要加强试点企业变更事项的管理，并建立和完善试点企业退出机制，实行经营业绩年度考核制。2011 年《商务部关于"十二五"期间促进融资租赁业发展的指导意见》明确要引导融资租赁企业支持农业发展，开拓农村市场，开展农村基础设施和新农村建设重点工程设备等标的物的融资租赁业务。2013《商务部关于印发〈融资租赁企业监督管理办法〉的通知》中规定，融资租赁企业应配备具有金融、贸易、法律、会计等方面专业知识、技能和从业经验并具有良好从业记录的从业人员，拥有不少于三年租赁业务或金融机构运营管理经验的总经理、副总经理、风险控制主管等高管人员。此外，融资租赁企业开展融资租赁业务应当以能产生收益权的真实租赁物为载体，未经相关部门批准，融资租赁企业不得从事吸收存款、发放贷款、同业拆借等金融业务。严禁融资租赁企业借融资租赁的名义开展非法集资活动。

2014 年《最高人民法院关于审理融资租赁合同纠纷案件适用法律问题的解释》确定了新时期承租人权益保护的基本制度。(1)明确承租人可以拒绝接受租赁物的条件。出卖人违反合同约定的向承租人交付标的物的义务，包括租赁物严重不符合约定或者出卖人未在约定的交付期间或者合理期间内交付租赁物，经承租人或者出租人催告，在催告期满后仍未交付两种情况，承租人有权拒绝受领租赁物。(2)承租人在特定情况下可以减免租金。承租人对出卖人行使索赔权，不影响其履行融资租赁合同项下支付租金的义务，但承租人以依赖出租人的技能确定租赁物或者出租人干预选择租赁物为由，主张减轻或者免除相应租金支付义务的除外。(3)承租人特定情况下具有单方解除权。因出租人的原因致使承租人无法占有、使用租赁物，承租人请求解除融资租赁合同的，人民法院应予支持。(4)承租人特定情况下请求赔偿的权利。出租人存在无正当理由收回租赁物；无正当理由妨碍、干扰承租人对租赁物的占有和使用；因出租人的原因导致第三人对租赁物主张权利;不当影响承租人对租赁物占有、使用的其他情形,影响承租人对租赁物的占有和使用,承租人有权要求出租人赔偿相应损失。(5)承租人需要承担责任的情况。出租人存在明知租赁物有质量瑕疵而不告知承租人;承租人行使索赔权时,未及时提供必要协助;怠于行使融资租赁合同中约定的只能由出租人行使对出卖人的索赔权;怠于行使买卖合同中约定的只能由出租人行使对出卖人的索赔权等情况,导致承租人对出卖人索赔逾期或者索赔失败,承租人要求出租人承担相应责任的,人民法院应予支持。(6)出租人过错导致租赁物不符合融资租赁合同的救济方式。租赁物不符合合同的约定且出租人实施了下列行为之一,包括当出租人在承租人选择出卖人、租赁物时,对租赁物的选定起决定作用的;出租人干预或者要求承租人按照出租人意愿选择出卖人或者租赁物的;出租人擅自变更承租人已经选定的出卖人或者租赁物的,承租人要求出租人承担相应责任的,人民法院应予支持。

(五)私募股权基金

我国证券法规定,公开发行证券,必须符合法律、行政法规规定的条件,并依法报经国务院证券监督管理机构或者国务院授权的部门核准;未经依法核准,任何单位和个人不得公开发行证券。所谓公开发行包括向不特定对象发行证券、向特定对象发行证券累计超过二百人、或者法律、行政法规规定的其他发行行为。非公开发行证券,不得采用广告、公开劝诱和变相公开方式。证券法对于公开发行范围和标准的确定,为私募股权投资确定了基本的框架,即非公开发行不得针对不特定对象,对特定对象累计不得超过两百人,并且不得采用广告、公开劝诱和变相公开方式。然而,私募股权基金的组织与运作究竟应该如何设计,监管层在相当长的一段时期内一直没有给出明确答案。大批的私募股权投资基金就在这样的背景下快速发展,投资者利益的维护迫切需要明确的法律规则。

2005年修订的《中华人民共和国公司法》删除了公司对外投资不得

高于净资产50%的规定,使得公司型基金投资行为有了基本的法律依据。在此基础上,《创业投资企业管理暂行办法》于2005年11月15日颁布,规定创业投资企业可以以有限责任公司、股份有限公司或法律规定的其他企业组织形式设立。对于创业投资企业的设立监管主要体现在需要在工商管理部门登记,并向国务院部门申请备案。(1)规定创业投资企业的备案条件,包括实收资本不低于3000万元人民币,或者首期实收资本不低于1000万元人民币且全体投资者承诺在注册后的5年内补足不低于3000万元人民币实收资本。此外,投资者不得超过200人,并且有至少3名具备2年以上创业投资或相关业务经验的高级管理人员承担投资管理责任。创业投资企业备案制的确立,控制私募股权基金风险,维护投资人合法权益积累了一定的经验。(2)明确创业投资企业的经营范围,包括创业投资业务;代理其他创业投资企业等机构或个人的创业投资业务;创业投资咨询业务;为创业企业提供创业管理服务业务;参与设立创业投资企业与创业投资管理顾问机构。上述规定有助于准确划定创业投资企业的经营范围,防范创业投资企业进入金融领域,出现非法经营活动。(3)控制投资企业类型、投资比例与投资期限。对企业的投资,仅限于未上市企业。创业投资企业对单个企业的投资不得超过创业投资企业总资产的20%。创业投资企业可以事先确定有限的存续期限,但是最短不得短于7年。《创业投资企业管理暂行办法》确定了国家发展和改革委员会在创业投资企业领域的拥有主要监管权。

2006年修订的《中华人民共和国合伙企业法》第三章对有限合伙企业的设立作出了明确的规定,界定了在有限合伙企业中普通合伙人和有限合伙人的出资形式、权利义务关系等。合伙企业法的出台确立了有限合伙企业的法律地位,由此拉开了中国私募股权基金以有限合伙方式设立为主流的序幕,有限合伙企业作为上市公司股东的合法性也得到了相关监管部门的认可。(1)增加了有限合伙人和有限责任合伙的规定,为私募股权基金的发展提供了组织形式。有限合伙企业的合伙人一般不得超过50人,并至少有一个普通合伙人。(2)规定了有限合伙企业协议的主要条款,促进了法律关系的明确与清晰,主要包括普通合伙人和有限合伙人的姓名或者名称、住所;执行事务合伙人应具备的条件和选择程序;执行事务合伙人权限与违约处理办法;执行事务合伙人的除名条件和更换程序;有限合伙人入伙、退伙的条件、程序以及相关责任;有限合伙人和普通合伙人相互转变程序。(3)规定了有限合伙人的权利,有利于维护投资者利益,主要包括参与决定普通合伙人入伙、退伙;对企业的经营管理提出建议;参与选择承办有限合伙企业审计业务的会计师事务所;获取经审计的有限合伙企业财务会计报告;对涉及自身利益的情况,查阅有限合伙企业财务会计账簿等财务资料在有限合伙企业中的利益受到侵害时,向有责任的合伙人主张权利或者提起诉讼;执行事务合伙人怠于行使权利时,督促其行使权利或者为了本企业的利益以自己的名义提起诉讼;依法为本企业提供担保。(4)明确了合伙企业所得税的征收原则,合伙企业的所得税由合伙人分别缴纳,可以避免私募股权基金投资者出现双重纳税的问题。

2007年《信托公司集合资金信托计划管理办法》针对契约形式设立的私募证券投资基金进行了规范,特别是对集合管理资金的信息披露、对外宣传、保底条款及对外举债等方面做了相应的规定。《基金管理公司特定客户资产管理业务试点办法》明确基金管理公司可以为特定多个客户办理特定资产管理业务。(1)资产管理人、资产托管人应当在资产管理合同中充分揭示管理、运用委托财产进行投资可能面临的风险,使资产委托人充分理解相关权利及义务,愿意承担相应的投资风险。(2)资产委托人在订立资产管理合同之前,应当充分向资产管理人告知其投资目的、投资偏好、投资限制和风险承受能力等基本情况,并就资金和证券资产来源的合法性做特别说明和书面承诺。资产委托人从事资产委托,应当主动了解所投资品种的风险收益特征,并符合其业务决策程序的要求。(3)基金管理公司从事特定资产管理业务,不得利用所管理的其他资产为特定的资产委托人谋取不正当利益、进行利益输送；不得利用所管理的特定客户资产为该委托人之外的任何第三方谋取不正当利益、进行利益输送；不得采用任何方式向资产委托人返还管理费；不得违规向客户承诺收益或承担损失；不得将其固有财产或者他人财产混同于委托财产从事证券投资；不得违反资产管理合同的约定，超越权限管理、从事证券投资；不得通过报刊、电视、广播、互联网(基金管理公司网站除外)和其他公共媒体公开推介具体的特定资产管理业务方案；不得索取或收受特定资产管理业务报酬之外的不当利益；不得从事内幕交易、操纵证券交易价格及其他不正当的证券交易活动；不得从事法律法规和中国证监会禁止的其他行为。

2012 年颁布的《中华人民共和国证券投资基金法》专门对私募股权基金进行了规定。(1)明确非公开募集基金应当向合格投资者募集，合格投资者累计不得超过二百人，并规定该法所称合格投资者，是指达到规定资产规模或者收入水平，并且具备相应的风险识别能力和风险承担能力、其基金份额认购金额不低于规定限额的单位和个人。合格投资者的具体标准由国务院证券监督管理机构规定。(2)担任非公开募集基金的基金管理人，应当按照规定向基金行业协会履行登记手续，报送基本情况。非公开募集基金募集完毕，基金管理人应当向基金行业协会备案。未经登记，任何单位或者个人不得使用“基金”或者“基金管理”字样或者近似名称进行证券投资活动；但是，法律、行政法规另有规定的除外。对募集的资金总额或者基金份额持有人的人数达到规定标准的基金，基金行业协会应当向国务院证券监督管理机构报告。(3)非公开募集基金，不得向合格投资者之外的单位和个人募集资金，不得通过报刊、电台、电视台、互联网等公众传播媒体或者讲座、报告会、分析会等方式向不特定对象宣传推介。(4)非公开募集基金，应当制定并签订基金合同。基金合同应当包括基金份额持有人、基金管理人、基金托管人的权利、义务；基金的运作方式；基金的投资范围、投资策略和投资限制；基金收益分配原则、执行方式；基金承担的有关费用；基金信息提供的内容、方式等内容。(5)按照基金合同约定，非公开募集基金可以由部分基金份额持有人作为基金管理人负责基金的投资管理活动，并在基金财产不足以清偿其债务时对基金财产的债务承担无限连带责任。这一规定将证券投资基金法与合伙企业法相衔接，实现了法律之间的协调一致。

证券投资基金法实施之后，私募股权基金的监管权集中于证监会。各类私募基金管理人和私募基金均应当到基金业协会登记备案。否则，不得从事私募投资基金管理业务活动。根据《中央编办关于私募股权基金管理职责分工的通知》等文件，证监会负责包括创业投资基金在内的私募股权基金的监管工作。因此，创业投资基金管理人和创业投资基金(包括以公司、合伙企业等形式设立的创业投资基金)也应当向基金业协会履行登记备案手续。对于私募股权基金的具体监管规则，证监会起草了《私募证券投资基金业务管理暂行办法(征求意见稿)》，并在征求意见的基础上公布了《私募投资基金管理暂行条例(送审稿)》，界定了各监管部门的角色分工，私募股权基金领域投资者保护制度正式进入了快速发展时期。

(六) 第三方支付公司

近年来，中国第三方支付异军突起，发展迅猛，从不为主流金融业认可，到被明确法律地位，最终纳入监管框架，在一定程度上反映了金融监管层对于新型金融风险的重视，以及金融消费者保护意识的提高。2010年颁布的《非金融机构支付服务管理办法》是第三方支付领域最为核心的监管规则，并确定了金融消费者保护的基本制度。(1)通过支付业务许可证设定第三方支付准入门槛。非金融机构提供支付服务，应当依据本办法规定取得《支付业务许可证》，成为支付机构。未经中国人民银行批准，任何非金融机构和个人不得从事或变相从事支付业务。《支付业务许可证》的申请人应当是公司组织形式的非金融机构法人，并且满足工作人员资质、支付业务设施、风险管制制度等条件。此外，申请人拟在全国范围内从事支付业务的，其注册资本最低限额为 1 亿元人民币；拟在省（自治区、直辖市）范围内从事支付业务的，其注册资本最低限额为 3 千万元人民币。注册资本最低限额为实缴货币资本。（2）明确第三方支付应审慎经营。支付机构应当按照审慎经营的要求，制订支付业务办法及客户权益保障措施，建立健全风险管理和内部控制制度，并报所在地中国人民银行分支机构备案。（3）规定第三方支付应明确收费标准。支付机构应当确定支付业务的收费项目和收费标准，并报所在地中国人民银行分支机构备案。支付机构应当公开披露其支付业务的收费项目和收费标准。（4）确定格式条款公开披露原则。支付机构应当制定支付服务协议，明确其与客户的权利和义务、纠纷处理原则、违约责任等事项。支付机构应当公开披露支付服务协议的格式条款，并报所在地中国人民银行分支机构备案。（5）禁止第三方支付机构挪用客户备付金。支付机构接受的客户备付金不属于支付机构的自有财产。支付机构只能根据客户发起的支付指令转移备付金。禁止支付机构以任何形式挪用客户备付金。支付机构接受客户备付金的，应当在商业银行开立备付金专用存款账户存放备付金。支付机构应当向所在地中国人民银行分支机构报送备付金存管协议和备付金专用存款账户的信息资料。（7）保证客户个人信息权利。支付机构应当具备必要的技术手段，确保支付指令的完整性、一致性和不可抵赖性，支付业务处理的及时性、准确性和支付业务的安全性；具备灾难恢复处理能力和应急处理能力，确保支付业务的连续性。支付机构应当依法保守客户的商业秘密，不得对外泄露。法律法规另有规定的除外。支付机构应当按规定妥善保管客户身份基本信息、支付业务信息、会计档案等资料。

为贯彻落实《非金融机构支付服务管理办法》，中国人民银行于 2010 年底公布了《非金融机构支付服务管理办法实施细则》，进一步推动了第三方支付领域的金融消费者保护。（1）规定客户合法权益保障方案内容。客户合法权益保障方案，应当包括对客户知情权的保护措施，明确告知客户终止支付业务的原因、停止受理客户委托支付业务的时间、拟终止支付业务的后续安排；对客户隐私权的保护措施，明确客户身份信息的接收机构及其移交安排、销毁方式及其监督安排；对客户选择权的保护措施，明确可供客户选择的、两个以上客户备付金退还方案。如果客户合法权益保障方案涉及其他支付机构的，还应当提交与所涉支付机构签订的客户身份信息移交协议、客户备付金退还安排相关证明文件。(2)规定第三方机构收费标准。支付机构应当根据法律法规、部门规章的有关规定确定其支付业务的收费项目和收费标准。法律法规、部门规章未明确支付业务的收费项目和收费标准的，支付机构可以按照市场原则合理确定其支付业务的收费项目和收费标准。支付机构应当在营业场所显著位置披露其支付业务的收费项目和收费标准。支付机构有互联网网站的，还应当在网站主页显著位置进行披露。支付机构调整支付业务的收费项目或收费标准的，应当在实施新的支付业务收费项目或收费标准之前按照前款规定连续公示 30 日。(3)规定第三方机构支付协议的详细说明义务。支付服务协议，包括符合法律法规要求、可供调取查用的纸质形式或数据电文形式的合同。支付机构应当在营业场所显著位置披露其支付服务协议的格式条款内容。支付机构有互联网网站的，还应当在网站主页显著位置进行披露。支付机构的支付服务协议格式条款应当遵循公平原则，全面、准确界定支付机构与客户之间的权利、义务和责任。支付机构应当提请客户注意支付服务协议格式条款中免除或者限制其责任的内容，并予以说明。支付机构拟调整支付服务协议格式条款的，应当在调整前 30 日告知客户，并提示拟调整的内容。未向客户履行告知义务的，调整后的条款对该客户不具有约束力。(4)规定第三方机构应采用具体措施维护客户信息安全。支付机构应当采取必要的管理措施和技术措施，防止客户身份信息和支付业务信息等资料灭失、损毁、泄露。除法律法规另有规定，支付机构不得以任何形式对外提供客户身份信息和支付业务信息等资料。

(七) 影子银行领域个人消费者权益保护

随着我国金融市场改革发展,传统银行之外的信用中介机构和业务,在满足社会多层次、多样化金融需求的同时,也暴露出了业务不规范、管理不到位和监管套利等问题,为了防范影子银行[1]风险,《国务院办公厅关于影子银行监管有关问题的通知》于 2013 年 12 月 10 日正式颁布实施。该通知虽然着眼于控制金融风险,但是由于规范了行业秩序,对于非正规金融领域个人权益保护也起到了积极的促进作用。(1)规范管理民间融资业务。要求小额贷款公司不得吸收存款、发放高利贷、不得用非法手段收贷。典当行和融资租赁公司要严格界定业务范围,典当行要回归典当主业,融资租赁公司不得转借银行贷款和相应资产。(2)规范网络金融发展活动。网络支付平台、网络融资平台、网络信用平台等机构要遵守各项金融法律法规,不得利用互联网技术违规从事金融业务。(3)规范发展私募投资基金业务。要按照不同类型投资基金的本质属性,规范业务定位,严禁私募股权投资基金开展债权类融资业务。《国务院办公厅关于影子银行监管有关问题的通知》改变了以往非正规金融领域的监管规则各自独立的局面,首次系统性地对影子银行领域的系统性监管问题做出了规定,为进一步探讨如何保护非正规金融领域个人消费者利益打开了通路。

三、非正规金融领域消费者权益保护制度的不足

立法机构与监管层一方面逐步重视非正规金融机构的积极作用,另一方面也对于非正规金融机构可能引发的金融风险十分忧虑。在这样的矛盾状态之下,立法与执法资源主要侧重于引导合法非正规金融机构健康发展,打击非法金融机构与非法金融活动。非正规金融领域消费者

[1] 本部分中,影子银行与非正规金融机构并非完全一致的概念,前者主要着眼于传统银行体系之外的信用中介机构和业务,主要包括新型网络金融公司、第三方理财机构、融资性担保公司、小额贷款公司、货币市场基金、资产证券化、部分理财业务、私募股权基金、典当行、融资租赁、信托公司、融资性担保等;后者是指传统金融机构之外的所有准金融机构或者非金融机构,据此银行、证券、保险、信托等之外从事金融业务的机构都属于非正规金融金融机构行业。

保护尚处于边缘地带。如果从非正规金融机构业务的合法性维度、非正规金融机构本身的准入与运营维度、非正规金融机构与金融消费者的关系维度、非正规金融机构的监管维度对非正规金融领域消费者保护制度进行评价，可以认为非正规金融领域消费者保护在打击非法金融机构与非法金融活动方面作用显著，但是在其余三个方面都存在一定的缺憾。

（一）一些重要领域的监管制度尚未建立起来

由于非正规金融机构相对于正规金融机构而言监管规则较少，在缺乏明确监管规则的情况下，金融消费者面临着极大的法律风险。特别是随着非正规金融服务机构与非正规金融服务方式的快速发展，金融监管落后于社会现实的问题愈发明显。非正规金融机构的监管部门应尽快完善下面两个领域的行业准入与运行管理规则。

(1) 互联网货币基金。以余额宝为代表的互联网金融产品发展迅猛，无论是发展规模还是增长速度都远远超越了传统货币市场基金的典型业态。由于大量资金积聚在余额宝等货币市场基金中，任何监管政策的变化都可能对金融消费者的利益产生根本性的影响。监管层应该尽快对余额宝等互联网货币基金进行评估，在不发生系统性风险的前提条件下，应尽可能维护金融消费者的合法权益，避免由于监管滞后造成金融消费者利益受损。

(2) P2P 网络贷款与众筹。严格意义上的 P2P 网络贷款并非一般意义上的信贷机构，不属于银监会的监管范围。然而，很多 P2P 网络贷款超越了居间撮合的初始定位，采用期限错配和资金池的方式运营资金，已经爆发了大量平台倒闭，消费者利益受损的案件。监管层目前试图通过行业协会的方式对分散全国的 P2P 网络贷款进行监管，但是必须同时考虑到自律性监管规则具有天生的脆弱性，无法对 P2P 网络贷款产生切实的约束力。此外，对众筹模式的诸多限制，并不利于行业的发展。监管层应尽快确定这两个领域的准入与运营规则。

(二) 已经建立的制度缺乏对消费者合法权益的确认

尽管监管层已经在小额贷款公司、典当行、第三方支付等领域确立了基本的监管规则。但是这些监管规则更多的侧重于行业准入与运营规则,缺乏对于金融消费者权益保护的充分关注。当金融消费者与这些非正规金融机构缔结合同时,往往处于非常不利的地位,不能借助于公法性规则确定的基本制度框架和体系,特别是非正规金融机构的基本义务,维护自身利益。为此,非正规金融机构监管部门应该在现有监管规则的基础之上,逐步完善金融消费者保护法律制度,切实将金融消费者的利益放在突出位置。

此外,非正规金融机构的监管部门应该充分认识到,行政资源毕竟非常有限。单纯依赖公法性措施,需要相对比较高昂的执法成本。鉴于非正规金融机构的监管资源非常有限,不可能对于行业准入门槛比较低的非正规金融行业履行充分、全面的监管职责。相反,非正规金融领域的消费者在权利受到损害的情况下,只要成本低于可能获得维护的利益,就有意愿与监管部门合作,维护自身权益。有鉴于此,监管部门也应逐渐建立起针对非正规金融的消费者保护机构。

(三) 非正规金融机构监管对于消费者保护关注不足

长期以来,我国的非正规金融机构都处于夹缝地带。监管措施由于集中于打击非法金融机构和非法金融活动,没有将消费者保护置于应有的地位。在打击非法金融机构与非法金融活动过程中,出现了没收实际上属于金融消费者购买金融产品或者享受金融服务对价的情况,公法性救济手段没有起到维护金融消费者合法权益的作用。尽管非正规金融机构监管部门不可能具有民事领域的立法权,但是并不排除这些机构可以对于非正规金融机构的业务规则进行明确的规定,避免金融消费者在向这些非正规金融机构购买产品或者接受服务权益受损后求助无门问题的发生。

同时,在那些已经建立明确监管制度的非正规金融领域,监管部门在公布监管规则之后,缺乏对于非正规金融机构运营模式的跟踪考察,难以堵截非正规金融机构利用其他途径，从事监管套利活动。近年来，无论是在典当行还是在担保公司领域，都出现了大量违法违规问题。当非正规金融领域消费者权益受损后，往往不能向一行三会的金融消费者保护机构投诉，因为这并不必然属于一行三会的主要监管领域。金融消费者由于自身维权成本过高，往往忍气吞声，自认倒霉，这无形之中助长了非正规金融领域侵害消费者利益的行为，应该引起监管部门的注意。

四、附表：非正规金融领域现行个人权益保护重要法律法规规章等索引

序号	名称	层级	颁布日期
基础性法律法规规章			
1	中华人民共和国消费者权益保护法（2013年修订）	法律	1993.10.31
2	中华人民共和国合同法	法律	1999.03.15
3	国务院办公厅关于影子银行监管有关问题的通知	规范性文件	2013.12.10
非法金融活动			
4	非法金融机构和非法金融业务活动取缔办法	行政法规	1998.07.13
5	国务院关于《非法金融机构和非法金融业务活动取缔办法》第二十九条有关问题的紧急通知	行政法规	1998.07.26
6	中国人民银行关于贯彻国务院《非法金融机构和非法金融业务活动取缔办法》有关问题的通知	部门规章	1998.08.14
7	中国人民银行关于取缔非法金融机构和非法金融业务活动中有关问题的通知	规范性文件	1999.01.27
8	中国人民银行关于取缔非法金融机构和非法金融活动有关问题的答复	规范性文件	1999.03.12

（续表）

序号	名称	层级	颁布日期
9	中国人民银行办公厅关于以高利贷形式向社会不特定对象出借资金行为法律性质问题的批复	规范性文件	2001.04.26
10	中国人民银行关于取缔地下钱庄及打击高利贷行为的通知	规范性文件	2002.01.31
11	中国银行业监督管理委员会关于非法金融业务活动认定和取缔有关事宜的批复	规范性文件	2006.04.05
12	国务院办公厅关于依法惩处非法集资有关问题的通知	规范性文件	2007.07.25
13	中国银监会办公厅关于做好当前处置非法集资工作有关问题的紧急通知	规范性文件	2008.10.10
14	财政部关于坚决制止财政违规担保向社会公众集资行为的通知	规范性文件	2009.11.06
小额贷款公司			
4		法律	1999.03.15
15	中国银行业监督管理委员会、中国人民银行关于小额贷款公司试点的指导意见	规范性文件	2008.05.04
16	中国银监会关于印发《小额贷款公司改制设立村镇银行暂行规定》的通知	规范性文件	2009.06.09
17	中国人民银行办公厅关于小额贷款公司接入人民银行征信系统及相关管理工作的通知	规范性文件	2011.01.07
18	财政部关于开展小额贷款公司涉农贷款增量奖励试点的通知	规范性文件	2012.06.28
典当行			
19	中华人民共和国物权法	法律	1999.03.15
		法律	2007.03.16

（续表）

序号	名称	层级	颁布日期
20	典当管理办法	部门规章	2005.02.09
21	商务部、公安部关于贯彻实施《典当管理办法》有关问题的通知	规范性文件	2005.05.17
22	商务部关于印发《典当行业监管规定》的通知	规范性文件	2012.12.05
融资租赁			
		法律	1999.03.15
23	商务部、国家税务总局关于从事融资租赁业务有关问题的通知	法律	2004.10.22
24	商务部、国家税务总局关于加强内资融资租赁试点监管工作的通知	规范性文件	2006.04.12
25	中华人民共和国物权法	法律	2007.03.16
26	商务部关于"十二五"期间促进融资租赁业发展的指导意见	规范性文件	2011.12.15
27	商务部关于印发《融资租赁企业监督管理办法》的通知	规范性文件	2013.09.18
28	最高人民法院关于审理融资租赁合同纠纷案件适用法律问题的解释	司法解释	2014.02.24
私募股权基金			
29	创业投资企业管理暂行办法	部门规章	2005.11.15
30	中华人民共和国合伙企业法(2006 年修订)	法律	1997.02.23
31	信托公司集合资金信托计划管理办法	部门规章	2009.02.04
32	基金管理公司特定客户资产管理业务试点办法	部门规章	2012.09.26
33	中华人民共和国证券投资基金法(2012 年修订)	法律	2003.10.28

（续表）

序号	名称	层级	颁布日期
34	中华人民共和国证券法(2013 年修订)	法律	1998.12.29
35	中华人民共和国公司法(2013 年修订)	法律	1993.12.29
	第三方支付		
36	非金融机构支付服务管理办法	部门规章	2010.06.14
37	非金融机构支付服务管理办法实施细则	规范性文件	2010.12.01

资料来源:作者整理

第三部分

金融消费者权益保护典型案例

案例一：保险公司交付保险条款中的法定积极义务

案例题目	保险公司交付保险条款中的法定积极义务
案情简介	案外人夏某（系原告妻子）与案外人上海锦江旅游有限公司（以下简称锦江公司）于2010年12月20日签订了《上海市出境旅游合同》一份，协议参加团号为SJTAUA110128－05S的出境旅游团，行程共计6晚8天，并约定“本公司已向旅客提示购买旅游意外险，最终旅游行程按行前说明会发放的行程为准”。《合同补充条款（团队）》第18条约定：“本人确认：本人已经认真阅读旅行保险合同约定，尤其是免除保险人责任的规定，并且对保险合同的内容说明和提示完全理解，没有异议，申请投保。本人知晓所有保险责任均以本保险合同所载为准”。合同签订后，原告与夏某、曹某、江某按约向锦江公司交付了旅游费用。锦江公司的“澳洲大堡礁逍遥纯玩游”行程安排从2011年1月28日起至2011年2月4日共计6晚8天，其中2011年2月3日的安排是“凯恩斯—大堡礁—凯恩斯”。原告于2011年1月28日出境，2011年2月5日入境。 2011年1月25日，被告出具了投保人、被保险人均为原告、保险合同号码为HA483759的《美亚“安心游”旅游保障计划性》保单，约定保险合同生效日为2011年1月28日，保险合同满期日为2011年2月4日，保单约定的保险项目包括旅程延误（每5小时延误赔偿额：RMB300，对应的成年被保险人保险金额为900元）、行李延误（每8小时延误赔偿额：RMB500，对应的成年被保险人保险金额为1,500元）、随身财产（每件或每套行李或物品赔偿限额：RMB1,500，对应的成年被保险人保险金额为3,000元）、旅程变更（对应的成年被保险人保险金额为7,500元）、慰问探访费用补偿（对应的成年被保险人保险金额为8,000元）等保险项目。原告按约缴纳了100元保险费。2011年2月1日夜，锦江公司通

(续表)

案例题目	保险公司交付保险条款中的法定积极义务
	知原告,因受澳大利亚凯恩斯台风影响,团队被迫滞留于黄金海岸,造成原定赴凯恩斯行程发生变更,原告未能按原计划于 2011 年 2 月 3 日赴大堡礁游玩。 此外,《美亚“安心游”旅游保障计划性》保单上备注倒数第二条载明:“为了保障您自身的权益,请仔细阅读理解保险合同的各项规定,尤其是免除保险人责任的规定。保险条款可通过本公司业务人员获得或登陆保险公司网站 http://www. chartisinsurance. com. cn/查询。您可致电客户服务电话 4008208858 或向保险公司业务人员询问保险合同各项规定,并听取保险公司业务人员的说明。请确保您对保险公司业务人员的说明完全理解,没有异议。如未询问,则视同已经对合同内容完全理解无异议。” 原告返回上海后,与锦江公司和被告协商保险理赔事项未果,遂诉请法院判令:被告赔偿旅程延误、行李延误、随身财产受损、旅程变更等赔偿款 19,400 元。
案件处理	本案的争议焦点在于:1. 被告有无将涉案《美亚个人旅游意外伤害保险条款》交付给原告;2. 如果涉案条款未交付,如何解释保险合同约定的保险项目以及如何确认原告所主张的各项损失。 上海市浦东新区人民法院认定:保险人向投保人交付格式条款是一种积极义务,即使被告在保单中约定了“保险条款可通过本公司业务人员获得或登陆保险公司网站 http://www. chartisinsurance. com. cn/查询”,被告应当注意到,这是对条款获知途径的明示,并不能免除保险人交付并说明格式条款的法定义务,被告据此认为条款已交付的辩称本院不予采信。在保险条款未交付的情况下,应当依照保单约定的保险项目以及原告对相应的事实和损失的证明,结合合同解释规则予以评判。在本案中,对于旅程延误、旅程变更保险项目按照通常解释认定被告应按约履行赔付责任;对于行李延误、随身财产损失、慰问探亲费用补偿项目,由于原告未能提供合理的解释及证据,法院不予支持。依照《中华人民共和国合同法》第四十一条、《中华人民共和国保险法》第二条、第十七条第一款、《最高人民法院关于民事诉讼证据的若干规定》第二条、第六十五条第一款第(五)项、第七十三条第一款之规定,判决如下:一、被告美亚财产保险有限公司上海分公司应于本判决生效之日起十日内赔付原告江中杰保险金人民币 8,400 元;二、驳回原告江中杰的其余诉讼请求。上海市第一中级人民法院经审理认为,一审判决认定事实清楚,处理并无不当,应予维持。故判决驳回上诉,维持原判。

(续表)

案例题目	保险公司交付保险条款中的法定积极义务
案例点评	保险条款的交付是一项法定的积极义务,且交付保险条款的举证责任由保险人承担。保险条款是否交付是认定免责条款效力的重要基础事实,在保险业务中,保险条款是由保险公司事先拟定的格式合同文本,由保险人向投保人交付保险条款符合合同签订的客观事实和行业惯例。根据《保险法》第十三条、第十七条的规定,向投保人交付保险条款是保险人的法定义务。根据《最高人民法院民事诉讼证据若干问题的规定》第五条第二款之规定:对合同是否履行发生争议的,由负有履行义务的当事人承担举证责任。将该举证责任规则运用到保险合同法律关系中,负有履行交付保险条款义务的一方是保险人,因此其对交付保险条款应当承担举证责任,没有证据或者证据不足以证明保险人已交付保险条款之事实主张的,由保险人承担不利后果。 同时,对保险条款的交付义务应当是一种法定的积极义务,需要负有交付义务的保险人一方积极主动地去履行,若以投保人未提出异议则认定其已经收到保险条款的理由不充分。投保人未提出异议,至少存在两种可能性,一是收到了保险条款没有异议,二是没有收到保险条款,也不知道何谓保险条款,以何种形式存在,从而异议无从谈起。在不能形成前者的盖然性明显高于后者的心证情况下,认定投保人已经收到保险条款,不利于保护投保人的知情权,也不符合证据规则中高度盖然性的证明标准。 消费者提醒:近年来随着银保渠道、电话销售、网络销售等新型保险营销渠道的兴起,保险销售已不再局限于原来投保人和保险人面对面的形式。但由于少数保险公司在新型销售渠道合同条款的交付管理工作上有所缺陷,再加上新的销售形式也使得投保人容易忽视保险条款,致使有关保险条款交付的争议逐渐增多,引发了后续的问题和纠纷。为此,上海保监局在2012年专门向各家保险公司下发了《关于进一步加强保险合同条款交付工作的通知》(下称《通知》)。该通知规定:在保险公司通过网络开展业务时,投保业务流程中网页必须设置"已阅读并理解保险条款全部内容"的勾选环节,并将该产品的条款内容内嵌在该页面中。投保完成后,必须设置"打印或下载保险条款"的选项。《通知》同时规定对一年期以上的产品应寄送纸质保险条款并保留回执。另外,针对银保渠道销售的保单,保险公司应将相关保单条款在出单时一并送达投保人。如若通过中介机构送达保单、条款时,要确保合同、条款完整送达至投保人处,并做好相关签收管理工作。 在保险合同中,投保人应确保能够通过有效方式和渠道及时了解到自己所购保险合同的具体条款,更好地明晰合同双方的权利义务,减少不必要的误解和纠纷

（续表）

案例题目	保险公司交付保险条款中的法定积极义务
推荐理由	普通消费者在购买金融服务或产品中，常常处于弱势地位。随着居民外出旅游激增，旅游保险已经成为一种重要的金融产品。本案中法院认定保险公司没有积极履行交付义务，因而需要承担相应的责任。这种倾向于保护弱者的裁决可以促使保险公司今后更加合规合法地经营，完善销售过程中的消费者保护措施。

案例提供单位：上海市浦东新区人民法院民六庭

案例二:储户银行卡存款被盗的处理

案例题目	储户银行卡存款被盗的处理
案情简介	2012年1月6日,原告申请开办"自然人生"家庭理财卡业务,并同意接受《兴业银行理财卡领用合约》和《兴业银行理财卡业务收费标准》的全部内容,被告经审核后发放了卡号为622909211003799919的兴业通借记卡,该卡背面注明:"1.本卡为兴业银行'兴业通'客户的专属借记卡。2.本卡属兴业银行所有,使用本卡须依照兴业银行'兴业卡'章程及相关业务规定办理。3.本卡不得转借他人使用,卡密码应妥善保管。4.拾获本卡请交当地兴业银行",原告同时在卡背面"持卡人签名栏"留有"陈莹"签名。截至2012年6月4日,原告在该借记卡账户内共有资金总额为566,810.37元。 2012年6月21日7时左右,原告通过被告短信,得知其持有的前述兴业银行借记卡通过POS机刷卡方式进行了四笔交易,交易金额分别为人民币15万元、15万元、10万元以及14万元,共计54万元。2012年6月21日7时18分,原告就前述兴业银行借记卡被盗刷向110报警,当日的8时左右,原告携前述兴业银行借记卡到上海市公安局闵行分局莘光派出所报案,当日下午,原告又前往上海市公安局闵行分局经侦支队报案,上海市公安局闵行分局经侦支队于2012年6月26日受理并出具《立案告知书》,告知原告其报案的"上海闵行信用卡诈骗案"已经由上海市公安局闵行分局经侦支队决定立案。后经上海市公安局闵行分局经侦支队调查,发现原告的兴业银行借记卡系争的四笔消费系发生在温州及广州地区,通过收单行为浦发银行广州分行和民生银行瑞安支行的特约商户的POS机进行的交易。目前该刑事案件尚未侦破。 原告认为,原、被告之间存在合法有效的储蓄存款合同法律关系,

（续表）

案例题目	储户银行卡存款被盗的处理
	被告作为借记卡的发卡银行应当对储户尽到保障其银行卡内资金安全的合同义务，现原告的卡内资金在原告妥善保管银行卡的情况下，被他人在异地以 POS 机刷卡的方式使用，说明被告未尽到对银行卡内资金安全的保障义务，被告应承担相应的责任，故原告诉诸法院，要求判令：1. 被告赔偿原告损失 54 万元及相应利息（从 2012 年 6 月 21 日起按银行同期存款利率算至实际履行之日止）；2. 本案诉讼费用由被告承担。
案件处理	本案的争议焦点在于被告作为系争借记卡的发卡行，应否对原告的损失承担全部赔偿责任。 上海市浦东新区人民法院认定：本案中被告违反对原告存款的安全保障义务，导致原告借记卡内的数据信息被非法窃取并加以使用；其次，基于原告提起本案诉讼的请求权基础是储蓄存款合同关系，根据合同相对性，应由被告承担相应的违约责任；再次，从利益衡量角度来看，由被告承担损失赔偿责任，能更好地真正保护原告作为金融消费者的合法权益，同时也有利于促进整个银行卡业务的良性健康发展，最后，被告无法证明在伪卡交易中原告存在密码泄露的过错。综上，一审法院判决如下：一、被告兴业银行股份有限公司上海交易所支行应于本判决生效之日起十日内赔偿原告陈莹人民币 54 万元；二、被告兴业银行股份有限公司上海交易所支行应于本判决生效之日起十日内支付原告陈莹自 2012 年 6 月 21 日起至实际履行日止的利息（以人民币 54 万元为本金，按同期中国人民银行颁布的活期存款利率计算）。 被告不服一审判决，向上海市第一中级人民法院提起上诉。二审法院认为：上诉人与被上诉人是存款法律关系，被上诉人将资金存入银行后，取得对银行的债权，该债权在被上诉人自身无过错情形下减损的，应认为银行构成违约。如上诉人因第三人原因造成违约的，仍应先向被上诉人承担违约责任，故判决驳回上诉，维持原判。
案例点评	储户借记卡内资金被盗后，能否向银行要求索赔？有观点认为银行无需承担全部的赔偿责任，其理由主要为：第一，储户的损失和 POS 机发放银行和特约商户的行为有密切关系，故后者应被追加为案件的当事人，并与发卡银行共同承担原告的损失。第二，系争借记卡盗刷活动的途径是获得交易密码和储户的身份信息，且交易密码只能由储户自行掌握，现在相应的信息被泄露，储户应承担相应的损失。第三，发卡银行虽有安全保障义务，但该义务并非无限制，应在合理范围内。

（续表）

案例题目	储户银行卡存款被盗的处理
	但法院倾向于认为如发卡银行无法证明储户存在过错的前提下，应先承担全部的损害赔偿责任。其理由有:第一，储户系基于存款合同法律关系提起诉讼，且本案的审理结果对其他当事人无法律上之利害关系，所以不存在追加当事人的法律基础和事实基础。第二，从双方当事人损失的利益衡量比较，发卡银行发卡的目的在于获取收益，故也应该承担因借记卡存在技术缺陷而导致储户产生损失的风险；让发卡银行承担责任也有利于促使其改进相应的技术；发卡银行也更容易向第三方追偿。第三，储户办理借记卡将资金存入银行后，与发卡银行构成储蓄合同关系，其存款资金的所有权即转移给发卡银行，只享有对发卡银行的债权，如储户的债权在其自身无过错的情况下减损的，应认为发卡银行构成违约。如第三人通过侵权手段损害了储户的债权，导致发卡银行构成违约，实质属于因第三人原因违约，根据相关规定，应先由发卡银行承担违约责任，再另行解决与第三人间的纠纷。
推荐理由	目前大量的银行卡还存在安全隐患，技术防护不足。在没有证据证明储户存在过失的情况下，法院认为发卡银行应对银行卡盗刷损失承担全部责任，这体现出优先照顾储户、照顾弱者的司法理念，有效地保护了储户的利益，也有助于迫使银行自我改进。

案例提供单位:上海市浦东新区人民法院民六庭

案例三:非法募集基金案

案例题目	以境外投资为名非法出售基金份额牟利,究竟是惠民,还是坑民?
案情简介	2011 年 3 月,上海市证监局接举报称:一家注册地为香港的“孔子国际控股有限公司”,在上海设立代表处并以“全球投资、复利增长、高收益率”为幌子,在全国推销“恒顺全球基金”的投资产品,其行为可能涉嫌刑事欺诈。接报后证监局立即开展调查工作,后因涉嫌刑事犯罪遂将案件移送公安机关立案侦查。经查:2002 年 4 月,被告人胡益三、张洁在香港注册成立孔子国际控股有限公司(以下简称:“孔子国际公司”),分别担任董事长、董事。同年 6 月,二人在上海市黄浦区注册成立香港孔子国际控股有限公司上海代表处(以下简称:“上海代表处”),张洁任首席代表。2006 年 11 月起,被告人胡益三、张洁在未经国家主管部门批准的情况下,通过开设“孔子国际官网”刊登产品信息,赴上海、杭州、广州等地参加商业理财博览会散发宣传资料,借助中国金融高峰会、中国国际金融论坛、文化博览会等大型论坛宣传基金投资复利理念,雇佣员工以网络或电话咨询等方式进行公开宣传,向社会招揽不特定投资人认购由被告人胡益三自行设计的“恒顺环球宏观基金”产品。被告人张洁收取投资款后,即以上海代表处名义与投资人签订《恒顺环球宏观基金合同》或《恒顺环球复利合同》,并向投资人出具基金份额清单。嗣后,被告人胡益三定期编造各类基金产品的净值,并通过孔子国际官网发布或短信通知等方式供投资人查询,二名被告人将所募集的资金统一进行调拨操作,主要用于三个部分:一是交由胡益三用于证券、期货等各类金融产品的投资操作;二是用于公司经营支出、员工工资等;三是用于支付投资人的赎回、分红等。经审核:2007 年 2 月 26 日至 2011 年 4 月 28 日期间,签订合同的投资者 844 人(签订合同 981 人次),涉及全国境内 30 个省、市(直辖市)及台湾、香港地区,涉案金额折合人民币 1.27 亿余元,基金份额共计 1.17 亿股。

(续表)

案例题目	以境外投资为名非法出售基金份额牟利,究竟是惠民?还是坑民?
案件处理	该案由上海市黄浦区人民检察院(以下简称"黄浦区院")金融检察科负责承办,当得知所募集的大部分资金划入香港新鸿基期货有限公司、上海中期期货经纪有限公司、银行证券等投资账户,经由胡益三用于证券、期货、外汇等各类金融产品的投资操作已造成巨额亏损后,黄浦区院一方面指导公安机关认真做好案件调查取证工作,收集固定相关证据材料;另一方面协同相关金融主管部门做好孔子国际公司的资金往来账户(尤其是境外账户)监控工作,冻结涉案账户资金,查扣涉案钱款,后经金融主管部门、检察机关、公安机关的共同努力,追缴涉案钱款合计人民币3000余万元,最大限度地帮助基金投资者挽回了经济损失。 司法审判:2012年3月,黄浦区院经审查,以被告人胡益三、张洁非法经营罪向黄浦法院提起公诉。黄浦区人民法院审理后,依据刑法第二百二十五条第(四)项、以及最高人民法院《关于审理非法集资刑事案件具体应用法律若干问题的解释》第七条等规定,判决被告人胡益三犯非法经营罪,判处有期徒刑12年,并处没收财产人民币500万元;判处被告人张洁犯非法经营罪,判处有期徒刑3年,并处罚金人民币20万元。一审判决后,被告人胡益三提出上诉。2013年4月16日,上海市第二中级人民法院二审终审裁定,驳回上诉,维持原判。
案例点评	这是一起涉众型非法集资金融犯罪案件,且具有人数多、地域广、数额大的特点。本案被告人利用广大投资者对证券市场信息不对等、交易不明确、收益不稳定等缺陷,精心设计了"境外公司背景、复利计息返还、风险收益稳定"的基金规划蓝图迎合社会公众投资心理,同时他们隐瞒基金亏损事实虚假宣传、虚构经营业绩,借助媒体与展览会等公共宣传平台展示孔子国际公司的各类基金产品及名目繁多的所获奖项、荣誉、头衔等等,使投资者误以为其公司及旗下产品的发行系在境内有资质、被政府认可的基金募集行为;在不公布产品财务管理账目及投资理财渠道的情况下,不断虚构并发布产品盈利、升值及分红等信息,制造所谓的分红机会,随意编造、虚高净值,以"寅吃卯粮"的手法在短期内募集上亿资金。 对于被告人未经国家有关主管部门核准,夸大业绩,公开招揽客户、认购虚构的基金份额募集资金的行为究竟应如何认定,司法部门也存在三种不同意见:第一种意见认为.被告人的欺诈行为应构成集资诈骗罪;第二种意见认为,被告人对不特定投资者的复利计息返还属于变相吸收公众存款应构成非法吸收公众存款罪;第三种意见认为,被告人名为销售复利产品、实为发行基金份额募集基金,系未经依法核准擅自发行基金份额募集基金的行为,应构成非法经营罪。区别这三个罪名的关键点在于:一是被告人对募集钱款有无"非法占有目

（续表）

案例题目	以境外投资为名非法出售基金份额牟利，究竟是惠民？还是坑民？
	的”，如果被告人将投资款擅自变更用途，并非法据为已有或携款潜逃的，应构成集资诈骗罪。二是被告人与投资者所签订的认购合同中有无明确“保本付息”的托底条款，投资行为本身存在不确定的市场风险，投资者出现不同程度的盈亏均属正常现象，如果合同中明确规定本金“百分百收益”或“保本无风险”等类似条款，则应构成非法吸收公众存款罪。三是如果不具备上述内容，而仅是违反国家规定，未经依法核准擅自发行基金份额募集基金，情节严重的，则应构成非法经营罪。本案中，被告人所募集资金按照合同规定主要用于证券、期货等各类金融产品的投资操作、公司正常经营活动及投资客户返利，故被告人不具有非法占有目的；同时被告人与投资人签订的《恒顺环球复利合同》中明确规定：“不保证环球复利资产不受损失，不保证投资最低利益或承担投资损失”，且被告人也未通过其他方式向投资人承诺保本付息，投资风险由投资人自行承担，亦不构成非法吸收公众存款罪；最后，根据《投资基金法》第三十六条，八十五条规定，基金管理人发售基金份额，募集基金，应当向国务院证券监督管理机构提交文件，并经国务院证券监督管理机构核准；未经国务院证券监督管理机构核准，擅自募集基金的，构成犯罪的，依法追究刑事责任，因此本案应认定为非法经营罪。 　　该起案件反应出社会公众对投资理财具有浓厚兴趣，但由于对金融法律知识和风险防范意识的欠缺，无法准确区分正常理财与非法集资的区别，容易被各类虚假广告及不实宣传所迷惑，最终导致自己的辛苦钱、血汗钱、养老钱往往在一夜之间血本无归。为此，黄浦区院金融检察科延伸检察职能，拓展服务视角，连续数年深入开展各类预防警示工作：向社会公开发布《黄浦金融检察白皮书》对近年来区院打击金融投资领域犯罪的情况进行了专题通报；先后通过文汇报、解放日报、新民晚报、新民网、东方网、第一财经频道、上海法治报、SITV 等多家媒体对 40 余起非法集资案件进行报道；配合市检察院、市金融办开展为期 1 个月的“防范和打击非法集资知识宣传”社区巡回宣讲活动，利用宣传展板、法律咨询、发放宣传手册等群众喜闻乐见的形式广泛宣传，巡展期间共计数万人（次）参观展板，发放宣传手册 1500 余份，帮助广大社区群众树立正确的投资理念，自觉远离非法集资，逐步消除非法集资滋生的土壤，扩大金融犯罪预防的社会效果。
推荐理由	随着影子银行的兴起，非法集资活动更趋活跃。本案例涉及资金规模较大，宣传手法、机制具有较大欺骗性。本案例是一个很好的典型，提醒普通大众不要轻信高收益许诺，认清非法金融活动的真面目。

案例提供单位：上海市黄浦区人民检察院金融检察科（公诉二科）

案例四:利用支付宝平台实施信用卡诈骗

案例题目	利用支付宝平台实施信用卡诈骗
案情简介	2012年2月至3月期间,彭某从他人处购得大量银行个人征信报告,并由他人非法获取多名持卡人名下的信用卡卡号并通过拨打电话银行将持卡人预留的手机号码改为自己使用的手机号码。嗣后,彭某将以上述手段获取的信用卡与其实际控制的几个支付宝账户进行关联,并通过支付宝快捷支付平台,以在淘宝网站购买游戏币并为他人游戏账户充值的方式套现,骗取多名信用卡持卡人卡内资金人民币近八万元。
案件处理	浦东新区检察院将此案起诉至浦东新区人民法院并已获判决。浦东法院于2013年6月19日依法作出判决,被告人彭某伙同他人以非法占有为目的,冒用他人信用卡,数额巨大,其行为已构成信用卡诈骗罪。公诉机关指控被告人彭某犯信用卡诈骗罪的事实清楚,证据确实、充分,罪名成立,应予支持。法院根据彭某犯罪的事实、犯罪的性质、情节和对于社会的危害程度,根据中国人民共和国刑法的有关规定,判决被告人彭某犯信用卡诈骗罪,判处有期徒刑五年九个月,罚金人民币六万元,并责令彭某退出违法所得。
案件点评	该案具有典型性,反映了在网络银行和第三方支付平台广泛运用的背景下,信用卡诈骗此类传统型案件犯罪手法的变化,突破了以骗取、盗取等非法手段实质占有他人信用卡后再进行诈骗的常见形式,而是在未实质占有信用卡的情况下,通过互联网虚拟交易方式非法占有信用卡内资金。同时,该案件也反映了金融机构和第三方支付平台在交易安全和消费者权益保护方面存在的问题和漏洞。主要有以下几点: 一是反映了公民信息保护机制方面的不足。个人银行征信报告

（续表）

案例题目	利用支付宝平台实施信用卡诈骗
	大量个人隐私信息，应该受到相关金融机构、网络服务商或其他有关部门严格保密严禁外泄，但实践中个人征信报告在网上自由买卖的情况频现，虽然已有法律法规对于网络个人电子信息的保护作出了概括性规定，但对于网络服务商、相关企事业单位和主管部门在公民信息保护的具体职责、职权划分及各方法律责任都有待进一步明确。 二是部分银行电话客服的身份验证系统存在漏洞。银行在申请开通信用卡的电话审核环节，应对申请人设置更加严格的审查程序，但本案中犯罪分子仅以掌握的个人征信资料即通过了银行客服的信息验证，并从银行获取了信用卡卡号这一重要信息，同时轻易将持卡人预留的手机号码更改成嫌疑人使用的手机号码，导致信用卡持卡人手中的信用卡并未发生转移，但实质上被嫌疑人掌控。 三是网络银行和支付平台的业务流程和管理需加强。网络交易的虚拟性、匿名性给新类型信用卡犯罪以可乘之机，虽然现有的网络第三方支付平台设计了多层级安全支付程序，如交易动态验证密码、数字证书等来保障交易安全，但这些程序均为可选程序而非强制性，并且目前支付宝账户并不要求实名制，与账户关联的信用卡也未设置任何审核条件。案件中的彭某仅使用获知的信用卡卡号及交易验证密码即将他人名下的多张信用卡与自己控制的支付宝账户进行了绑定，进而以买卖游戏币的方式将卡内资金套现侵占，而在这一过程中支付宝公司未能及时发现、制止该支付宝账户的异常状况。
处理方法	1. 实行类案专办，及时启动联动预警机制。浦东检察院金融检察部门充分发挥类案专办机制作用，由专人办理典型案件和新类型案件，在深入研究新类型案件在司法认定方面的难点和问题的同时，对案件暴露出的信用卡犯罪的高发点和侵害持卡人利益的风险点进行总结分析，并启动联动预警机制，以呈阅件的形式向市检察院金融检察处和区院办公室报送案件材料，使案件反映的新情况新问题可以及时反应到相关监管和主管部门，督促相关金融机构和支付平台落实业务管理完善措施，以期避免相同侵害持卡人利益情况发生。 2. 加强情况通报，密切与金融机构和金融监管部门沟通。针对本案反映出相关银行信用卡电话客服身份验证系统漏洞、支付平台管理须完善等问题，浦东新区检察院联合市检察院，通过情况通报、专题走访、座谈研讨等形式，向中国人民银行上海总部、上海银行监管局等相关监管机构进行情况通报和预警，得到监管机构的高度重视，要求相关银行对电话银行身份验证程序重新审核、完善，加强对支付平台管理的重视，以更好地保障持卡人的经济利益及金融安全。

(续表)

案例题目	利用支付宝平台实施信用卡诈骗
	3. 向社会公众以案释法,加强持卡人教育宣传。浦东检察院在审查起诉本案过程中,高度重视社会宣传教育。通过在上海法院网、新民网等网络直播的方式向公众公开案件审理的全过程,并作为典型案例在新民晚报、中新网等覆盖面广的报刊和互联网媒体进行以案释法,及时向公民分析解释此类新类型案件的作案手段和方法,增强社会公众对此类案件的认识了解,增强自身保护意识和能力。
建议对策	针对利用网络银行和支付平台进行信用卡犯罪的案件特点,建议以下对策: 一是建议银行、金融监管机关与司法机关建立长效性的沟通机制。将案件反映出犯罪手段发展趋势和特点,以及金融机构在业务流程、管理机制等方面的不足进行及时沟通,帮助金融机构堵漏建制,更好地维护信用卡行业秩序和持卡人利益。 二是建议加强公民个人信息特别是金融信息保护工作。鉴于随着金融信息化的发展深入,公民个人信息成为一项具有商业价值的重要资源,保护公民个人信息的重要性和迫切性日益突出,建议掌握大量客户信息的金融机构和其他相关部门,建立和完善个人电子信息保护机制,通力协作,共同承担起保护网络公民个人信息的责任。 三是建议加强网络支付平台管理。通过在账户管理、信用卡与账户关联等方面的安全预警和机制管理,加强司法机关与上述企业以及行业协会进行定期会商,将案件中暴露出的相关问题及时沟通,进行针对性的管理完善。并建议支付平台进一步异常交易监管,完善异常账户犯罪线索移交机制,采取有效措施防范金融风险和维护使用者利益。
推荐理由	信用卡欺诈是金融犯罪的多发区,而互联网技术为其创造了便利,网络交易的虚拟性、匿名性给新型信用卡犯罪以可乘之机。本案的典型意义在于提醒信用卡持卡人、电子商务公司、发卡银行等相关主体注意网络支付存在的安全隐患问题,共同努力建筑网络支付安全网。这也是维护金融消费者权益的重要举措。

案例提供单位:浦东新区人民检察院公诉二处

案例五：吴某与甲银行委托理财合同纠纷案

案例题目	吴某与甲银行金融委托理财合同纠纷案
案情简介	2011年6月17日，吴某至甲银行处办理存款业务，甲银行理财顾问工作人员沈崇元向其推荐理财产品。吴某表示同意购买理财产品后，沈崇元即使用甲银行的计算机代吴某操作购买了人民币9万元(以下币种相同)招商深证TMT50ETF联接基金，吴某并配合输入了其招商银行一卡通贷记卡密码。整个购买操作过程中，甲银行均未与吴某办理书面手续，亦未对吴某进行购买基金的风险提示。2011年10月，吴某至甲银行处办理上述基金的取款手续，得知系争基金发生亏损，双方遂起纠纷。2012年7月26日，吴某在调解无果的情况下，将系争基金全部抛售，共计亏损24,324.07元。
案件处理	维权的过程：吴某向上海市徐汇区人民法院起诉，徐汇区人民法院做出(2012)徐民二(商)初字第880号民事判决，吴某不服该判决，遂向上海市第一中级人民法院提起上诉。 维权的方法：诉讼 维权的结果： 一审法院认为：吴某至甲银行处办理的是存款业务，经甲银行方工作人员引导，吴某才购买了相应的理财产品，相关的购买手续均由甲银行工作人员代为操作，故甲银行应当按照规定了解吴某的投资能力、评估财务状况并进行风险提示。上述程序为相关法律法规所规定，应为甲银行的合同义务，甲银行未能按照规定完成上述合同义务，应当对吴某由此造成的损失承担70%的赔偿责任。吴某作为具有完全

(续表)

案例题目	吴某与甲银行金融委托理财合同纠纷案
	民事行为能力的成年人,也有义务对自己所购买的理财产品进行了解和关注。吴某在购买4个月后才了解所购理财产品的性质,也是造成其损失的原因之一,故应对所造成的损失承担30%的责任。吴某因未尽及时了解其所购理财产品的义务,造成其损失的扩大,不得就扩大的损失要求赔偿,故吴某主张赔偿利息损失的诉讼请求,原审法院不予支持。据此,依照《中华人民共和国合同法』》第一百零七条、第一百一十九条第一款、第一百二十条之规定,判决:一、甲银行应于本判决生效之日起10日内,赔偿吴某损失17,026.85元;二、驳回吴某的其他诉讼请求。本案受理费137元,由吴某负担24.20元,甲银行负担112.80元。 二审法院认为:原审法院判决其承担70%的赔偿责任明显过高。本院确定甲银行承担30%的赔偿责任。对于上诉人吴某主张的利息损失,原审法院认定并无不当,本院予以维持。综上,依照《中华人民共和国民事诉讼法》第一百五十三条第一款第(二)项、第一百五十八条及《中华人民共和国民法通则》第三条、第四条判决如下: 一、维持上海市徐汇区人民法院(2012)徐民二(商)初字第880号民事判决书第二项判决,即驳回上诉人吴某的其他诉讼请求; 二、撤销上海市徐汇区人民法院(2012)徐民二(商)初字第880号民事判决书第一项判决,即上诉人甲银行赔偿上诉人吴某损失人民币17,026.85元。 三、上诉人甲银行应于本判决生效之日起十日内赔偿上诉人吴某损失人民币7,297.22元 一审案件受理费人民币137元,由上诉人吴某负担人民币95.90元,上诉人甲银行负担人民币41.10元。上诉人吴某提起二审的案件受理费人民币50元,由上诉人吴某负担。上诉人甲银行提起二审的案件受理费人民币226元,由上诉人甲银行负担人民币67.80元,上诉人吴某负担人民币158.20元。
案例点评	该案例从银行来看,银行存在过错,理财顾问明显违反银行从业人员职业操守,应履行告知客户风险的义务而未履行,从而造成客户损失,违背了公平和诚实信用原则;从吴某来看,吴某是完全民事行为能力人,应当对自己行为所造成的后果负责,但银行理财产品专业性较强,不属于普通人应具备的日常生活常识,因此,吴某应当承担次要责任。二审法院缩小了吴某承担责任的比例,符合过错原则和公平原则,维护了公平和正义。此判决对于约束银行及其工作人员的行为,使其更加专业合规地履行告知客户的义务起到了重要作用,同时对保

（续表）

案例题目	吴某与甲银行金融委托理财合同纠纷案
	护银行消费者的利益，维护其合法权益意义重大。本案的判决使得银行作为相对强势一方，要更加约束自己员工的行为和营销方式，加强职业道德的提高，否则要承担法律责任；而消费者作为相对弱势的一方，认识到法律会给予应有的保护，在与银行签约时处于完全平等的地位，在自己权利受到损害时，要积极通过法律维权。同时本案使人们意识到，作为一名完全民事行为能力人，要自己的承诺和行为负责，与他人订立任何合同时，一定要看清合同条款，如双方权利义务、违约责任等，不可根据任何人的承诺或保证而签署，否则也要承担相应的责任。该案例对今后类似案例具有重要的借鉴意义，尤其在责任比例分配上基本做到了公平合理原则
推荐理由	“卖者有责，买者自负”日益成为金融投资过程的中的一种社会理念。本案中，投资者与银行之间在购买投资产品过程中都存在过失，法院本着公平原则，要求双方各自承担相应的责任。本案的意义在于警示金融服务的提供者要尽到信息披露和风险揭示义务，消费者要提高风险意识和责任意识，只有这样才能维护好各自的权益。

案例提供单位：上海农商银行

案例六：银联运用欺诈交易货物拦截机制

案例题目	运用欺诈交易货物拦截机制，帮助持卡人挽回网购欺诈损失
案情简介	2013 年 12 月 8 日持卡人在某大型电商网站 A 上购物，并通过某非金融支付机构完成付款。后接到自称 A 电商网站“客服工作人员”打来的电话称其因系统故障需要退款后重新支付，并向其发送了假冒的退款网站链接，致使持卡人在电商网站 B 被盗刷 7400 元。得知这一情况后，中国银联启动了与多家商业银行、商户建立的欺诈交易货物拦截机制，对经过银联在线通道支付的非持卡人本人授权的欺诈交易进行货物拦截，最终将冻结款项退回到持卡人信用卡上，成功挽回网购欺诈资金损失。
案件处理	**维权的过程**：2013 年 12 月 8 日持卡人段先生向某行信用卡中心反映了上述此笔欺诈交易。该行信用卡中心按照中国银联与多家商业银行、商户建立的欺诈交易货物拦截机制要求，将此笔欺诈交易发送至银联指定联系方式申请进行欺诈交易货物拦截。 中国银联客服中心随即将此笔欺诈交易相关信息发送至电商 B 申请暂停配送欺诈交易所涉货品。 当日，电商 B 反馈欺诈交易所涉货品拦截成功。在段先生提供了报案回执等相关证明材料后，电商 B 将冻结款项退回到段先生的信用卡。 **维权的方法**：2013 年 3 月，中国银联相关部门与多家商业银行、商户建立了欺诈交易货物拦截机制。对经过银联在线通道支付的非持卡人本人授权交易，银联将会协调各方联动处理，利用网购的货物配送节点，尝试对欺诈交易进行货物拦截。对成功拦截的，商户在持卡人提供相关材料后将欺诈交易款项退回至持卡人的付款卡中，通过这种方式挽回持卡人被欺诈的资金损失。

（续表）

案例题目	运用欺诈交易货物拦截机制，帮助持卡人挽回网购欺诈损失
	维权的方法：段先生按照银联监控中心的要求向当地公安机关进行报案并且提供了报案回执和相关证明材料，监控中心将证明材料发送至电商 B，其在接收到证明材料之后将涉案资金全额返还受害人的银行卡中，成功帮助持卡人段先生挽回全部资金损失。
案例点评	随着互联网科技的发展，电商和互联网在线支付在近几年取得了巨大的成长，与此同时，在线安全支付也成为持卡人在进行网络消费时最为关注的因素。据统计截至 2013 年 6 月我国网名数量超过 6 亿，有网上支付交易行为的网民达到 2.44 亿，其中遭遇支付不安全事件的比例网民达到 3.2%，最普遍的支付不安全事件是网民遭遇网络欺诈分子发送的伪冒链接、造成信息泄露从而导致资金损失的行为。在线支付安全问题已经成为在线支付企业和各大媒体关注的焦点。因此，安全支付已经成为国内各大支付企业健康发展的重要衡量标志之一。 中国银联在与各大商业银行、电商企业开展银行卡业务合作的同时，创新性地建立了欺诈交易的货物拦截机制，在持卡人进行在线支付时，双方共同履行保障持卡人用卡安全的义务和责任，此机制在国内乃至国际尚属首创。自 2013 年 4 月开始实施欺诈交易货物拦截机制，截止至 12 月末，总计为近千名持卡人挽回 400 多万元的被欺诈资金损失，有效地保护了金融消费者的合法权益，获得了持卡人的广泛好评。
推荐理由	近年来，电话欺诈、网络欺诈层出不穷。保护金融消费者的权益不仅需要法律支持，而且还需要金融机构提供切实的技术和服务保障。本案例中，中国银联及时启动欺诈交易的货物拦截机制，有效制止了欺诈交易的达成，不仅打击了犯罪，而且保护了普通消费者的利益，彰显了金融服务提供商的消费者保护责任意识。

案例提供单位：中国银联股份有限公司

案例七:南方基金不分红案

案例题目	南方基金不分红案
案情简介	2006 年,南方基金旗下南方稳健成长 2 号正式发行,南京基民袁女士买进 10 万份,之后一直持有。2006 年 6 月 29 日,这位基民通过一家证券公司认购南稳 2 号基金共计 5 万元,基金份额为 49026.12 份。2007 年 4 月 9 日,拆分后基金份额变为 104194.64 份。在认购时,该基民明确选择基金的分红方式为现金分红,其间未做过任何赎回。在 2007 年的大牛市中,该基金果然不负袁女士所望,取得了年利润 97 亿元的良好业绩,平均每份可分配利润为 0.6959 元。根据基金合同约定,南稳 2 号应该把每年可分配利润的至少 90%分配给基民,但南稳 2 号并没有分红。没想到 2008 年 A 股暴跌,南稳 2 号 07 年所赚取的利润几乎亏光了。袁女士认为南稳 2 号 07 年不分红违背了投资人的意愿,也违背了基金合同约定。因为根据《基金合同》第 15 章“基金的收益与分配”第 3 条约定,“在符合有关基金分红条件的前提下,本基金每年收益分配次数最多为 12 次,全年分配比例不得低于年度可供分配收益的 90%,若基金合同生效不满 3 个月可不进行收益分配”,“本基金收益分配方式分两种:现金分红与红利再投资,投资人可选择现金红利或将现金红利按除权日的基金份额净值自动转为基金份额进行再投资;若投资者不选择,本基金默认的收益分配方式是现金分红”。 鉴于此,她委托北京问天律师事务所张远忠律师,维护自己的权益。2009 年 6 月 3 日,北京市问天律师张远忠代理基民向中国国际经济贸易仲裁委员会递交仲裁申请,状告南方基金违反约定不分配南稳 2 号基金 2007 年红利,要求赔偿红利损失,该案是国内首例基金分红案。维权方认为,南方稳健成长 2 号基金 2007 年未分红,违反了基金合同中“全年分配比例不得低于年度可供分配收益的 90%”的条款,

（续表）

案例题目	南方基金不分红案
	因此应为违约。南方基金依据的是同一条款在进行辩驳。据南方某媒体报道，南方基金市场部相关人士表示，按照基金契约，南方基金并未违约，“因为南方稳健2号的契约规定了每年收益分配次数最多为12次，但并未规定每年必须分红”。这位人士表示，由于2008年公司想向持有人分红的时该基金份额净值已经低于1元，所以无法再进行分红。
案件处理	2010年3月26日，中国国际经济贸易仲裁委员会对基金投资人状告南方基金旗下南方稳健成长2号基金分红案的裁决结果公布。根据仲裁结果，基民维权首次讨得说法，该委员会仲裁决定，南方基金公司不分红行为构成违约，须退回违法收取的管理费，南方基金公司承担80%仲裁费，但也同时也驳回投资人赔偿请求。 中国贸仲在《裁决书》中认为：根据基金合同的相关约定，可以认定基金管理人不但有分红义务，而且在投资人明确选择现金分红或就分红方式不作选择时，基金管理人均负有以现金的方式向该等投资人进行分红的义务。经查明，南稳2号基金在2006年和2007年均有盈利，有可供分配收益，不符合基金合同中规定的条件限制要求，完全具备分红条件。另一方面，仲裁庭并不否认公司作为基金管理人在基金分红事务上具有自主决定的权利，公司可以就分红的次数、时间、方式以及每次金额都作出具体安排，但这种权利是有限制的。基金管理人行使其自主决定权利必须是为了积极切实履行其在《基金合同》项下实施基金分红的义务，而不是为了逃避履行这一义务或借以无限期拖延履行这一义务，更不能使得《基金合同》规定的收益分配义务和目的落空。在具体时间上，仲裁庭认为，基金2007年度分红无论如何也应该在基金2008年第1季度报告公布之日前进行，或至少在此之前作出分红决定和具体安排。据此，中国贸仲认为南方基金负有实施基金2007年度分红义务，基金分红的条件也完全具备，也有足够的时间合理安排和实施分红，但其一直没有实施分红，甚至未作出任何分红决定和安排，其行为构成违约。而对于申请人提出因公司未实施南稳2号基金2007年度分红导致其遭受实际损失的主张，中国贸仲在裁决书中认为：未分红行为不会导致申请人的财产价值遭受任何减损，更不决定基金的涨与跌，申请人没有行使法律和合同赋予的赎回权利，而是继续同意或默认被申请人的受托投资活动，申请人就自然应该接受最终的投资结果，直到赎回其基金份额。 对此裁决结果，申请方律师认为，裁决承认南方基金违约却不进行赔偿，是不合理的，同时部分基金持有人仍坚持要求监管部门严惩

（续表）

案例题目	南方基金不分红案
	南方基金。2011 年 12 月，基民赵某再次向中国证监会申请处罚南方基金公司。据申请人的代理律师张远忠透露，他于 12 月 8 日正式向中国证监会递交了投诉申请，与上次申请材料石沉大海所不同的是，事隔仅两个工作日之后，就在 12 月 12 日，中国证监会深圳证监局就来电，要求申请人和代理人提供身份证复印件以及相关的通讯地址。2012 年 2 月，南方基金不分红案的代理律师张远忠称，已收到中国证监会深圳监管局就南方稳健成长 2 号证券投资基金相关事项的答覆函。中国证监会深圳分局指出，如有类似争议，基金份额持有人可以按照有关基金合同约定的争议处理方式依法解决。今后，中国证监会将继续加强基金分红行为的监管，督促基金管理公司诚实信用、谨慎勤勉，切实保障基金份额持有人的合法权益，对违规失信的基金管理公司，中国证监会将依法对公司及相关负责人员採取行政处罚和行政监管措施。
案例点评	事实上南方“分红门”并非南方基金所独有，而是早期基金行业普遍存在的现象。其根源在于合同约定的不明确，以及分红执行条款的缺失。这种引发争议的模糊分红条款也在早期基金合同上基本属于格式条款。南方稳健的案例暴露出早期基金行业在分红上普遍存在的潜在问题。而就是在 2008 年罕见的大熊市中，这种长期潜伏的问题才暴露出来。从这一事件也充分看出，基金行业仍然有必要不断提升规范运作的水平，基金投资是一项关系到千家万户的大事，任何一点细节都马虎不得。 在基金投资的权利义务中，基民作为出资人，享有合同赋予的权利。当基金公司违背契约合同时，通过法律手段解决纠纷也是有效的。而另一方面，对广大投资者来说，从中更应该吸取的教训是自己应该对自身投资资产负责。即使基金公司在运作流程上可能出现一些纰漏，但所投资基金资产的价值增减主要应该由投资者自己负责。这就是所谓投资风险自负的含义，投资者必须对自己的决策负起主要的责任。基金公司未主动分红并不表明投资者丧失了取得这部分红利的权利，投资者完全可以自由选择赎回。基金公司分红时间选择上固然存在过错，但投资资产的盈亏主要还是应该由投资者自己负责。本案的裁决书中判定投资者资产的损失主要是之后市场波动的结果，而并非由于不分红直接造成，所以基金管理人不负有赔偿义务。也就是说，基金公司有过失，但主要是未履行合同约定的过失，对下跌并无责任。

（续表）

案例题目	南方基金不分红案
推荐理由	长期以来，基金持有人由于分散和个体化特点。使得多数持有人默认放弃了一些权利。导致利益遭到损害时举证难，多数不能很好地维权，甚至不能立案。造成基金行业出现大批违约现象。此次维权行为对行业来说象征意义重大，对基金管理公司具有一定的威慑作用。

案例提供单位：中欧陆家嘴国家金融研究院

案例八：股市“黑嘴”汪某操纵市场案

案例题目	股市“黑嘴”汪某操纵市场案
案情简介	汪某于2001年8月以注册资本100万元成立北京首放投资顾问有限公司，公司经营范围为投资咨询、经济信息咨询等。汪某在担任北京首放投资顾问有限公司负责人期间，从2006年7月至2008年3月，先后利用其本人及他人的身份证开立了其实际控制的沪、深证券账户，并使用上述账户，在中信证券北京北三环中路营业部、国信证券北京三里河营业部等证券营业部开立了10余个资金账户用于证券交易。同时，在中国工商银行开立了10个银行账户，用于证券交易资金的存取和划转。 根据中国证监会的调查，北京首放报告中推荐的股票一般在下午2点半左右确定，最终决定权在汪本人，然后在5点钟之后发布给东方财富网、新浪、搜狐等有稳定合作关系的网站，有时还会在其他证券类媒体发布咨询报告。汪某则在北京首放报告的观点确定之后、发布之前提前买入所推荐的股票，并一般在发布报告次日即卖出，构成所谓的“抢帽子”交易行为。 以中国联通为例，汪某于2007年3月23日买入中国联通约480万股，成交金额约2500万元。同日17时55分、18时02分、18时58分，北京首放在首放证券网、新浪网、东方财富网先后发表题为《目标3300点春季攻势全面打响》的报告，力推联通。报告将中国联通等股票列为“具备大幅上攻潜力的品种”，建议股民“最好不宜盲目作空，以免踏空。”三天后，汪某卖出中国联通，获利81.8万元。此后，汪又多次以同样手法操作中国联通，累计净获利500多万元。 根据中国证监会的统计，在北京首放推荐股票的内容发布后，相关38只股票交易量在整体上出现了较为明显的上涨：个股开盘价、当

（续表）

案例题目	股市"黑嘴"汪某操纵市场案
	日均价明显提高；集合竞价成交量、开盘后 1 小时成交量成倍放大；全天成交量大幅增长；当日换手率明显上升；参与买入账户明显增多；新增买入账户成倍增加。
案件处理	行政处罚：经过调查和审理，证监会认定汪某、北京首放的上述交易操作行为，违反了证券法关于禁止操纵证券市场的规定。2008 年 10 月 23 日，证监会对汪某开出《行政处罚决定书》，没收违法所得 1.25 亿余元，并处等额罚款。 司法审判：被称作中国首例操纵证券市场案的"汪某荐股案"，2010 年 10 月 28 日在北京市第二中级人民法院公开审理，汪某因涉嫌操纵证券市场罪被提起公诉。公诉机关指控称，汪某在担任北京首放投资顾问有限公司负责人期间，于 2006 年 7 月至 2008 年 5 月间，使用本人及他人名义，开立多个证券账户，采取先行买入相关证券，后利用公司名义通过媒介对外推荐该证券，人为影响证券交易价格，并于上述信息公开后马上卖出相关证券，非法获利。在此期间，汪某于 2007 年 1 月 9 日至 2008 年 5 月 21 日，利用其实际控制交易的证券账户，采取上述方式买卖 38 只股票，操纵证券市场共计 55 次，非法获利共计人民币 1.25 亿余元。公诉机关认为，汪某无视国家法律，操纵证券市场，情节特别严重，应当以操纵证券市场罪追究其刑事责任。 2011 年 8 月 3 日上午，备受关注的"汪某荐股案"在北京市第二中级人民法院一审宣判。法院经审理认定：汪某实施的操纵证券市场的行为，违反了《中华人民共和国证券法》第七十七条第一款第 4 项的禁止性规定，也违反了《中华人民共和国刑法》第一百八十二条第一款第 4 项的规定，构成了操纵证券市场罪，判处有期徒刑 7 年，罚金 1.25 亿余元。
案例点评	此案是以"抢帽子"方式操纵证券市场的首个案例，因为缺乏明确的相关法律条文，所以在庭审时曾进行过激烈的辩论。对于公诉机关认为汪某的行为构成了"抢帽子交易操纵"，汪某的辩护律师提出了质疑。在 2010 年 10 月 28 日的庭审中，控辩双方就汪某是"先买入后荐股"还是"先荐股后买入"展开了激烈的争辩。检方认为，汪某先买入后荐股，然后抛出，属于操纵行为。辩护律师则认为，汪某是在其任职公司先荐股后买入，再抛出，最多只属于利用职务便利，行为不恰当。除此之外，辩护律师还认为，操纵股市的立案标准必须达到两个 10%：即买入股票的交易量占股票总交易量的 10%以上，买卖股票的资金量达到

（续表）

案例题目	股市“黑嘴”汪某操纵市场案
	买卖该只股票资金总量的10%以上。这两个10%都达到了，才构成操纵罪。汪某买卖股票的量和买卖股票的资金量都没达到10%，还不到1%，所以没有达到刑事案件的立案标准，不能立案，也就不能判决。对此，公诉方认为，关于10%等具体犯罪数额和比例，是对传统操纵市场行为是否入罪的一个法律标准。对于像汪某这样以“抢帽子”方式操纵市场的行为，其是否入罪，并不以其买卖股票的数额和比例为判定标准，而是通过其行为特点、性质来认定。汪某的行为是一种新型的操纵市场行为，有其新特点。此次法院最终依据刑法第182条第1款第4项“以其他方法操纵证券市场”做出一审判决。严格来讲，这是一个“兜底条款”，在现行刑法以及证监会相关法规没有对“抢帽子”方式操纵证券市场进行明确界定的情况下，法院只能依据这一条款对类似行为进行认定。
推荐理由	该案是以“抢帽子”方式操纵证券市场的首个案例，意义重大。长期以来，各种媒体上的股评信息、荐股报告等名目繁多、数量巨大，但良莠不齐。广大投资者在阅览这些信息时，要学会分析、独立研判，避免“听风是风，听雨是雨”，力戒盲目跟随。同时，对于发布股评信息的单位及个人，要有道德操守。一旦发现为谋取非法利益而操纵市场的行为，必须予以严厉的制裁，以捍卫“三公”原则。

案例提供单位：中欧陆家嘴国际金融研究院

第四部分

专栏文章

专栏文章一：互联网金融的监管挑战

吴晓灵（全国人大常委、财经委副主任委员，
中欧陆家嘴国际金融研究院院长）

关于互联网金融的形式和监管

我认为互联网金融目前有四种形式：第一，基于电商交易结算的第三方支付，如支付宝；第二，基于第三方支付功能的金融产品结算和销售，如基金第三方支付结算牌照和余额宝等；第三，基于交易信息的小微信用贷款，如阿里小贷；第四，基于信息平台的融资服务，如P2P、众筹等。

我想对这四种形式做一个分析，来看它对我们监管的挑战。

第一种形式，互联网支付对监管的挑战。第三方支付账户与银行存款同为货币的存在形式，但账户持有人与机构的法律关系不同。银行的可以开支票的账户和第三方支付的账户都是现实货币的存在形态，电子账户只不过货币的电子符号存在的形式。但是，银行存款是银行对客户的负债，客户获得活期或者是定期的利息收入，承担银行倒闭的风险，银行有权利运用客户存款，并以安全性、流动性和盈利性为原则。第三方支付账户是客户的委托资金，第三方支付机构只能按客户的指令完成资金的划拨，客户承担第三方机构挪用资金的风险，为此监管部门有最低风险准备金的要求（计提基础比例为10%）。

第二种形式，基于第三方支付账户上的金融产品销售，但是要注意这一方面的法律风险。基金第三方支付结算牌照是结算服务，按照合同办理，在证监会备案。如果是与基金公司合作，代销基金要在监管部门注册，要遵守投资者适当性原则。因为基金的各种风险偏好是不一样的，要跟投资者讲清楚。第三方支付公司进行理财服务和销售理财产品，应该注意这是两个性质的问题，进行理财服务是完全可以的，既不动钱也不动物，只是一种咨询，特别是广大老百姓没有资格也没有钱去请财务顾问的时候，网上能够对普通大众进行理财咨询，这是一个非常好的服务。但销售理财产品需要监管当局的许可，如果擅自去销售的话，会出问题的。

第三方支付当中还有一个信用支付的问题。给客户以信用支付额度是第三方支付公司的期望，实质是信用卡或者叫做虚拟信用卡，允许在支付工具的基础上嫁接一个透支的额度，在这个时候，需要有一个信用卡的牌照。让企业发放信用卡应该是金融改革的方向，关键看企业的风险控制能力和资金来源，授信额度应不超过第三方注册资本的一定比例。最早的信用卡其实是来自于普通企业，来自于商业企业而不是银行。从来都是商业信用先于银行信用，但是商业信用范围太小，要获得更大范围的使用是银行信用。第三方支付最有基础成立新型的银行，上面那些服务都可以单向去做，都可以在法律允许的范围进行，因为第三方支付有一个结算账户，对于吸收存款和了解支付客户的情况来发放贷款来说都更加有利，因此，基于互联网基础上的银行可以是一种新型的银行，它是有差别的竞争，所以是比较好的嫁接。现在民营资本进入银行业，我认为单独成立线下单一银行的成本是非常高的，难度是非常大的。这是上面所说的第二种互联网金融的形式。

第三种形式，基于交易信息的小额信用贷款。互联网小额信贷有较好的风险评估和掌控能力，他们都是基于电商的信用评估的基础上。用证券化的方式开拓小额贷款的资金来源，要看资产质量，通过私募或者是资管计划方式发行不违背现有的规定，但是如果公募发行我觉得现在的法律还不太许可,而且我觉得也不容易做到。小贷公司的融资方应负监督的责任,允许银行融资更有利于小贷公司的发展。

第四种形式,信息平台的融资服务。P2P 和众筹解决了小额投融资的问题,但是一定要注意对社会公众的利益保护,平台要做好信用评估和信息公开的服务。要做到这一点,一定要坚持小额、少数人,这个是为了避免引起社会问题。这是一个平台,大家一定要记住,所有的 P2P 和众筹都不是金融机构,它只是一个平台,搭建的是筹资人和投资人的通道。为了避免出现社会问题,一定是小额的,而且一定是面对少数人的。即使这个公司做得很大,客户成千上万,但是一笔业务必须是小额的和单个的。

现在分析一下 P2P,分散直接签约是民间借贷,但是要注意金额和人数的限制。P2P 是借款人和出借人直接要签合同的,高法的解释是,如果一个人一笔款面对的人数要超过 30 个人,或者是说你向多个人融资这一笔款超过 20 万,那么就会触犯非法集资的上限,大家要理解监管当局和国家的苦衷,就是不希望大金额和人数多引起社会动荡,所以这是两个红线,做 P2P 的一定要注意。互联网解决的不是大额的融资问题,而是小额的投资和融资的问题,这个市场定位大家一定要清楚。

众筹,为具体单一项目集资,这是一类。这个单一项目可以是产品的预售,比如一个音像制品、娱乐制品。如果是为生产筹资,那么就是要按公司法的约定,有限责任是 50 人,股份公司 200 人,这是你的上限。如果要真的是销售产品和为一场活动筹资的话,我不知道限额是多少,但是根据美国对于众筹最高限额是 100 万,中国当局不会允许 100 万的预售,现在还没有明确的说法。但是如果通过众筹的方式向不特定项目投资,那么你就是私募投资基金,要遵循私募投资基金的办法,因而大家用众筹这种手段是为一个具体的项目筹资,而不是为众多项目投资,这个法律界限大家应该注意到。

P2P 和众筹作为信息平台的中介,如果涉及资金就应该由第三方监管，要注意征信体系建设，鼓励行业自律。刚才讲到出借人和借款人、投资人他们都会有钱的集中，当钱集中的时候，为了保证信息平台不涉足这些资金，应该有第三方的资金监管。为了让这些新兴互联网的金融能够发展得更好，我们希望这些组织结合在一起，建立征信的体系，防止一个借款人向多头借款，造成过度的负债；也不希望一个筹资人向多个人筹资从而形成非法集资的风险。P2P 和众筹这样的互联网大众的小额投资和融资，我们应该鼓励行业自律。

任何一个事物都有成本和效益的比较，大量普遍的金融活动，如果要是用私人的秩序来做，它的成本就会高，所以涉及人数多的公众行为应该由国家来监管，但是政府和社会监管是要付出成本的。对于现在的 P2P 和众筹这样的小额涉及少数人的单笔业务，实际上应该用私人的秩序、行业自律来管理，如果出了问题，通过司法方式来解决对于社会的效用会更好一些。关键是要卡住 20 万元和 30 人这个上限。

为了实现这样的监管理念，希望建立全国双层监管框架，促进金融创新发展。涉及社会公众资金的活动由一行三会监管，涉及少数投资人和不涉及资金的金融中介服务由地方金融监管局负责监管。地方金融监管局应该做三个方面的事情：一个是市场监管、行为监管和股权管理要分开。地方金融监管局是市场监管和行为监管，地方政府所持有的股权管理应该交由其他机构监管。第二，扶植行业自律组织发展，以自律管理为主。地方金融监管局对行业自律组织加强指导。第三，扶植各类中介服务组织，严守非法集资底线。

关于余额宝的本质

大家很关心市面上流行的“宝宝们”。余额宝本质，是货币基金的销售，它销售的是天弘基金管理公司的天弘增利宝货币基金。它做的事情，是把支付宝的功能与天弘增利宝货币基金的销售结合起来，起了个名字，叫“余额宝”。

现在市面上的各种“宝”，本质都是一个支付系统和一个基金的销售结合起来。

从事这类活动，合规应该具备两个条件：第一，必须获得证监会的基金销售许可，这是去年生效的《中国人民共和国证券投资基金法》中明文规定的，以往基金销售必须通过银行来销售，但是去年生效的证券投资基金规定，除了银行之外，还可以有其他的证监会许可的机构可以销售，支付宝是履行了证监会许可的程序，其他的资金的销售只要是获得证监会许可的，就是合法的。

这是第一条，你要销售必须要有销售许可；第二，要向客户说明基金不保本、不保收益、风险自担。

作为货币市场基金来说，尽管货币基金跌破面值的可能性较小，但也不能向老百姓承诺保本。在金融危机期间，美国的共同基金就面临着跌破面值的风险，为防止系统性风险，美联储不得不出面收购了一部分共同基金所持有的债券。这是危机时候监管当局才可能这么出手，特殊事情的特殊办法。在正常时期，就算货币基金跌破面值，监管当局也没有兜底的责任。作为基金销售者应该说清楚，收益就更不能保了。

“宝宝”的问题

目前，市面上“宝宝们”存在的最大问题，第一是误导性宣传，对客户承诺产品无风险、高收益，有的机构为了兑现承诺的收益，甚至还倒贴客户。这种行为，违背金融规定，不利于建立正常的市场竞争秩序。“宝宝们”的经营风险，是“T＋0”赎回和基金资金运用的期限所带来的流动性风险。

货币基金要保证收益，就必须将资金投放到有一定期限的产品。但是，它又承诺客户“T＋0 的赎回”，这就有期限不匹配的问题，因而对发行这类产品公司的流动性管理和流动性承受能力，有极高的要求。阿里能做到，但其他公司未必能做到。阿里为了做到这点，也是做了大量的技术准备和资金准备的。

余额宝投资协议存款所带来的问题不是“宝宝”们的问题，是制度的问题

市场上对“宝宝”们有所非议，认为它把大部分钱拿去做银行协议存款，进而推高了社会融资成本。我认为，余额宝挂钩的基金 90% 投向银行协议存款所带来的问题，不是余额宝的问题，是制度不完善引起的商业银行行为扭曲和金融压抑引起的资金流动不畅带来的问题。大家可以看我去年 9 月 5 日在金融街论坛上的讲话。

我国目前银行同业拆借市场面临制度上的扭曲。因而，解决问题的办法，不是针对货币基金一个事情单独出台政策，而是要解决银行同业业务异化的制度原因，让银行同业业务回归本质，让银行间的短期金融融通证券化，具体的手段如发行大额可转让存单。

货币基金，在这样一个市场上，是银行同业市场平等的交易者。银行同业市场目前所呈现出的问题，并不是由于“宝宝”们出现才有的，是过去问题，由于“宝宝”们的出现只不过放大了过去的问题。解决问题的办法，不是抑制“宝宝”们，而是要解决银行同业市场所存在的制度性问题。

提前支取是否罚息应该由市场决定

与之相关联的两个事情，一个是研究货币的统计口径，目前银行的同业存款有一部分是记在 M2 里面的，但是大部分是不记在 M2 里面，还有，银行贷存比的分子分母，分母中同业存款是不计入的，这些问题都需要研究。再有一个，大家争论比较多的，过去银行同业存款如果提前支取，就是货币基金在银行的协议存款过去提前支取是有罚息的，后来竞争激烈了，银行就说基金在这的同业存款如果提前支取，我不罚息。现在因为量太大了，对银行冲击太大了，要集体提出来取消。

这件事情应该是市场一对一主体去解决的问题，而不宜以某种统一

办法来解决,协议存款就是协议双方约定的存款,约定了利率,也可以约定规则,提前支取是否罚息,应该是交易双方协商的结果,不宜作出统一的规定。

专栏文章二：民营资本进入银行的可行途径（节选）

吴晓灵

民营资本通过什么样的方式才能够真正进入到金融界和银行业呢，我想讲以下几个观点。

新银行我们需要从两方面来改进。一方面是政府要改革监管理念，不要对民营资本有歧视，要尊重股权，要平等公平地对待各种所有制的投资人。当然，我们对于投资人要有资格的考量，对股东的资质应该有所挑选，因为银行是一个有外部效应的社会企业，政府应该把好关，但是一旦符合条件就应该一视同仁对待。另一方面对于民营资本而言，要端正投资理念，进到银行绝对不是给自己搭建一个融资平台，这样做最后肯定会失败。因为对于金融业来说，关连交易是非常忌讳的。要以优质服务获取回报。

存量收购兼并，提升发展起点。 前面提到，重新发起设立一家独立的银行会面临信誉、网点、人才等问题，这是很难克服的。当然，也会有人提到台州商业银行、泰隆商业银行等发展得很好，这两家银行都是从城市信用社发展起来的，在八十年代，老百姓对城市信用社的信任和对国有银行是一样的。这些银行的网点、信誉也都有一定历史积累。如果现在收购兼并一些发展状况不太好的银行，重新整合之后，发展起点也能有所提高。

另辟蹊径，错位竞争。 金融投资除了银行以外还有很多，包括租赁公司、消费金融公司等，还有很多金融中介服务，如第三方理财等，民营资本不应都以银行为投资目标。

互联网金融与民营银行。 民营银行在市场竞争如此激烈的环境下，必须走跟别人不一样的道路。我认为，在互联网金融的基础上嫁接重组而成民营银行是有希望的。

金融的本质是信用货币的创造和资金的融通，资金融通有三个关键要素，即信息、渠道、价格。当信息不对称的时候，就出现了信息的中介，也就是金融中介，金融中介产生的目的就是解决投资人和筹资人信息不对称的问题。金融中介搭建了解决信息不对称的平台，而且设计了一些金融产品，它就构筑了渠道。从资金盈余方向资金需求方进行资金的转移。

我认为互联网金融的定义是，利用互联网和信息技术加工、传递金融信息，办理金融业务。不管是传统的金融机构，还是互联网公司利用这些手段来办理金融业务，并不影响事情的本质，即利用互联网和信息技术手段解决信息的加工和传递问题，构建渠道，完成资金的融通。

传统金融业与基于互联网的金融业在收集信息、加工信息上并没有本质的区别，只有技术手段的不同。传统的银行通过人对人的信息采集来进行加工。银行在利用信息技术方面是走在前列的，银行从来都是信息技术最大的客户，不断地利用互联网和信息技术解决自身业务问题。互联网的技术要比银行技术更先进，例如社交网站、移动支付、搜索引擎、云计算，互联网正是基于这些新的技术来完成信用评估，传统银行只是用了信息技术进行汇集加工，且没有社交网站多头、开放的信息源。

互联网难以解决大额融资信息不对称的问题，因而还需要有专门的信用中介机构，银行、券商、财富管理等等。目前互联网金融主要开展的业务有:一是基于电商的结算业务,就是目前基于淘宝网的支付宝。二是基于电商信息的小微贷款业务,有大量企业在网上开店,对他们的交易信息进行信息加工和提炼,以及信用评估,就可以给它授信。三是基于支付账户的标准化简单金融产品的销售,比如现在的余额宝,客户在网上有支付账户,可以通过支付账户去够买简单的标准化基金产品。而结构比较复杂的基金,尤其是偏股型的基金风险较大,不太适合网上销售。而简单的财产险、人身险、航空意外险、旅游险、寿险等都可以网上销售。四是投融资平台,其所做的都是小额的个人业务,这些都是金融单项业务,而并非银行业务。第三方支付公司会吸收存款但是不允许发放贷款,而小额贷款公司不允许吸收存款,它只能够放贷款。P2P 和众筹是互联网上融资最重要的平台,对他们的监管红线是不能非法吸收公众存款。

现在的互联网企业做了四个方面的金融业务,但它并不是银行。我认为,基于第三方支付的互联网金融服务有望成为民营资本进入的新通道,但仍会面临吸收存款的障碍。现在第三方支付有了上千万、甚至上亿的客户,这是它的优势所在。如果有银行牌照,它就可以吸收存款,发放贷款,因为它本身具有支付结算的通道,所以就吸收存款而言,要比新成立一家民营银行要更容易一些。

只要有了银行牌照,上述四项业务完全可以集合在一起。但是,它也同样面临吸收存款的挑战。因为面对的都是小微客户,要想吸收大客户存款,不可能仅靠向上通道,还要向下布局,要“鼠标加水泥”,设立物理网点,同大银行开展竞争,没有物理网点的纯网络银行在目前情况下是难以做大的。

现在,尽管第三方支付拥有如此多的账户,它的资金量最多也仅是以千亿元计,而整个中国的存款市场是百万亿,第三方支付和庞大的传统银行相比还是九牛一毛。因而,要想在这个基础上发展为一个银行,需要有网上和网下网点的结合,这是民营资本进入较好的渠道。概括来说,民营资本除了要端正自己的目的,还要寻求好途径。我个人的建议是,收购兼并及基于互联网金融基础上重新申请牌照,这些比重新设立一家单一的银行更有前途。

(本文根据作者 2013 年 9 月 16 日在贵州财经大学经济论坛上的讲话整理节选)

专栏文章三：促进小额信贷健康发展，增强为小微金融企业服务的能力

吴晓灵

首先，小额信贷机构正成为小微企业资金的重要供应者。2013 年 6 月末有小贷公司 7086 家，贷款余额 7043 亿元。全国 2013 年上半年金融机构新增贷款中投向小微企业的是 8134 亿，小额贷款公司增长的额度为 1121 亿元，约为全国的 13.8%，也是一个不小的份额。尽管有些小贷公司的贷款不完全投向小微企业，但是对增加贷款供给还是发挥了重要的作用。

第二，近期监管部门对小贷公司的发展提出了积极的引导信号。最近银监会发了 2013 年 131 号文件《关于防范外部风险传播的通知》。很多人看到这个通知后感到很沮丧，认为风险传播的几类机构，首先就列出了小贷公司，还有融资担保公司、典当行、民间借贷、非法集资。但是我们应该看到积极的一面，文件提到了要开展资质、信用评级，“银行业金融机构应该对有业务合作关系的小贷公司，融资性担保公司进行评级，应考虑但不限于注册资本、股权结构、公司治理、合规经营、信用记录，等因素”。最起码文件是明文规定了可以向小贷公司和融资担保公司进行融资，但是要对大家进行评级，我认为这是一个积极的信号。文件还提出，“要实

行分级管理与授信,银行业金融机构应该根据信用评级情况,实行分级授信。对信用等级较高的机构,根据法规上限给予较高的授信额度。随着信用等级降低,授信额度递减,严禁向典当行和非融资性金融机构授信”。小贷公司授信不在禁止行列,根据信用评级情况是可以获得贷款融资的。而贷款融资取决于信用状况,这是监管部门防范风险的时候发出的积极信号,只要大家守法合规经营是可以获得认可的。央行在号召推动小额信贷公司和融资性担保公司信用评级,指导小贷公司建立征信制度。这都是金融最高当局对市场发出的积极信号。

第三,行业自律逐步形成,各地金融办监管工作不断完善。中国小额信贷创新论坛举办第四届了。我们通过创新论坛,不断的交流行业经验,实现我们的自律。小额信贷的人才培养、理论研究、信用评级工作逐步展开。我们今天将见证通惠金融领袖研修班的开办,小额金融研究院的成立,五星分类评价体系的试评,这些对我们行业健康发展、自律发展,发挥着积极作用。我们昨天召开了第二届全国金融办圆桌会议,大家交流了金融办对小额信贷的监管,市场退出和信息网络等等的经验。金融办的会议名义上说是第二届,实际上从第一届在杭州举办的小额信贷创新论坛开始,每次金融办主任都召开闭门会议,大家都在交流对小额信贷公司怎么进行监管,交流引导小贷公司健康发展的经验和原则。

第四,关注小额信贷新发展,防范金融风险。

一是要关注经济发展增速减缓和经济结构调整形势下,小额信贷面临的风险。在经济下行的过程当中,难免会有一些企业经营困难,或者出现资金链断裂,对于这些机构我们要审慎放贷,但是我们更要帮助暂时困难的企业债务重组渡过难关。在经济下行的时候,在企业遇到困难的时候,只要他不是恶意欠债,所有做金融业务的人,应该有更大的宽容度,帮助这些企业渡过难关,这样也是培育我们未来利润的来源。对违规操作的小贷公司要坚决令其市场退出,对高管人员进行黑名单管理。小贷公司从 2005 年试点开始,到现在发展到 7000 多家,我们的发展势头非常好,但是伴随小贷公司的诞生,市场上怀疑的目光、责备的声音,从来没有间断过,到现在还有一些人拿放大镜看小贷公司,看你会有什么错误,看会做出什么错事。我们不应该因为个别小贷机构的错误,而使整个行业蒙羞。所以,对违规的小贷公司我们要下决心让他退出去。最近我在广播里听到,说神木民间融资资金链断裂了,出现了很多的风险,其中就有一条,为什么民间借贷这么盛,就是因为注册贷款公司容易。小贷公司最大的红线就是不允许吸收民间资金,参与民间借贷。我们在经济下行风险出来的时候,更要谨慎小心,守法合规经营,维护行业信誉。我们要坚守小额信贷,防范金融风险。小贷公司贷款限定在 500 万以下,鼓励引导 100 万以下的小额贷款。去年我在辽宁的会上跟大家讲,小贷公司要找准市场定位,填补金融业空白,才能得到市场认可。我们现在商业银行做小额信贷到 300 万—500 万元量级,这个量级我们跟他们竞争得到的是他们淘汰的客户,是极大的风险。而我们做 500 万以下,特别是市场非常渴望的 100 万以下的贷款,你是在沙里淘金可以得到黄金客户,可以得到市场尊重。现在小贷公司得不到政策支持,就是许多人说小贷公司不放小贷,所以我们要为自己的荣誉而战,我们就应该坚守小贷底线。

二是要关注小贷的法律风险和业务风险。金融活动是干什么的?金融活动要解决四个问题:第一,提供信息。让投资者和筹资者互相知道信息。第二,确定资金价格。筹资者和投资者大家愿意用什么价格成交。第三,控制风险。投资人把钱借给筹资人,他要为自己的资金安全负责任。控制风险的第一责任人是投资人,而不是第三方担保。我们国家现在金融有一个极大的误区,所有的金融活动都在寻求担保和背书。金融是财产的运用,个人应该对自己的财产安全负责,应该对自己的风险负责,不要寄希望于第三者担保。我们很多金融机构,为了推动金融业务做大做强,因为投资者踌躇不前,就引入第三方担保推动业务发展。第三方担保在某种情况下是需要的,最需要的是对于弱势群体的发展,和弱势群体的金融服务,需要政府提供担保。市场行为应该最大限度的减少担保,应该让投资人来考虑风险、承担风险。只有投资人审慎考虑过能接受的金融产品,才能够推出去。如果投资人不具备这样的能力,你应该找投资公司、第三方理财、财富管理,把你的钱由有管理水平的人去管理。因而在金融业当中,过分发展担保业务和担保行为对金融业的发展会有不利影响。他会使金融市场参与主体放松对自身利益的保护,而把这个保护权放到第三者身上。第四,防范外部性效应。所有金融业务,玩自己的钱给自由,玩大客户的钱要适度监管,玩小客户的钱要审慎监管。

三是要关注资金来源创新的原则。现在的环境下,经济发展速度减缓,企业需要资金供给。我们的小贷公司面临着很多贷款需求,但是资金来源有限,这确实是几年来困扰小额贷款公司发展的重要因素。大家都在融资方面进行创新,这种心情完全可以理解。但是大家一定要知道,为什么 23 号文件制定出了那么苛刻的资金来源规定,最主要的就是怕小贷公司变向吸收社会公众存款和社会机构存款。我们研究资金来源,关键是要控制向社会公众募资。什么是社会公众募资?第一向社会个人,第二向非专业机构,第三向非合格投资人,这是大家募资的时候要注意的禁区。在资金来源方面,我认为是可以探索的。我们的非金融机构,社会机构想参与到小贷公司放贷中,提供资金有什么渠道?除了作为股东的投入外还可以通过其他的方式,我今天只点一个方式。大家在社会上也都看到了,就是阿里小贷,用信贷资产为基础,通过资产管理计划向合格投资人募资,这种方式基本符合目前的法律规定。他是在出卖资产,同样也是在吸收社会的资金,但是他吸收的是什么呢?是一个资产管理计划的资金,他是一个类金融的来源,是一份基金。这个基金背后是什么呢?绝对不能是小个人,而是合格的投资人,因为基金法生效后,各监管当局,对于各个金融机构做的资产管理计划,私募基金都是有合格投资人限制的,所以阿里小贷创新符合目前的各项规定。唯一打的擦边球就是,23 号规定的是两个金融机构的来源,但是他是一个集合计划,不是一个机构,他是一份基金。这不违背立法的本意,我们的创新,必须符合立法的本意,如果违背立法本意的创新，是会失败的，也会变成劣势，如果按照立法本意原则创新，也很可能成为一个创新者。

四是要关注互联网金融的法律风险。当前互联网小额贷款有四种形式：第一，有经营牌照的小额贷款公司在网上放贷，最典型的是阿里小贷。第二，一对一的中介平台。第三，将出借人借款人强制分散匹配的中介平台。第四，债权分散出售平台。第一种有经营有牌照的小贷公司，第二种一对一的贷款，这两种方式是完全合法的。第三种方式，强制分散风险，要求每一个出借人，要把出借人的钱强制分成若干分，每个人把借款额强制分成 50 份，出借人的 50 份和借款人的 50 份进行匹配。英国的模式实现了强制的分散风险，从某种意义上说，这种方式对于控制风险是有好处的。但是在中国的法律环境下，大家一定要警惕陷入到非法集资的陷井当中。为什么呢？现在 PPT 上写的是高院对于非法集资的三个标准，符合其中之一的，都可以判定为非法集资。(1)个人非法吸收或者变相吸收公众存款，数额在 20 万以上的，单位非法吸收或者变相吸收公众存款数额在 100 万以上的。(2)个人非法吸收，或者变相吸收公众存款的对向 30 人以上的，单位非常吸收或者变相吸收公众存款对象 150 人以上的。(3)个人非法吸收，或者变相吸收公众存款给存款人造成直接经济损失额在 10 万以上的。单位非法吸收，或者变相吸收公众存款，存款人人造成直接经济损失数额在 50 万以上的。大家一定要知道国家为什么制订人数和金额限制，就是怕你做业务的时候，涉及了众多的小投资人，会产生金融业务的风险外溢效应。我认为采取对借款人的金额强行分拆和出借人的金额强制分拆匹配的时候，一定要注意这件事情。第四种方式，出卖债权。网络公司他把钱贷给客户了，他用自己的钱，或者是用什么钱把贷款贷出去了，然后把贷款分成若干份对外出售，这个行为的本质就是资产证券化，如果份额超过 200 份就触犯了证券法规定，这是非法发行证券。这个模式是美国的模式，正因为是资产的证券化，因而是由美国证监会监管发牌照，如果网络上采取这样方式贷款，一定要注意法律风险。

第五，为了小额信贷的健康发展，需要建立征信制度和第三方支付监管制度。小额信贷协会应该建立自律的征信网络，让会员可以查询到多头借款人，并建立黑名单制度。我刚才在小贷公司的市场退出当中提出了黑名单制度，在这儿也提出了黑名单制度。谁要是在进行小额贷款的时候，有了违法行为，我建议实行积分制的黑名单制度。如果是直接触犯了法律，他就终身禁入任何对外的金融业务的黑名单。作为一个不诚信的借款人到处借小额信贷，而又不向借款人表明你在别处借了，不说你负债的形成，这种人不守诚信，应该上报到征信系统当中记入黑名单。网络小额贷款机构应该建立第三方支付账户监管制度，防止变相吸收存款，也防止小贷公司卷款而走。

第六，理清政府与市场的边界，促进小额信贷健康发展。小额信贷公司不能吸收公众资金，政府和小贷公司的关系就是守住不能吸存的高压线，指导好小额信贷机构协会的发展。政府可以用购买服务的方式扶持小额信贷征信网络发展和第三方支付账户监管的建立。征信网络需要有投入，第三方支付机构是要收费的，在这个过程当中，很可能会产生很多的费用。政府给予一定的扶持是有利于这些制度的建立的。政府要尽快出台规范网络借贷指导原则，给市场树立行为准则。在化解市场风险时要坚守风险自担原则，以严肃财经纪律。现在资金链断裂，使民间融资风险暴露，这种情况下，政府首先应该对参与集资的人，参与民间借贷的人进行教育，他参与这种活动是不对的。谁不知道那是在高息揽存，银行利率4%—5%，他以10%还多的利息吸收你的资金，帮你去融资，这种行为不是国家所允许的。参与这类事的许多人明知这是不稳妥的，挣钱的时候不跟政府说，亏钱了找政府。政府应该维持市场秩序，对于搞非法集资的应该打击，以清产核资变现资金为限偿付集资人。政府太好心，超出资产变现资金给这些参与非法活动的人补偿，最后会让他失去了对自己财产关心的程度，使他们更容易上当受骗。所以真正爱护人民，就应该让他在吃亏的时候要得到教训,不撞南墙不回头,撞了一次一定要回头。如果政府不讲原则的维稳,最后对群众是没有好处的,我们中国的金融市场也不能健康发展。

专栏文章四:金融消费者概念的内涵与外延

焦瑾璞(中国人民银行金融消费权益保护局局长)

加强对金融消费者权益保护,维护金融体系长期稳定运行,已成为金融危机后世界各国和各地区金融监管当局反思和改革的重要内容。但相关国家和地区对金融消费以及金融消费者的概念并不一致,其相应的监管对象也不一致。总体来讲,存在着两种不同的界定,一种是仅仅将金融消费者界定为消费金融产品和服务的自然人,将监管对象仅仅界定为银行业务;另一种则是相当宽泛的界定,将金融消费者界定为不仅仅是自然人,只要是不具备金融专业知识的法人也属于金融消费者,将监管对象界定为提供金融商品和服务的所有金融机构,并扩展到电子货币发行商、支付服务供给商等。同时,对生活消费和金融消费的概念界定也出现了争论。

美英等国家及地区对金融消费者的界定

美国《多德—弗兰克华尔街改革与消费者保护法案》将受保护的金融消费者界定为"消费金融产品和服务的自然人或者代表该自然人的经纪人、受托人或代理人"。其中,消费金融产品主要是指消费者为个人、家人或家庭目的使用的金融产品或服务。至于被监管对象,包含任何消费者金融产品或服务的提供者及其关联方。法案明确消费者金融保护局(CFPB)的主要职责就是对被监管对象遵守联邦消费者金融法律的监管，这些法律包括《诚实信贷法》《公平信贷机会法》等 18 部与银行业务有关的联邦法律。法案将受保险监管机构和证券监管机构监管的对象排除在 CFPB 的监管范围之外，因此其所监管的金融产品和服务基本上都属于银行业务，如住房按揭、信用卡、车贷、担保服务等，而不包含保险、证券、期货等业务。

英国《金融服务与市场法》将金融消费者界定为：(a)“那些正在使用、已经使用，或者正考虑使用受监管金融服务的人”，界定较为宽泛。这里所指的金融服务是“被授权人或者其委任代表所从事的受监管的金融活动”。(b)“那些在受监管金融服务中拥有权利和利益的人，或者是拥有因其他人使用这种金融服务而产生的权利和利益的人”。(c)“那些在使用金融服务(由授权人或其代理人提供的)时权利和利益会受到不利影响的人”。在英国金融消费者保护机构——金融服务监管局(FSA)的《监管手册》中，进一步将受保护的金融消费者界定为“并非出于贸易、商业或职业目的行事的自然人”。2001 年《〈金融服务与市场法〉(受监管活动)指令》则进一步明确，受监管活动具体包括吸收存款、订立并执行保险合同、作为委托人或代理人进行投资活动、安排投资交易、投资管理、协助管理和履行保险合同、保管和经营投资、发送无纸化说明、建立共同投资计划、建立存托养老金计划、提供投资建议、劳合社的活动、葬礼计划合同、受监管的抵押合同、同意开展指定的活动等，并对一些例外的情况，以及在一些特定活动中不受保护的对象进行了说明。此后，《〈2012 年金融服务法〉草案》将监管对象范围扩展为被授权人、电子货币发行商、支付服务供给商。整体来讲，英国金融消费者保护的范围较广。

日本 2001 年《金融商品销售法》将金融消费者界定为“资讯弱势的一方当事人，即在金融商品交易之际，相对于金融机构的专业知识，一般无论是自然人或法人，基本上属于资讯弱势者”。该法保护对象，不仅仅是自然人,只要是不具备金融专业知识,即使是法人,也在该法保护范围之内;并且,该法还将"证券"纳入到"金融商品"之中,作为金融消费品。2006 年《金融商品交易法》将"证券"扩大到"金融商品"的概念,同时进一步扩大了银行业和保险业的金融商品范围。在新的法律框架下,银行法中与存款有关的商品、保险业法中与保险有关的商品、商品交易法中与商品期货有关的商品、不动产特定共同事业法中有关不动产特定共同业务等,都适用金融商品交易法的相关规定,接受同样的行为规制,以保证行为规则的统一性。

我国台湾地区 2011 年 6 月通过的《金融消费者保护法》第 4 条规定:"本法所称金融消费者,指接受金融服务业提供金融商品或服务者。但不包括下列对象:一、专业投资机构。二、符合一定财力或专业能力之自然人或法人。"同时,第 3 条规定:"本法所定金融服务业,包括银行业、证券业、期货业、保险业、电子票证业及其他经主管机关公告之金融服务业。"从第 4 条规定上看,在财力和专业能力上处于弱势地位的法人也应在其法律保护范围之内,但具备一定财力或专业能力的自然人不在保护范围之内。

我国大陆还没有专门的金融消费者保护立法。从基于消费者在市场交易中的弱势地位予以特别保护的立法目的上看,专门进行消费者保护的法律仅有《中华人民共和国消费者权益保护法》一部。在该法框架下,"消费者为生活需要购买、使用商品或接受服务,其权益受本法保护"。但对于证券等金融投资产品是否属于生活消费的范畴,《中华人民共和国消费者权益保护法》未有明确的界定。因此,在实践中,就出现了对法律保护范围的不同解读,如北京市工商局有关负责人在做客"首都之窗"时明确表示,股民、基民不是消费者,其投资行为不受《中华人民共和国消费者权益保护法》保护。而证监会认为,非专业的个人投资者应当为金融消费者,需要国家予以特别保护。

从上述国家和地区金融消费者保护内涵和外延界定的情况来看,共同点主要有以下几项：

一是都体现了保护弱势的原则。无论是在美国、英国、日本，还是中国大陆和台湾地区，当前对金融消费者进行保护的法律都将市场上处于弱势地位的消费者纳入了其保护范围，其建立的初衷都是保护金融消费者的合法利益不受损害。

二是都根据国情适当界定了金融消费者保护部门的保护范围。美国将保护的内容主要放在银行业领域，英国在《金融服务与市场法》中也对一些不受保护的对象进行了专门的说明，台湾地区不保护具备一定专业能力的自然人等。

同时，不同点主要体现在以下几个方面：

一是购买保险、证券等投资品的个人是不是消费者。美国在《多德—弗兰克华尔街改革与消费者保护法案》中未将保险、证券、期货等产品纳入 CFPB 监管范围。而英国、日本、台湾地区均将保险、证券、期货等具有投资性质的金融产品纳入消费者保护的监管范围。

二是法人机构是否应当属于消费者的范畴。在美国和英国将消费者界定为自然人，机构投资者等法人均不在其消费者保护范围内。日本与台湾地区的法律在这方面较为一致，均强调如不具备金融专业知识或与金融机构相比处于劣势，即使是法人，也在该法保护范围之内。我国《中华人民共和国消费者权益保护法》在这两点上均没有明确的界定，既没有对证券等产品是否是消费商品做出界定，也没用对消费者是否涵盖法人给出回答。

三是具备专业能力的自然人是否应当属于消费者的范畴。台湾地区在《金融消费者保护法》中将具备一定专业能力的自然人也排除在保护对象之外，但是美国、英国、日本和中国大陆均未对此进行专门的限定，即使英国在《金融服务与市场法》中强调对专业消费者和一般消费者进行区分保护，也未将专业消费者列在保护范围之外。

四是对金融消费者界定表述上的涵盖程度、清晰程度。我国《中华人民共和国消费者权益保护法》将消费者界定为“为生活需要”购买、使用商品或接受服务;日本表述金融消费者保护时突出在金融商品“交易”之际。二者均很难涵盖金融产品的特性,如担保合同就难以直接在“为生活需要”和“交易”中找到受保护的依据。相比之下,台湾地区将金融消费者界定为“接受”金融服务业提供金融商品或服务者,美国将金融消费者界定为“为个人、家人或家庭目的使用的金融产品或服务”,涵盖范围就要广一些。而英国对金融消费者的界定就更为全面、清晰,在时间上将正使用、已使用和考虑使用受监管金融服务的人都纳入保护范围内;在层次上,强调金融消费者可以是直接或间接在金融服务中拥有权利和利益的个人。

我国金融消费者概念的内涵和外延

金融消费者的内涵

第一,具备一定专业能力的自然人与一般自然人都属于金融消费者的范畴。在台湾地区《金融消费者保护法》中,对具有一定专业能力的自然人是不予保护的。但是,一是很难界定专业能力。无论是按照学历还是工作背景,抑或是投资数额都不符合当前金融创新的发展状况。当前金融市场上很多产品的创新都是数学家所为,他们设计出来的产品即使是具有金融学专业背景的人也很难看得懂,所以可以在未来根据专业能力决定保护程度,而不能直接将他们划出保护的范围。二是近年来侵害金融消费者权益的行为显示,消费者与金融机构之间严重的信息不对称导致即使是金融专家也不能做出符合其理智的选择,消费者往往在不知情、被蒙骗的情况下权益就受到了损害,这与他们的专业能力无关,因此也需要对他们加以保护。

第二,证券、保险投资者是金融消费者。上述各国家和地区对金融消费者的界定,除美国外其他国家和地区均将证券、保险等投资者纳入金融消费者保护的范围。但是,美国未将证券和保险产品纳入消费者金融保护局的监管范围,并不意味着不保护证券和保险投资者的合法权益,而是因为其政治体制及分业监管的格局导致消费者金融保护局仅是集中了美联储、货币监理署、储贷协会监理署和联邦存款保险公司等机构名下的消费者保护职能,投资者的权益由证券监管部门和保险监管部门承担。中国仍是一个以投资者为主体的市场,投资者尤其是中小投资者专业知识欠缺、风险意识淡薄、风险承受能力弱,在信息获取和专业能力上有天然劣势,权益容易受到侵害,因此需要加强对他们的保护,这也是国内研究的共识。但是,同时也要注意,相较银行金融消费者的单一身份,资本、保险市场上的金融消费者身份更复杂。如资本市场上的投资者既是证券期货机构的客户又是投资者,是上市公司的股东、债权人,是证券、期货合约的买卖双方。因此,金融消费者是因个人或家庭需要,并非以职业或交易为目的。金融消费者保护主要是针对金融机构的服务而言,只涵盖了资本市场上投资者权益保护的一个方面而非全部内容。这也侧面反映了证监会设立投资者权益保护局,侧重于投资者概念的原因。不能因为加强金融消费者保护而弱化了投资者保护的概念。

金融消费者的外延

第一,已接受、正接受以及正考虑接受金融机构提供的金融产品或服务的自然人都应在金融消费者保护范围内。首先,有限的金融知识是影响金融需求的一个重要约束。金融知识的缺乏一方面会导致消费者对金融产品的排斥,另一方面也会导致消费者在未来选择金融产品时做出错误的或非理性的决定,使他们更多地暴露在日益增加的欺诈风险之下。因此,加强对将接受金融机构提供金融产品或服务的自然人的金融知识教育,是实现金融包容性,维护金融消费者合法权益的重要内容。同时,正考虑的消费者也会从自身合法权益出发,对一些金融机构单方指定的合同产生不满,督促金融机构做到合同信息的公开、合法、合理。其次,消费者从正规金融机构获得金融服务的经历,必然会对其是否愿意再度选择使用此类机构有着很重要的影响。如果消费者利益在以往经历中受到过金融机构不当行为(如金融机构内部腐败、管理混乱、业务员"一夜消失"等)的损害,必然会严重影响他们甚至其身边群体的金融需求,并致使这一部分消费者对金融机构缺乏信心。

第二,间接因其他人金融消费而与金融机构产生权利义务关系的自然人也属于金融消费者的范畴。随着金融市场的发展及金融创新的增多,各种金融产品的关系日益紧密连结在一起。保险受益人会因保险合同与保险公司产生权利和利益关系;贷款担保人会因贷款人的贷款产品消费而与金融机构产生权利义务关系;等等。他们没有直接参与到产品或服务的消费中去,但是却因利益相关人的消费行为与金融机构产生利益关系,金融消费者保护也要将他们纳入到保护范畴里来。此外,在美国消费者保护目标中提及的经纪人、受托人或代理人,也应因其与消费者的具体法律关系在保护范畴之内。

另外,还要考虑,购买或接受金融机构提供的金融产品或服务的法人和其他组织是否属于金融消费者的范畴;如果属于,何种类型的法人和其他组织应被排除在金融消费者的范畴之外等问题还有待各相关方面进一步研究。

本文原载《中国金融》2013 年第 8 期

图书在版编目(CIP)数据

中国金融消费者保护报告 2014/吴晓灵主编;刘胜军等著.
—上海:上海三联书店,2014.9
ISBN 978-7-5426-4919-5

Ⅰ.①中… Ⅱ.①吴…②刘… Ⅲ.①金融市场—消费者权益保护—研究报告—中国—2014 Ⅳ.①D922.280.4②D922.294

中国版本图书馆 CIP 数据核字(2014)第 175019 号

中国金融消费者保护报告 2014

主　　编 / 吴晓灵
著　　者 / 刘胜军　朱小川
　　　　　史广龙　王　鑫

责任编辑 / 王笑红
装帧设计 / 豫　苏
监　　制 / 李　敏
责任校对 / 张大伟

出版发行 / 上海三联书店
　　　　　(201199)中国上海市都市路 4855 号 2 座 10 楼
网　　址 / www.sjpc1932.com
邮购电话 / 24175971
印　　刷 / 上海展强印刷有限公司

版　　次 / 2014 年 9 月第 1 版
印　　次 / 2014 年 9 月第 1 次印刷
开　　本 / 640×960　1/16
字　　数 / 360 千字
印　　张 / 24
书　　号 / ISBN 978-7-5426-4919-5/F·694
定　　价 / 49.00 元

敬启读者,如发现本书有印装质量问题,请与印刷厂联系 021-66510725